社会热点解读：2017

沈湘平 主编

北京出版集团公司
北京出版社

图书在版编目（CIP）数据

社会热点解读 ：2017 / 沈湘平主编 . — 北京 ：北京出版社，2018. 4

ISBN 978-7-200-13635-7

Ⅰ. ①社… Ⅱ. ①沈… Ⅲ. ①社会问题—中国—通俗读物 Ⅳ. ①D669-49

中国版本图书馆CIP数据核字（2018）第024075号

社会热点解读 ：2017

SHEHUI REDIAN JIEDU ：2017

沈湘平　主编

*

北 京 出 版 集 团 公 司
北 京 出 版 社 出版

（北京北三环中路6号　邮政编码：100120）

网　址：www.bph.com.cn

北京出版集团公司总发行

新 华 书 店 经 销

北京建宏印刷有限公司印刷

*

880毫米×1230毫米　32开本　12.25印张　235千字

2018年4月第1版　2018年4月第1次印刷

ISBN 978-7-200-13635-7

定价：45.00元

如有印装质量问题，由本社负责调换

质量监督电话：010-58572393

前言

一

时光荏苒，这个古雅的俗词总是被我们运用得既空洞而又实在。转眼，我们已经站在了2018年，这一年是中国改革开放40周年。遥想40年前中国推开改革开放之门是多么艰难曲折。其中一个重要的关节点一定不会被人们忘记，那就是1978年关于真理标准的大讨论，以思想解放为改革开放开辟了最根本的道路。40年过去，中国今非昔比，取得的成就可谓举世无双，乃至有西人谓为人类历史上发展最快的40年。中国极速地从前现代发展到现代甚至进入后现代，40年差不多走过了西方发达国家三四百年的历史进程，经济总量已居世界第二，科技、军事等各方面都跻身世界前列，中国人相信自己终于从站起来、富起来走向了强起来，比以往任何时候都更接近、更有信心和能力实现中华民族的伟大复兴！

“中国一定是做对了什么。”分析40年改革开放的原因与成就，最大的原因是思想解放，最大的成就乃是思想更解放——不可逆转的思想更解放。

中央电视台曾经有一档很火的节目叫“同一首歌”，如今已无踪迹。这恰如一个时代的隐喻，当今时代不再是唱“同一首歌”的时代，而是各唱各的歌、各哼各的调的时代。每天以便捷的新闻方式为我们所知的大事小情，你认为很好的，一定有人说坏，而且人数不少，而你认为很坏的，一定有人叫好，而且人数也不可谓不多。耽于现场直播和深谙炒作之道的媒体迎合甚至刺激着大众的态度表达，从事件到关于这个事件，从关于这个事件到关于这个事件的人，再到围观、评论这个事件新闻报道的人，不断累积的是与真实渐行渐远的晕圈，最终我们进入了一个羚羊挂角的所谓“后真相”（post-truth）时代。乱花渐欲迷人眼，山重水复疑无路，面对海量的信息，我们有些麻木、不知所措，低头埋在信息的汪洋大海中，以沉潜的姿势随波逐流，做了芸芸众生中的一个，却也是疲倦、苦恼、无奈甚或是痛苦的一个。

面对信息时代的一团乱麻、十面来风、百家争鸣、千头万绪，2000多年前孔夫子的一句话有着穿越时空的方法论启迪：“众恶之，必察焉；众好之，必察焉。”我们不必关注这个世界发生的所有事情，更不必焦虑于要即时地跟进所有正在变迁的事情，只需关注“众好之”“众恶之”的事情。所谓众好之、恶之者，即今天所谓舆论热点也；察焉，就是要聚焦、解剖，对之进行深度的分析、解读。生也有涯，知也无涯，在无垠的信息海洋中捕捞，抓住和吃透典型的、重点的、有代表性的，也就基本把握了全局。而且，基于众人好恶，再予以察，乃是对思想进行思想，即哲学中所谓的反思了，其回报不仅在于全面，更在于深刻。

问题在于：世事万变迷踪，热点潮起潮落，哪些可谓真正的“众好”“众恶”？谁又能帮我们仔细“察焉”？

二

教育部重点研究基地——北京师范大学价值与文化研究中心、北京市哲学社会科学重点研究基地——北京师范大学北京文化发展研究基地都致力价值观建设、文化发展方面的理论研究，秉持“文化以价值为核心”“文化以人为本”的理念，关注人们的现实生活，关注社会热点问题。2017年年初，我们恢复了10多年前做的一项工作，即对每年发生的社会热点进行盘点和解读，出版当年的“社会热点解读”，2017年出版时书名为《解读：2016》。

不少朋友反映，“解读：2016”名字很简洁、大气，但指向不够鲜明，容易造成一些误解。于是，我们决定从今年起恢复“社会热点解读”的书名。

《社会热点解读：2017》精选了2017年度社会普遍关注的20个热点问题，分别梳理其“来龙去脉”，扩展“相关链接”，萃取“微言大义”，进行“深度解读”，突显其价值文化内涵和社会律动规律，使人们对经历而未必清楚、熟知而并非真知的现象和事件有一个比较全面系统的了解，进而在博采众家观点的基础上以独到的视角洞察真相、前瞻未来，增益一种感知与领悟同在、体验与反思共存的生活智慧。

已经远去的2017年，擘画我们民族伟大复兴蓝图的党的十九大胜利召开，雄安新区横空出世，走进新时代，中国已具强起来的气象；人们乐道马克龙惊世骇俗的忘年恋，冷观美国退出一系列国际组织，熟稔于世界的中国打开方式；读书会及知识付费蓬勃兴起，《中国诗词大会》等文化综艺节目火爆，《战狼2》创造票房奇迹，“格斗”秒胜“太极”的武术约架，留学生大学致辞风波，时代在古今中外的张力中彰显出一种民族主体的自觉；广场舞大妈争场地，107篇医学国际论文被同时撤稿，猖獗多年的传销终于从天津开始被扫打，提醒我们要如何净化与进化才能真正与自己的过去告别；《王者荣耀》游戏引发批评潮，比特币野蛮生长，马云、刘强东等大佬就互联网经济频发豪言，我们看到的是现实与虚拟的纠结、联通现在与未来的想象；“小鲜肉”遇到“老戏骨”的挑战，薛之谦、郭敬明等一大拨明星“人设崩塌”，表明这个感性时代毕竟还有自身的逻辑底线；《我是范雨素》刷屏，课后班成了必修课而累坏学生和家长，生活并不完美，负重前行的人们未必总能被媒体照亮，但一样有着对美好生活的期盼……

三

本书由沈湘平主编，杨志、刘翔、李啸洋、易冬冬、艾静、黄少卿、李玉、胥策、张翼飞、巩永丹、郤美秋、王洪鹏、曲畅、韩永禛、赵亚楠等参与编写，全书由沈湘平统稿，程光泉、孟子嫄承担了部分修改工作。特别感谢杨志先生再次手绘了一批漫画，为本书增色。

本书系集体编写，在编写过程中参阅了大量资料，资料使用由文章作者自由裁量，并未一一注明出处，敬请谅解。由于时间短促，水平有限，不妥之处敬请读者批评指正。

编者

2018年1月

惊世骇俗：一种爱情的打开方式

——马克龙的忘年恋

爱情与成熟度无关。如果不努力发展自己的全部人格，那么每种爱的努力都会失败；如果没有爱他人的能力，如果不能真正谦恭地、勇敢地、真诚地和有纪律地爱他人，那么人们，在自己的爱情生活中也永远得不到满足。

——弗洛姆《爱的艺术》

人和人之间的直接的、自然的、必然的关系是男女之间的关系，……从这种关系就可以判断人的整个教养程度。

——马克思《1844年经济学哲学手稿》

现代的爱情，同单纯的性欲，同古代的爱，是根本不同的。第一，它是以所爱者的互爱为前提的。在这方面，妇女处于同男子平等的地位，而在古代爱的时代，绝不是一向都征求妇女的同意的。第二，性爱常常达到这样强烈和持久的程度，如果不能结合和彼此分离，对双方来说即使不是一个最大的不幸，也是一个大的不幸；仅仅是为了能彼此结合，双方甘冒很大的危险，直至拿生命孤注一掷。而这种事情在古代充其量只是在通奸的场合才会发生。最后，对于性交关系的评价，产生了一种新的标准，不仅要问：它是结婚的还是私通的，而且要问：是不是由于爱情，由于相互的爱而发生的？

——恩格斯《家庭、私有制和国家的起源》

2017年5月8日，法国中间派独立候选人、“前进”运动领导人埃马纽埃尔·马克龙战胜极右翼总统候选人玛丽娜·勒庞，成为新一任法国总统，他也是自拿破仑以来法国最年轻的总统。而现年39岁的马克龙的浪漫爱情故事也在这次大选中彻底浮出水面，传到世界各地。和马克龙一起牵手入驻爱丽舍宫的，是和他年龄相差25岁的高中法文老师——布丽吉特·特罗尼厄，现龄64岁。

1953年4月13日布丽吉特生于法国北部的索姆省亚眠市。1974年大学毕业后她回到家乡，嫁给了在银行工作的安德烈·路易斯·奥齐埃尔，婚后育有一子两女。1993年，她进入当地的耶稣会学校成为一名法语和拉丁语老师。她讲课精彩生动，深受学生喜爱。除了担任法语老师之外，布丽吉特还负责管理学校的戏剧社。

1993年，年仅15岁的马克龙来到这所贵族学校读初中一年级，与布丽吉特的大女儿劳伦斯同班。布丽吉特负责教授马克龙法语，非常赞赏他的写作才华，经常当着所有人的面念马克龙写的诗。他的同窗后来在接受采访时称，“老师经常在课堂上表扬马克龙，拿他做榜样”。而布丽吉特的朋友接受采访时曾说过：“布丽吉特对文学有着狂热的爱，她认识马克龙之后，终于找到一位听众来听她滔滔不绝的谈论。”

据布丽吉特回忆，马克龙有一天来找她谈剧本，希望写出一个为戏剧社演出的剧本。“我当时想他坚持不了多久。很快他就会觉得乏味了。我们一起写，一点一点，我完全被这个男孩子的聪明折服了。”“写作将我们聚到一起，”布丽吉特在接受《巴黎竞赛画报》的采访时提到，“之后引发了不可思议的亲近感。他对我产生了重大的影响……我觉得自己陷进去了，他也是。”从一开始分享文学和精神上的默契，逐渐地发展成为对彼此的爱慕，并开始约会，这消息也在这个城市不胫而走。

在传记体新书《马克龙：一位完美的青年》里，马克龙的妈妈弗朗索斯瓦说，知道儿子跟女老师在约会，他们没有办法对他说：“这太棒了！”——这话实在说不出口。马克龙的爸爸找到了女老师布丽吉特：“能不能先别跟我儿子见面了。那个，至少等到他成年以后？”布丽吉特说：“我不能保证任何事情。”

这场轰轰烈烈的“不伦之恋”也在将二人推到舆论的风口浪尖。17岁的马克龙被迫离开这个城市去巴黎继续完成中学的学业。临走之前，马克龙告诉她："不管你做什么，我都要娶你！""我们经常打电话，一谈就几个小时。就这样一点一点，他用自己的耐心，让我放弃了抵抗。简直不可思议。"布丽吉特曾这样描述他离开后他们之间的发展。一年后，布丽吉特也带着自己的孩子搬到巴黎，在16区的一所天主教私立中学继续教书。"她才是真正勇敢的人。当时，她有3个孩子和1位丈夫。而我，我只是个学生，一无所有。她爱我，并非因为我有什么，或者因为我能给她带来舒适或安全的环境。她为了我抛弃了一切。但她在这么做的时候，心里怀着对3个孩子深深的忧虑。"马克龙后来回忆说。

2006年1月26日，布丽吉特在与丈夫离婚而恢复单身后，她本不想再结婚。但是马克龙坚持他们要公开相爱，并逐渐说服布丽吉特。2007年10月20日，马克龙在勒图凯与布丽吉特成婚。婚后，马克龙辞掉财务检察官一职，来到罗斯查尔德银行工作。随后，他又弃商从政，一路青云直上。2012年，马克龙出任法国总统府副秘书长，接着出任经济部部长。直到此时，布丽吉特一直隐姓埋名，在巴黎一所高中从事教书育人的工作。2015年6月，布丽吉特停止教书，投身到帮助丈夫的事业中。同年6月2日，西班牙国王菲利普到访法国，身着黑色短裙的布丽吉特随马克龙出现在爱丽舍宫门廊，参加欢迎宴会。这次婚后的首次亮相立即引来各界关注。

2016年4月，马克龙夫妇登上《巴黎竞赛画报》。该杂志称，这对夫妇经历了"一段真正的爱情故事"。同年11月，他们登上《巴黎竞赛画报》的封面。2016年年底宣布参选总统后，马克龙希望以一己之力统一法国政坛各派力量。马克龙曾在演讲中说："我欠她很多，因为她帮助我成为我想成为的人……如果我当选，不，对不起，如果我们当选，她会在那里，有她的角色和地位。"法国大选首轮投票后，马克龙再一次感谢了一直陪在身边的布丽吉特："没有布丽吉特，就没有现在的我。"马克龙身边的人都很清楚布丽吉特在他心中的影响力，无论是他的一些竞选主张，还是政治决策，都有她的痕迹。彭博社引述France3 TV的纪录片内容称，布丽吉特会指导马克龙的演讲，告诉他在说某一个词的时候声音一定要抬高。马克龙也要求她出席自己的许多会议，称她的意见很重要。曾有人质疑这件事，但是布丽吉特很高调地表示自己"是马克龙粉丝俱乐部主席"。

马克龙曾说："布丽吉特是我的灵魂伴侣，是我的安慰。我开心了呢，就能多做一点事情。"

【马克龙与哲学】

1999年，马克龙的历史老师弗朗索瓦·多斯将他介绍给法国当代著名哲学家保罗·利科。马克龙用3年时间整理、注释利科的新书《记忆、历史、遗忘》。用马克龙自己的话说，利科使他“重新学习哲学”。在利科这里，马克龙接触到《精神》杂志的编辑，进而成为《精神》编委会成员，直至今日。《精神》杂志前主编奥利维尔·蒙甘认为，马克龙有着“非常稳固的哲学理论基础”。马克龙不断强化政治哲学研究的同时，加深对法国政治现实的理解。

【比特朗普小25岁的美国第一夫人】

与马克龙同一个“季节”竞选并且也成功当选的美国总统特朗普，其年轻貌美的妻子梅兰妮也备受关注。有意思的是，梅兰妮恰好比特朗普小25岁。然而，这并没有像马克龙娶比自己大25岁的布丽吉特那样令人惊讶。不过，梅兰妮本身也是很传奇的，她1971年出生在斯洛文尼亚，身高1.8米，做过模特，在纽约当过黑户名模，拍过全裸杂志写真。直到2006年，也就是和特朗普结婚后，梅兰妮才成为正式的美国公民，她成为美国历史上首位拍过裸照的第一夫人。

【杨振宁与翁帆“老少配”】

1995年，诺贝尔物理学奖获得者杨振宁到汕头大学参加物理学家大会时，与负责接待的翁帆相识。翁帆当时是汕头大学文学院英文系大一学生。2004年11月，82岁的杨振宁突然宣布迎娶28岁的翁帆。以杨振宁的年纪和身份，做出如此“骇人听闻”的决定，直接在国内引发了一场“地震”。2004年12月24日，82岁的杨振宁与28岁的翁帆登记结婚。2005年1月正式举行婚礼。然而，和国人对马克龙与年龄相差悬殊的老师结婚的宽容与赞美不同的是，相当多的人对杨振宁先生和翁帆女士的结合不理解、不尊重，10多年来都成为人们茶余饭后调侃、讽刺的对象，甚至杜撰出了许多离奇、荒唐的段子。然而，杨先生坚信，翁小姐是甜蜜的天使，是上帝给他的“最后一件礼物”。

他想告诉人们，如果他能在一个外省小城，顶住各种羞辱和嘲笑而征服一个年长他25岁、有3个孩子的有夫之妇，那么他也能用同样的方法征服法国。

——传记作者Anne Fulda《马克龙：一位完美的青年》

马克龙哲学专业毕业，在他幼年时就表现出对形而上学的偏好，在中学的戏剧社里遇到了现在的妻子，她充满智慧，鼓励他精进知识，带领他认识更好的自己——这种影响对于一个热爱哲学并有抱负的少年，无疑值得感念一生。

——知乎 芈十四

美国总统的爱情故事激励全世界男性，法国总统的爱情故事激励全世界女性。

——知乎 苍茫

如果当选为总统的马克龙并没有这样惊世骇俗的爱情，恐怕他也不会因此而声名远播，而那些关于他的各个版本的故事演绎和幽默集锦也不会如此兴盛。如果有着这样惊世骇俗的爱情故事的马克龙没有成为总统，恐怕他的故事也不会那么广为流传。这是一次完美的结合，于人生有深情，于事业成大功，再次诠释了爱情，重新定义了成功。然而，这种诠释和定义却引发了一阵又一阵的热议。人们不会对美国总统特朗普和他妻子的年龄说三道四，而觉得那是再平常不过的事。但人们必定要对法国总统马克龙娶了比自己大25岁的老师这一事件好好“八卦”一下，更企图在他事业的功成名就和爱情的惊世骇俗之间建立某种联系。要知道，这是一个要么过分强调事业、要么爱情至上的时代，谁能在二者上都获得最高的完满实现，谁就必然要经受这纷纷议论。

事功与有情

有事可做，有人可爱，这大抵是老百姓人生幸福的标配。然而，对于那些“大人物”来说就未必如此了。沈从文先生在谈及中国历史上的那些优秀人物时曾说：“‘有情’和‘事功’有时合二为一，居多却相对存在，形成一种矛盾对峙。对人生‘有情’就常和在社会中‘事功’相背斥，易顾此失彼。管晏为‘事功’，屈贾则为‘有情’。因之‘有情’也常是‘无能’。”就中国历史本身来看，管子和晏婴所留给我们的精神财富更多的是他们如何于乱世斡旋，如何在社会和国家事务中搅动乾坤。我们看到的是他们事功的辉煌。而对于屈原和贾谊，所留给我们的思想启迪更多的是他们对人生和生活的那种一往情深，是他们最真挚的拳拳之心和最纯净的赤子之情。他们在事功上几乎是失败的，这并非由于他们没有事功的才华，而是时不我与。但在文化史上，他们同样也光照千古，因为在人生这一面，他们是真正的“情人”。独这一缕真情，足以使他们比管晏更闪耀。而沈先生所看重的也恰恰是这一点。功业是可学的，时机也有成熟的时候，但独独这天地间的一缕痴情、一点真心却是怎么也学不来的。对于马克龙而言，恰是这一缕柔情真心，在仕途的功利之路上对爱叶的护持，在粗糙的大地上对情花的浇灌，就值得让整个世界都为之倾倒。

这世界向来不缺乏政客，更不缺乏英雄。一世又一世的国王，一代又一代的皇帝，一届又一届的总统，人们歌颂他们的政绩，人们反对他们的言行。有德者自然名播千古，无德者必将遗臭万年，然而他们都会载入史册。他们是最受人们关注的一群人，以至于历史常常被说成是英雄或枭雄的历史。当我们去看任何一个国家的史书，看到的记载多是一个国王、一个政客具体做了什么事，以及这些事对政治的影响和造成历史轨迹的变化。因为似乎只有这些恢宏的大事才配得上我们称为历史的那个东西。马克龙惊世骇俗的爱情是很难进入正史的，以后的记载多是他从政期间对这个国家的所作所为。相比于他的爱情故事，显然，他的从政历史当然是更值得历史学家、政治家们严肃关注的。但是，那些终将湮没于历史的平凡者，如我们，却更愿意对他的爱情故事津津乐道。这或许是一个将永远在一切有情人之间流传的故事。这个故事那么美，它注定在一代又一代的平凡人的讲述中永恒流传下去。让“事功”的部分归于历史，由历史学家和政客们去研究；把“有情”的部分留给我们，由一切珍视这一缕真情的平凡者去讲述、去演绎。历史属于伟人，但生活却属于人民。

情投与意合

情失其本，则其流不远。情失其源，则其流不深。现代社会，人们鼓吹谈情说爱的自由与权利，然而却恰恰丧失了情爱。很多时候，所谓的情，绑缚着一切非情之物，以致人们在寻寻觅觅之间舍本逐末，终究是竹篮打水一场空。人们当然可以有谈情说爱的自由，但如果没有情爱之外的根基和源头，那么这个自由反而成了不自由。而能作为爱情根基的，恰恰不是一切世间实有的东西，而是一切非实有的存在。如果欲望成了爱情的根基，那么欲望的消退终究会带来爱情的消退；如果抵御风险、寻求安全成了爱情的根基，那么一旦安全感获得了，爱情同样会烟消云散。无论在历史上，还是现实社会，我们同样会看到权力和利益的谋求常常成了爱情和婚姻的理由，而这样的结合几乎从来没有为幸福增添砝码。当人与人之间隔着种种的物、挡着深重的欲时，生命与生命便很难再相感通。而爱情的根基恰恰是最“虚无缥缈”的东西，正是在这虚无的存在上，可以构筑最坚实的爱情大厦。

对于马克龙和布丽吉特而言，作为他们爱情根基的最虚无缥缈的东西恰恰就是那种“意合”，即他们精神的契合。马克龙少年时代即表现出对经典文学的热爱，他在私立学校的同学回忆：“他非常与众不同，当时所有的小朋友都在看电视，只有他（马克龙）在读经典法国文学著作，写诗。他还写了一部关于一位西班牙征服者的小说。”而布丽吉特也不仅仅是一名法语老师，还是一名热爱戏剧与诗歌的老师。这种热爱不仅仅是兴趣，而是与生命相结合的热爱，发自肺腑，源于衷心。那除了他两人有限的生命经验之外的第三个世界，牵引了他们的相遇，催发了他们的情感，支撑了他们的坚持，促成了他们的结合，完善了他们的人格。爱情从来不是一种生发在两个人之间的唾手可得之物，它是需要培育的。这种培育又不像一个园丁培育植物那样，而是爱情的双方在提升自己的人格和境界时培育了他们的爱情。这是相辅相成的。换句话说，一切能称得上爱情的情感都内蕴着双方生命的人格力量。

经典文学的伟大陶冶着他们的精神力量和气质，他们同气相求、同类相感。这是最人文的相遇，这也是最自然的相感。这相爱的过程也是他们携手并进于精神世界的过程，是他们参与并融注到彼此的生命，而将自己提升到更广阔之域的过程。因为意合，所以情投。有这源头，才有活水。弗洛姆说：“如果爱情仅仅是一种感情，那么承诺相爱一辈子就没有基础……人们一方面渴望爱情，另一方面却把其他东西如成就、地位、名利和权力看得重于爱情。我们几乎把所有的精力都用于努力达到上述目的，却很少用来学会爱情这门艺术。”爱情是一门艺术，而不是技巧，是需要学习的一种精神事业，而不是以物易物的商品交换。这种精神的共在使他们不是只盯住对方的眼眸，而是共同瞭望星

“在你走过和我相爱以前 / 我不过是水，和水一样无形的沙粒， /
你拥抱我才突然凝结成为肉体”（穆旦诗）

空和遥远的大地。哲学家罗素曾说：“我寻求爱情，最后是因为在爱情的结合中，我看到圣徒和诗人们所想象的天堂景象的神秘缩影。”那支撑他们抵挡后来的一切非议的不是最初见面的激情，不是那种忽然堕入情网的甜蜜，而是他们共同在文学的世界里所汲取的伟大力量。由于经典文学对他们生命的培植，他们拓展了彼此的世界而使之博大辽阔，并在指向无限处完成了融合。

匮乏与丰盈

爱情起于匮乏还是丰盈，这是一个问题。庄子曾说：“泉涸，鱼相与处于陆，相响以湿，相濡以沫，不如相忘于江湖。”我们常常用相濡以沫赞美能一直走在一起的两个人，却常常忘了，在庄子这里，相濡以沫恰恰是不足取的。在中国的战国时代，没有一个哲学家像庄子那样思考问题，如此“直指人心”。这是一个真正明白人生在世，明白生命的局促和人情关系的缠缚的伟大哲学家。他看到原来人世间的爱起于人生在世的不足或者欠缺。鱼儿在水，是鱼儿本来的状态，自足自乐。而每一个人的人生在世恰恰是离开了水的鱼儿，所以需要另一个人来“相响以湿，相濡以沫”，需要另一个人来相互支撑和陪伴，以解这干涸之苦。

不仅如此，在满足相互的不足和匮乏的过程中，如果恰好处于一种给予与获得的平衡状态，这种爱至少还能延续下去，并给彼此带来一定的愉悦。然而这种平衡状态在世间实属难得，需要双方巨大的包容和智慧，以及对人生全面的体贴才有可能实现。更多时候是给予与得到的失衡状态。人们的匮乏以及由此而生的需求千种万种，总有对方因体贴不到而无法给予满足之时，双方由此而升起种种的误解和怨憎，常常陷入许多的猜忌和争执中，升起许多莫名其妙的苦恼。很多时候，爱的双方的感动与埋怨只在一念间。你的所为超越了对方原本的期待，便感动他；你的所为不合对方原本的期待，便生埋怨。而人有贪心，对别人的期待又总是潜在地增长着、膨胀着。于是，这起于不足而生的期待总有不能满足之时，怨憎便生起了。许多的姻缘最后都以不幸或勉强收场。就像《红楼梦》和《围城》小说描述的，里面的人与人尤其是建立亲密关系的两人间有那么多的误解、吵闹，乃至占据了小说的1/3，不是相濡以沫，只是相爱相杀而已。庄子也正是看到了起于不足而有的爱情所导致的人生困境，才提出了他的最让人向往的一种境界——“相忘于江湖”。既然人生在世的本来状态是匮乏和不足，而那种处于平衡状态的相互满足难于登天，不如各自回到生命的本来状态，逍遥自足，一片天机。

庄子是站在了人之外看人，所以才看得深刻。但是他提供的生命理想，世间也少有人能做到，更是难于登天。回到生命的本源状态，不是一个单纯思维领域的认识问题，而是一个需要太多的独属于中国式的修行实践。但是我们依然可以借此思索世间的爱情，爱情是否可以实现人格的完满和生命的丰盈。相爱的两人并不只能是满足彼此的匮乏和需要，尽管世间许多的爱情恰恰是起于这种不足的。但是起于不足，却可以达致丰盈。如果相爱的两人都力图对生命抱持一种修行和成长的态度，那么爱的过程就是生命实现其成长和逐渐圆满的过程。马克龙与布丽吉特在文学中领受了教诲，他们作为彼此的伴侣，是以促进彼此生命的完善和丰盈为目标的。换言之，如果能真正实现彼此生命的丰盈，他们也就实现了爱。不怕爱情起于彼此生命的匮乏和不足，却唯恐它止步于此，而不能借此奔向生命的丰盈和完满。

中国传统儒家讲："君子之道，造端乎夫妇，及其至也，察乎天地。"人们同样可以在爱情中实现生命最高的丰盈。马克龙只是在年龄上比布丽吉特小，但是在精神领域、在生命的丰盈度上，他们却是等值的。这是真正的棋逢对手、将遇良才，要有何等大的因缘才促成彼此的相遇。他们何其有幸而相遇彼此，何其有幸而相爱相伴。他们所遇见的不只是一个情人，不只是一个丈夫或妻子，而是彼此人生的导师、彼此的挚友。他们是唯有在成就对方时才成就自己，唯有在度化对方时才度化自己。在电影《甘地传》中，作为早已家喻户晓的圣雄甘地，与妻子在河边有这么一段对话。甘地说："愿我们终生都是好友。"他妻子说："你是我的挚友、最高的导师和至高无上的主人。"而布丽吉特这样谈论自己的丈夫："我的丈夫是个立场坚定、让人安心的人，他全身心投入工作，像个骑士。他是一位哲学家、银行家和政治家。"马克龙则这样谈论自己的妻子："布丽吉特是我的灵魂伴侣，是我的安慰。”这世上值得人们敬重的价值一定是关乎心灵、关乎精神的，是关于生命的成长、关于自我的突破、关于对人生和世界真谛的领悟。而爱情的实现程度正与真谛、德性的实现程度相关，与真和善相关，有了这种真与善的精神充盈，那浪漫的美之光辉自然灿烂无边。

自由与奴役

马克龙自己还是一个哲学家。正是因为他曾深入研读过人类伟大的文学、哲学，他的爱情才有了与众不同的哲学气质。或者说这种惊世骇俗的爱情，唯有放进哲学的视野中才能获得更坚实的理解。在哲学的世界里，中年之后的康德会说，哲学的研究已经可以使他不再需要爱情。裴多菲也曾写过这样一句诗：“生命诚可贵，爱情价更高，若为自由故，两者皆可抛。”在爱情的价值之上，还有更重要的价值——自由。对于裴多菲而言，他对自由有自己的定义，更多的是实现民族的独立，一种战士的自由。这种自由，当其与爱情冲突时是可以割舍爱情的。马克龙同样热爱自由，他说：“自由所依赖的是愿意去理解、发现和自主分析的意愿。我对自由的热爱，也是促使我去学习哲学的原因，也是我为什么会选择从政，当经济部部长，一直到现在参选法国总统，虽然我不是政治出身，但我愿意不惜一切代价尝试。”对于马克龙而言，这种自由是借由一切世间的经历来实现对世间的理解。而且这种自由并不妨碍他对于爱情的追求。

也许他唯一的信念恰恰就是来这个世界上好好地领会人生在世的奥义。对于他而言，无论做什么都能深入其中，只要条件允许都将坚持到底。无论是少年时代学习文学，还是后来学习哲学，再后来从政、经商直至参与总统大选，都是非常坚定，而且执着。

马克龙在他个人网站的竞选页面上写道："如果要说我从政的真正原因，那就是因为我的外婆。"而在作家Anne Fulda为马克龙所写的人物传记中，她这样描写马克龙的外婆："她要求很高，是个很有决心的女人。从不溺爱马克龙，为他打开阅读和文学的大门。"一个人从政的原因仅仅是因为外婆，而外婆从来没有让他做一个什么具体的职业，不过是打开了文学的大门。也许，他活着不是要去实现某一个切实的目的，也不是按部就班地按照某种既定的路径往前走，然而又不能说他没有目标。如果说他有什么野心，可能并不在权力、不在名声，而恰恰是实现对生活世界的理解和领会，实现生命的可能价值。他曾在个人网站中说："我在一个条件相对宽裕的环境下成长，我的童年和青少年生活等同于与人见面、阅读和发现。布丽吉特在我的学习过程中不断启发我，把我引入哲学的殿堂，并且成为利科（法国著名哲学家）的助手。我至今还在阅读利科的哲学思想，领悟他教会我的一切。"秉持着对一种可能生活的逼近，他对他与布丽吉特之间爱情的坚持，也给予了她勇气并敢于坚持，说服她与他正式步入婚姻殿堂。这是对自由的最高礼赞，人世间的物质名望都挡不住一颗高贵的自由之心。这种自由并非为所欲为，而是领会并实现一种可能的好的生活。这种可能的好的生活的实现不受那些陈腐规则的限定，而是来自于自己理性的反思和勇敢的尝试。

他的惊世骇俗的爱情是他对自由的礼赞，所谓的惊世骇俗，不过是打破了世俗的陈腐枷锁，刷新了人们惯常的耳目。如果爱情仍然是一种高贵的精神价值，那么它的实现就必然意味着对某种流俗观念的反抗。这种反抗恰恰护持了爱情，也护持了生命的自由。这注定的惊世骇俗的背后是马克龙的爱情所承受的生命价值之重。

然而却少有人能真正明白其所承受的生命价值之重。在当前的中国，人们热议着马克龙的政治理念、爱情和学习经历之种种，并以此作为他们可以效仿或者批判的东西。时下的国人更愿意以他们自己的视域去理解和想象围绕着马克龙的一切。事实上，马克龙的故事和经历对于国人而言，其想象性大于现实性。人们在他那里拼命寻找能够迎合自己的种种想象和观念的东西，解构一切真正的深度和高尚，将其还原为一种简单、浅俗而又刻板的东西。诚如旅法媒体人龚克讲，在中国读者眼中，这种崛起的政治意义尚在其次，反倒是围绕他的花边新闻满足了对一个遥远国度中政治人物的大众幻想。惊世骇俗的“老妻少夫”搭配，迎合了中国读者那种似是而非的法式“浪漫”的刻板印象。另外，马克龙哲学系毕业生的身份，在相当程度上满足了中国读者对法式“文人治国”的想象。从某种意义上说，“小鲜肉总统”和“哲学家总统”两种视角其实构成一对镜像，如果说前者流于“媚俗”的话，后者便是刻意“媚雅”，而当事人的真实面目与经历却不再是最重要的因素。

的确，对于大众而言，关键不在于事实，而在于自己所持守的价值。当事实不够，就用想象来增删事实以迎合自己的轻飘的价值想象。人们需要故事，希望看到自己愿意看到的故事，如此他们才觉得自己的存在是与这个世界取得了紧密的关联，而不再是隔绝于这个世界。对于国人而言，关注马克龙生命的真实，理解马克龙所承受的生命价值之重，是一件太过于无趣乃至沉重的东西，不如以自己的想象来得痛快，直达自己预期的目的。

（易冬冬）

书，不仅仅是用来读的

——读书会蓬勃兴起

读书补天然之不足，经验又补读书之不足，盖天生才干犹如自然花草，读书然后知如何修剪移接；而书中所示，如不以经验范之，则又大而无当。

——培根《论读书》

孔曰成仁，孟曰取义，惟其义尽，所以仁至。读圣贤书，所学何事，而今而后，庶几无愧。

——文天祥《自赞书》

子夏曰："贤贤易色；事父母，能竭其力；事君，能致其身；与朋友交，言而有信。虽曰未学，吾必谓之学矣。"

——《论语》

2017年1月11日上午，一场别开生面的读书会——“‘书香山村·扶贫扶智’培育新型农民工农桥读书会”活动在北京人民大会堂举行。来自全国各个工作岗位的500多位农民工代表齐聚人民大会堂小礼堂聆听专家座谈演讲、交流读书学习体会。会议规模大、规格高，全国人大原副委员长蒋正华、顾秀莲，中国文联副主席、著名评书表演艺术家刘兰芳，全国工商联原副主席、北京大学国家软实力研究中心理事长沈建国，碧桂园董事局副主席杨惠妍等都出席读书会并致辞。

事实上，这虽然是人民大会堂迎来的第一场读书会，但近年来一系列的读书会蓬勃兴起，如雨后春笋。目前，仅上海就有各类读书组织3万多个，较为知名的小型读书会近百家，北京活跃度很高的读书会达150多家，南京、广州、杭州等地区也都有较为成熟的读书组织。另外网络新媒体的迅速发展，各类“触网”式读书会多如牛毛。具有代表性的有“罗辑思维”“樊登读书会”“凤凰网读书会”“搜狐读书会”“深圳读书会”“沙之书”“706青年空间”等，这些读书会纷纷采取线上与线下相结合的模式，形成自己的独立品牌。目前，“罗辑思维”拥有的固定会员制粉丝达600万，融资估值达13亿。“樊登读书会”仅用4

年，会员数量就突破176万，在中国境内成立15个省级分会、198个市级分会、303家县级分会以及10个海外分会，用户每人每年365元，员工不满100人的公司轻松获得上亿元的年稳定收入，甚至有客户已经续订到25年后。

为了贴近人们生活，服务百姓日常，有相当一部分读书会定位就是幼儿教育、MBA辅助教育、读经教育、女士生活等。此外，一些文化机构为了吸引更多的人读书，还广泛开展包括公益读书、户外漫步、国学沙龙、古琴赏鉴、旗袍雅会等寓教于乐的活动，积极探索更多、更新的方法。比如人民出版社读书会打造的O2O社交平台，使读者、作者和编者在同一个平台上交流、交易，配以“读书会+公益”的形式，实现线上和线下的有机联动。线上平台坚持“内容为王”，利用“图文直播+专题策划”的形式输出最有趣、最有料的内容；线下平台以公益为主线面向市场，编辑出版“中国青年志愿服务丛书”的同时积极开展“公益一刻钟”，去公益机构做志愿服务，将读好书与做好事有机结合，进行过宣讲的公益组织或志愿服务项目包括“爱心衣橱”“早产儿联盟”“大爱清尘”“众心公益”等。

2017年4月23日，世界读书日当天，蚂蚁金服董事长彭蕾通过内部邮件向全体员工发出倡议，希望每位员工每周抽出至少一小时的完整时间读书，还邀请知名文化学者、作家为自己的员工开出一份推荐书单。8月，共青团沈阳市浑南区委整合樊登读书会沈阳分会与摩拜沈阳的资源，跨界发起“书香‘骑’遇”活动，提倡更多的青年“思想与行动”同频共震，“阅读与悦行”同步驰骋……

读书会也离不开党和政府的大力支持。“全民阅读”已连续4年被写入政府工作报告，在2017年3月5日李克强总理所作的报告中，“全民阅读”更是由“倡导”提升为“大力推动”，意味着要加快推动地方全民阅读立法工作，制订发布地方全民阅读规划，将全民阅读纳入法制化轨道。可以说，读书不仅是公民的一种基本文化权益之必需，更是国家文明进步和科学发展之期盼。而读书会作为推动阅读的主要形式之一，对促进“全民阅读”、建设“书香社会”的意义也成为时下人们思考和探讨的热门话题。

与读书热相伴随的是，2017年也是知识付费火爆的一年。年初，行业媒体“虎嗅”“36kr”“钛媒体”分别推出了各自的知识付费会员服务。5月6日，“36kr”发布知识付费年度报告，指出该领域目前总体经济规模有望达到300亿～500亿元，成为“新风口”。5月17日，“知乎”上线“知识市场”，推出类似淘宝的“7天无理由退款”等规则。“知乎live”上线11个月，已经举行2900场，超过300万人参加，主讲人平均时薪达到了11000元。5月18日，罗永浩发布了12款知识产品，并发布了内部品控手册，其订阅专栏销售数量已经达到206万份。6月3日，“千聊”召开“知识变现破局”峰会，邀请300多位KOL，该平台已有注册讲师80万。6月6日，“喜马拉雅”推出“66会员日”，围绕知识内容付费推出会员服务、强化付费用户粘性，3天召集会员342万，会员销售额达到6114万，付费专区已经有2000位“知识网红”，成为“知识网红”第一平台。目前，全国知识付费用户已经达到5000万，2017年知识付费的总体规模达500亿元。

【第十四次全国国民阅读调查报告出炉】

2017年4月18日上午，中国新闻出版研究院发布第十四次全国国民阅读调查报告。数据显示，2016年我国国民人均图书阅读量为7.86本，比2015年增加了0.02本。人均每天微信阅读时长为26.00分钟，比2015年增加了3.37分钟。数字化阅读的发展提升了国民综合阅读率和数字化阅读方式的接触率，整体阅读人群持续增加，但也带来了图书阅读率增长放缓的新趋势。与1999年60.4%相比，图书阅读率仍低于当时的数值，而与同期国际阅读量比较，当前欧美国家年人均阅读量为16本，韩国为11本，日本在8.4～8.5本之间。

【各大学纷纷举办国学高级研修班】

国学高级研修班是以中国传统文化作为核心授课内容，专门针对企业总裁、经理和中高层管理人员等高端人群开设的研修班，大多依靠高校资源创办。目前，北京大学、清华大学、中国人民大学、北京师范大学、上海交通大学、四川大学、山东大学等都主办了此类研修班。据不完全统计，近一半学员来自民企，还有部分学员来自国企和政府单位，大部分学员都是管理人员，本地和外地的生源各占一半，其中不少学员都参加过各大高校的总裁班。国学班作为一种进修形式，招生门槛不高，课业量也不大，没有学位，颁发的是结业证书。但国学班邀请的老师均是国内知名专家，各地课程反响很好，近几年来各地学员报读的积极性都很高。在学员看来，进入国学班进修更多的是为了提高自身的文化素质，提升精神境界，学习用传统文化的思维来解决生活中的烦心事。

【“读经运动”饱受争议】

自20世纪90年代以来，台湾学者王财贵在中国大陆宣讲并建立起一套名为“老实大量读经”的“理论体系”，自言以培养圣贤为目的，以全日制读经为手段，宣称能帮孩子找到安身立命的精神家园，让他们与孔孟产生心灵呼应，造就大才甚至圣贤。

彼时正是国学热兴起，“读经运动”在中国勃兴之时，王财贵的理论获得大量信众支持。2012年9月28日，所谓读经界“最高学府”文礼书院在浙闽两省交界处的温州市竹里乡成立，学生们要能一字不漏地“包本”背诵《论语》《孟子》《佛经选》《莎翁十四行诗》等30万字经典才有入校资格。据悉，目前全国至少有50家以上的读经学堂，至少2500个孩子背诵经典已进入文礼书院，比如广州的明德堂、北京的千人行书院等。其中一些学堂甚至蛊惑学生离开体制教育，花费七八年时间居于深山，无电无网，与经书为伴，每天背诵经书10小时以上。王财贵基于此还发展出了完整的产业链，目前普通读经学堂的收费为每人每年4万元左右，除学费外于2015年还启动了庞大的筹款工程，计划在2020年建成10万平方米的书院建筑。此外，王财贵团队在北京还拥有一家名为北京文礼经典的文化公司，出售学生读经所用的标准工具，如教材273元，智能桌面读经机2680元，家庭胎、早教套装9980元……

读书，可以成为更好的自己。

——“十点读书”创始人之一燕怙

独学而无友，则孤陋而寡闻。

——《礼记·学记》

读书是高段位的化妆术。读诗三百首，不做单身狗。壮士腰间三尺剑，大咖腹中五车书。体肥还须少吃饭，想美就要多读书。读书有三好，有品、经撩、笑点高。地铁是城市的永动机，读书是颜值的保鲜器。

——郑州市地铁标语

之所以阅读经典，是为了要跟日常生活和实际功用保持审慎的距离，这个距离承载了我们的希望，希望在平庸、琐碎、重复的日常生活之外，还能拥有另一片广阔的精神天地，这里可以谈经论道，可以抒发家国情怀，可以跟人类历史上最优秀的文化成果对话。所谓“生活在别处”，正是这样的含义。

——微博 江海一蓑翁

一个人自己读书，或许只是一种自我教育与提升；然而一群人一起读书，我们看到的就是城市社群和亚文化团队的兴起。……从某种程度上说，包括读书会在内的城市社群和亚文化团队的兴起，正是改变国家–社会的力量对比、构建一个成熟的开放社会的题中应有之义。

——金陵读书会创始人之一许金晶

读书何以兴起

读书会并不是当下才有的，从古至今，它伴随着人们的阅读交流行为而自然发展。在西方，现代意义上的读书会形成则要归功于启蒙运动，它使读书活动跳出文本，直接关涉到人们的日常生活。随着启蒙运动的发展，人们受教育的规模扩大，出版物生产量的增加，现代读书会纷纷以不同形式出现。德国的读书会作为一个启蒙运动后期形成的社团组织，与当时的教育联合会、共济社、启蒙秘密会社等一样，内容以对社会或政府的批判为主。美国早期的妇女读书会以会员的自我教育为目的，同时积极为社区发展出谋划策，推动幼儿园的建立、童工法的制定等。瑞典的读书会则是以成人学习的形式由政府强力推动，目前每年有32 万个读书会在开展活动，290 万成年人参与……简单地说，读书会就是以阅读交流为中心的民间组织。

这样的组织在我国也由来已久，且不说魏晋南北朝的竹林七贤、建安七子、竟陵八友给文学艺术带来的深远贡献，也不论“公车上书”中的一帮赶考书生对我国近代史历程的巨大推动，仅仅是明朝末年一家书院的对联“风声雨声读书声声声入耳，家事国事天下事事事关心”，至今乃家喻户晓。当时，一批江南士大夫每月都会聚集到无锡的这家书院，问道解惑、以文会友，而讲学的老师也都是风靡一时的社会名流，有曾在户部主事的顾宪成、礼部主事的安希范、福建道御史钱一本，以及后任太子太保、兵部尚书的高攀龙，光禄寺少卿刘元珍，南京工部右侍郎叶茂才等。他们因不满朝政、仕途不顺而潜心修学、著书立说，在谈经论道的同时针砭时弊，宣传治国理政的主张。这家书院正是历史上赫赫有名的“东林书院”，在书院兴盛的20多年中，他们以道自任，影响了大半朝的文人士子，仅是记录在册的达官显贵就多达300人，即使衰落后其忧国忧民、以身体道的精神仍激励了一代代读书人，连康有为都向往地说：“少读明学案，倾仰在东林。”

我国现代读书会的雏形到新文化运动之后才出现，当时国民稍稍知道“文化”二字，社会上求知风气日兴，有识之士想通过这种方式培养一种特立不移的精神来抵御外侮，于是大批读书组织如雨后春笋般创办起来。甘蓝在回忆中写道：“我们当初困于个人的财力、学力都不足以满足我们的求知欲，纷纷组织这个‘集体出钱，集体读书’的读书会。”可见当时读书会在普及知识、启迪民智方面发挥了多么大的作用。国内另一次读书会的兴起标志则是改革开放前夕的“文学运动”，当时的中国人像沙漠植物饥渴的根须一样，疯狂地吮吸每一本可以得到的书籍，在北岛的记忆中，那段日子里“一到农闲，年轻人都纷纷回到北京，互相交换书籍，很多人开始写作，形成了大大小小的文学、文化沙龙”。他便在那时结识芒克，日后一起创办了《今天》。到了八九十年代，读书会多在校园中流行，一大批知识分子聚在一起，讨论民族命运和民众生活，激扬文字间带有强烈的使命感。

不难看出，不管在国内还是国外，读书会活跃人们思想的同时也影响着社会历史的进程，人们通过读书获得知识、培养思维，对生活体验和社会现象有了更多思考，自然而然产生了表达和交流的欲望，又在这样的交流和分享中不断条理思路、规范语言、拓展自我，逐渐成长为一个理性而冷静的人。可以说，在现代社会公共理性的发掘和培养上，读书会居功至伟，也是最直接、最有效的方式。

当前的读书会亦是一个塑造“精神共同体”或“价值共同体”的地方。在这个崇尚多元的时代里，人们表面上对网上的大事小情嘘寒问暖，实际都当作茶余饭后的消遣来谈，言不入心，说完就忘，就连众多曾经引领风骚的高知分子也都开始“埋头耕种自家田地”而避免谈论公共事件。但一个不能忽视的事实是在当前这个价值观良莠并存、精神秩序纷乱混杂的时代中，年轻人有着巨大的需求，他们迫切需要一个空间去表达忧患意识和公共关怀，若无处交流，便会陷于沉寂和痛苦，郁郁不得志。而读书会提供的就是一个在公共空间中让思想发声的机会。这是一个理性的对话场域，每一个人的发言都可以看作是深思熟虑后的小型演讲，不同于网络平台中情绪的宣泄，面对面的探讨更要求人们言之有理、论之有据。这是一个必需的对话场域，当人们反观当前的社会生活，并在这种反思中对未来发展抱有深刻的忧虑时，人们可以通过共同的关注和交流选择灵魂上的相互拥抱，让人们在互助中消解掉个人的迷失。这是一个全新的对话场域，它创造出了一种新的成人社群教育模式，突破了传统教育带来的分野，使得不同知识结构、不同生命体验的人产生交集，主动在共同的阅读兴趣中为共同的焦虑寻找答案。一言以蔽之，读书会中的人们正是在这样不断地学习和交流中擢升自我精神，培养公民意识，抒发家国关怀。可以预见，一种独立思考、理性表达的社会气候正孕育而出。而成熟的读书会像个先行者，在摸索中完成着公共空间与公民的相互孵化。

读书所求何能

吊诡的是，读书活动办得如火如荼，而我国成年国民的阅读量却没有显著提高。读书会作为一种新的社交时尚，人们争先恐后地效仿追捧，政府有“书香行动”，商业应酬也从饭桌搬到了书桌，娱乐圈的明星也以秀自己读书为荣，看上去很热闹，铺得很广，但结合相关国民阅读量的调查，就不禁要对这种热闹打个问号了。看看身边，在微信上秀书封面的要比秀读书心得的多，在微博上摆pose的明星甚至连书的作者都不知道，天天见缝插针求取知识的人不过是打开“喜马拉雅”听听《罗辑思维》《好好说话》……这些秀在喧闹之余还能剩下什么，实在不得而知。但反过来说，哪怕这些人就是在赤裸裸地附庸风雅，但是附庸风雅总比冷漠风雅要好，这其中有个价值观的问题，毕竟这个人是把阅读或者秀阅读作为一种能够标榜其身份和品位的东西。

但这样的东西又是否经得起细究和反思呢？未经反省的行为又到底能持续多久呢？微信公号作者“小鹿快跑”讲过一段追捧知识、为内容买单的经历：

2016年1月至2017年6月，他一共为知识花费了5000元：在“知乎”上买了46次讲座，花了1500元；在微信上买了21个讲座，花了500元；参加了一个写作培训班，花了500元；在“得到”上买课程，花了约300元；参加过两次早睡早起打卡群，花了100元；购买了几个七七八八课程，花了2000元。

一开始，他信心满满，期待自己变好。谁知道一年半过去后，“我除了白发多了几根、皱纹多了几丝、眼袋多了几两外，一点都没有发生变化。生活品质没有提升，工作没有加薪，旅游梦想没有实现……”他的经历代表了大部分盲目追逐知识的人的感受，一开始觉得很有启发、很有用，瞬间觉得自己受益匪浅。可时间长了便会渐渐发现，这些至理名言并没有办法融入自己的生活，认知并没有由此而提高，思维并没有由此而升级，连知识和技能都依旧在原地踏步。

这到底是为什么呢？说好的“开卷有益”到哪里去了呢？罗振宇说学习就能在转角遇到更好的自己，可更好的自己又在哪里呢？其实，所有的问题都在于“小鹿们”忽视了“接受信息”和“系统学习”的差异，忽视了“知识”与“智慧”的区别，以为只要跑得更快、听得更多就真的可以更高、更强。但真是这样吗？不妨先看个故事：

爱因斯坦提出相对论后震惊世界，很多大学邀请他去作报告，爱因斯坦因此而被弄得疲惫不堪。有一天，司机对他说：“你太累了，今天我帮你作报告吧？”

爱因斯坦问：“你能行吗？”

司机说：“我闭着眼睛都能背出来。”

那天司机上台，果然讲得滴水不漏。但他刚想下台时，一位博士站了起来，提了一个非常深奥刁钻的问题。司机不知怎么作答，幸好脑瓜转得快：“你这问题太简单了，我司机都能回答。”

爱因斯坦站起来，几句话就解决了问题。

博士惊呆了：“没想到他的司机也远胜于我。”

但在回去的路上，司机对爱因斯坦说：“我知道的只是概念，你懂得的才是知识。”

其实，不管是付费收听还是奔波于各大读书会，我们都遇到了这个问题，都误以为自己学到了知识、增长了智慧，其实差着十万八千里。你以为学到了知识，其实不过是囤积了一堆“知道”；你以为增长了智慧，其实只是赶了几个会。

回想一下我们从小到大的教育就自然明白，知识的掌握需要反复的接触和长期的思考，智慧的获得更有赖于自制力的提升、耐心的研磨与用心的领悟。我不明白，人们为何会相信自己可以在最短的时间里仅仅通过别人提炼的观点就可以将书籍中那些曲折幽深的思想消化？我不知道，如果少了自我思考和主动探寻的过程，这样的读书可以在大脑中停留多久？我不了解，那些没有阅读就跑去听会，不产生思想而只产生照片的逐潮儿又是否真的可以从中获益？这也就是为什么听了那么多罗胖却写不出一篇报告，懂得那么多道理却依旧过得不好。

2017年世界读书日时，“蚂蚁金服”号召全员阅读，董事长彭蕾说过一段话：“我们现在的文化是‘@’文化，生活、工作都在各种群里，获取着各种碎片化的信息，已经难以找到完整的时间去思考、沉淀，更谈不上细细品味。我们每天一睁眼就看手机，直到睡觉才放下，伴着手机入眠。从信息获取量而言，我们已经超过任何一个时代的人类，可为什么越来越焦虑呢？本质上，这些碎片化信息的获取不叫阅读，只是快速浏览。阅读与快速浏览的区别就在于我们是否在完整获取知识、信息以及是否在同时进行独立思考、理性甄别，有没有在精神层面获得持久的愉悦。”真正的读书应该是私己性的，带着浓厚的个人色彩去自我探索实现，真正的阅读活动也必然是宁静的、个体化的、非公开性的，那些充斥着热闹、喧嚣与光环的读书会和读书沙龙，实际上很多都与阅读没有直接联系，相反会扭曲和伤害阅读的本义和真谛。试想，如果阅读再被这样碎片化地拆分，将上下班路上堵车的半小时当作获取知识的救命稻草，那我们还有什么时间进行系统地自我思考提升，更何谈去感受读书带来的精神沉淀和持久满足呢?

事实上，读书会罗胖们的工作不是没有意义的，只是我们用错了地方。本来可以成为我们进入某个领域的敲门砖，让听众在最轻松的环境中开启学习的兴趣；也可以成为工具库，就像“好好说话”中列举的各种场景和问题，未必要照本宣科，只在需要时“按图索骥”；还可以是新模式的社交圈，像中欧、长江这些商学院，课程内容是另一方面，超高门槛构建的企业家同学圈同样引人注目。但绝不能成为，恰恰又是当下人最流行的，满足绝大部分人“不喜欢读书却喜欢被人称为读书人”的虚荣心的工具。

想要获得真正持久的智慧，还得找到知识的源头以饮那最甘甜可口的清泉，就像河流的源头一样，在知识刚刚被创造出来的地方，那里最富营养，有丰富的底层逻辑和基础概念。若顺流而下离得太远，混入的支流越多则杂质也就越来越庞杂。若不经过细致甄别，很难分得清是最初的清泉还是鸡精勾兑的鸡汤。不管怎样，没有人能代替谁阅读，即使去了再多的读书会，听了再多的书；没有人能代替谁思考，即使认识再多的名人，知道再多的概念。

读书所为何事

打开2017年的热点头条随便一翻，榆林跳楼轻生的产妇，杭州故意纵火的保姆，聊城辱母杀人的少年，校园放任横行的霸凌，几乎每一次的社会大讨论都关于道德，而每一次关乎道德的话题都止于一声长叹。自“倒地老人扶不扶”“2009年小悦悦事件”开始，这样的事情花样繁多，愈演愈烈，究竟为何类似的问题总是层出不穷？人们又为何偏偏对这样的话题津津乐道？

2017年7月，一家名为益普索（Ipsos）的市场咨询机构发布了一份“世界担忧地图”，在“地图”中中国是唯一一个把“道德下滑”作为最担忧事情的国家。这项调查的参与人数达到18557人，覆盖26个主要国家，设计选项十分多样，涵盖了失业、腐败、贫富差距、犯罪、医疗、恐怖主义……而被问及选项中最担忧的事情（限自己国家）时，中国有47%的人选择了“道德滑坡”。不仅如此，据益普索称，这个调查几乎每个月都会做，而中国人最担忧的选项一直是“道德下滑”，几乎没变过。这就难免让人感到奇怪：为何当下读书的人越来越多，人们却越来越担忧道德了呢？是读书没有用了吗？

其实不然，换个角度看，读书会雨后春笋般爆发生长的现象和这项调查一样，折射的都是这个时代人们精神的匮乏和内心的隐忧。人们读书的初衷不是闲来无事而打诨消遣，也不是攀比富贵而炫耀谈资，就像当前舆论热衷谈论道德一样，人们希望在书里、在讨论中找到能医治当前时弊的妙方，建立一个公序良俗的社会，使自己内心的价值体系得到维护，给自己的精神世界找到一个归宿。在这种情况下，读书会被回忆起来，人们以一种古典式的社交行为聚在一起，捧着一本本厚重严肃的书籍，谈着一个个贯穿古今的问题，试图以传统的阅读方式寻找自我，模仿先人以交流彼此对这个时代的理解，坚持一种对“精神共同体”的探寻。

读书正是寻找精神归宿的不二法门，北京同道学园读书会的会长赵聚曾表示，读书会就像自我教育实验室，而读一本书就像完成一次自我启蒙，从自己的兴趣出发，经过探索使自己的好奇得到满足，热情和活力得到彰显，自我精神的追求得到擢升，再通过读书会的交流把自我认识中的一些盲点慢慢剥去。这个过程有点类似于阿伦特所说的“行动”，每个行动就是让每个人激发自己的内在能力，通过共同的生活，让每个人真正的能力得到一个再创的过程。这样的读书会不是一个机械的简单规划，而是实实在在发生着的生命的自我进化和相互影响。每个人在阅读中除了智识能得到提升，心境也可以慢慢平静下来，因为精读一本经典是个费脑力的事情，只有让自己沉静下来，慢慢地倾听、观察、思考，才能逐步走入作者的思想境界，把自己沉浸在作品所构造的世界中，暂时摒弃身边那些烦烦扰扰的琐事；才能进入一个内在的自由状态，听到自己内心的声音，就像庄子描述的那样："举世誉之而不加劝，举世非之而不加沮，定乎内外之分，辩乎荣辱之境。"就算外界的问题纷繁复杂，但至少在读书中能找到自己，坚定自己。先正心诚意，后致知格物，先修心正身，后治国平天下，唯有先找到自己的精神归宿，才能将一己之力扩散开去，一点点向社会传递正能量和温暖。

早在南宋时，文天祥就问过读圣贤书，所为何事？那天是他临刑的日子。自抗元失败被俘后，整整五年，元朝的文臣武将威逼利诱，曾经的知交故友苦苦相劝，但文天祥誓死不效忠元王朝，在《过零丁洋》中写下"留取丹心照汗青"。元世祖忽必烈亲自劝降，许以中书宰相之职，他却宁愿舍生取义："天祥受宋恩，为宰相，安事二姓？愿赐之一死足矣。"他的妻子为他收尸时发现他在衣带上写道："孔曰成仁，孟曰取义，惟其义尽，所以仁至。读圣贤书，所学何事，而今而后，庶几无愧。"读圣贤书所学何事？自古志士，欲信大义于天下者，不以成败利钝动其心，君子命之曰"仁"，以其合天理之正处，即人心之安尔。

反观当下，若问读圣贤经典所为何事，不妨先从修身做起，各安其心。放大了看，读书会同各类文化活动一样，也是在经济发展到了一定水平，且社会开放程度日益提高的情况下，基于兴趣、爱好和价值观的亚文化组织不断发展的一个缩影，就像南京暴走团之于旅游、文艺复兴电影沙龙之于电影、猫头鹰剧团之于戏剧、北河身体剧团之于舞蹈，都是各个文化艺术领域涌现出来的优秀亚文化组织。一方面，读书会为我们提供了一种生活方式和精神体验，一种看似无用但能够让自己暂时超越此岸世界的精神之旅；另一方面，我们倡导阅读、建设阅读共同体的社会使命正和各种亚文化组织的愿景异曲同工，我们都是在为建设一个开放、丰富而多元化的社会而努力。

总之，书，不是仅仅用来读的！

（韩永祯）

腹有诗书气自华

——《中国诗词大会》等文化综艺节目火爆

一国家一民族各方面各种样的生活，加进绵延不断的时间演进，历史演进，便成所谓“文化”。因此文化也就是此国家民族的“生命”。如果一个国家民族没有了文化，那就等于没有了生命。

——钱穆《中国文化史导论》

中国人民族主义意识的发展，历来是重在文化上，不重在政治上。

——冯友兰《中国哲学史》

2017年大年初二，中央电视台《中国诗词大会》第二季如

约和观众见面。该节目以“赏中华诗词、寻文化基因、品生活之美”为基本宗旨，成为春节档“全民的诗词文化盛宴”。百人团里除了学生还有工人、基层教师、热爱诗词的患癌症农民、国际友人、退休老人……最终，复旦大学附中16岁高一才女武亦姝过五关斩六将，夺得冠军，网友称其“满足了人们对古代才女的全部幻想”。

作为一档以古诗词竞技为主要内容的综艺节目，《中国诗词大会》的收视成绩出人意料，收视率排在了实时的第一位，超过了第二名30%。《中国诗词大会》全部10期累计收看观众达到11.63亿人次。在微博上，节目相关话题的阅读量更是超过了1亿。在豆瓣网上，两季节目评分均超过8分。流风所及，全国各地开展了大大小小的诗词比赛，学校里涌现了开办诵读班的热潮。一时间，《中国诗词大会》成为全国热爱诗词的人们的精神食粮。

和《中国诗词大会》一起收获不少赞誉的还有主持人董卿，董卿再次“火了”，成了“网红”。央视接档《中国诗词大会》的是董卿第一次做制作人的大型文化情感类节目《朗读者》。“朗读者就是朗读的人，朗读是传播文字，而人则是展现生命，和值得关注的文字完美结合，就是我们的朗读者。”董卿如是说。节目中，有96岁高龄的翻译家许渊冲动情演绎林徽因悼念徐志摩的《别丢掉》，有成都鲜花山谷夫妇朗读的《朱生豪情书》，还有斯琴高娃动情朗读贾平凹的《写给母亲》……

该节目一经推出，立刻成为爆款文化综艺节目。《朗读者》第一季12期播完后，阅读突破“10万+”的公众号文章有312篇；“喜马拉雅”客户端的音频收听量达到4.25亿次；相关的视频全网播放9.7亿次……《朗读者》的札记、主题词、开场白一时在朋友圈疯传，不少中小学利用班会时间观看这一节目。王府井新华书店开设了“朗读者”专区，节目中播出的相关作家（如毕飞宇、曹文轩）的作品不断加印，迎来了文学作品销量的集中上扬。《朗读者》的朗读亭在各地开花，引发排队几个小时只为朗读一段作品的现象。

其实，2016年年底黑龙江卫视开始播出的书信朗读类节目《见字如面》，同样以诚挚的感情和深厚的文化底蕴打动了许多观众。其中，萧红写给弟弟的《有你们，中国是不会亡的》、黄永玉写给曹禺的《你多么需要他那点草莽精神》、刘慈欣写给女儿的《在时间之河的另一端》……一封封散步在古今历史长河乃至网络中的动人书信、情话，经过一班功力深厚的“老戏骨”的演绎，让不少观众流泪，感受到美好人情和汉语的力量。腾讯视频作为《见字如面》的独家播出平台，网络总播放量超过2亿次。

2017年，这些文化类节目被网友称为“电视界的一股清流”，激发了众多观众重燃对中华传统文化的热爱之情，更令越来越多的“90后”“00后”成为传统文化的“铁杆粉丝”。

【高考语文分值上涨】

2013年10月21日，北京市《2014—2016年高考高招框架方案（征求意见稿）》出台，将语文分值从150分调到180分，英语从150分调到100分。北京率先公布高考改革方案，各省的改革方案虽然各具特色，但也都坚持“让语文更博深，让英语更单纯”的思路。高考语文分值上涨，彰显的是对母语的重视和对传统文化传承的呼唤。

【《关于实施中华优秀传统文化传承发展工程的意见》颁布】

2017年1月，中共中央办公厅、国务院办公厅印发了《关于实施中华优秀传统文化传承发展工程的意见》，指出在5000多年文明发展中孕育的中华优秀传统文化，积淀着中华民族最深沉的精神追求，代表着中华民族独特的精神标识，是中华民族生生不息、发展壮大的丰厚滋养，是中国特色社会主义植根的文化沃土，是当代中国发展的突出优势，对延续和发展中华文明、促进人类文明进步发挥着重要作用。总目标：到2025年，中华优秀传统文化传承发展体系基本形成，研究阐发、教育普及、保护传承、创新发展、传播交流等方面协同推进并取得重要成果，具有中国特色、中国风格、中国气派的文化产品更加丰富，文化自觉和文化自信显著增强，国家文化软实力的根基更为坚实，中华文化的国际影响力明显提升。

【新版语文教材大幅增加传统文化内容】

2017年9月初新学期开始后，全国小学生和初中生将使用“部编本”语文教材。“部编本”是指由教育部直接组织编写的教材，其中有一个变化非常明显，就是传统文化的篇目增加了。小学一年级开始就有古诗文，整个小学6个年级12册共选优秀古诗文124篇，占所有选篇书目的30%，比原有人教版增加55篇，增幅达80%，平均每个年级20篇左右。初中古诗文选篇也是124篇，占所有选篇书目的51.7%，比原来的人教版也有提高，平均每个年级40篇左右。体裁更加多样，从《诗经》到清代的诗文，从古风、民歌、律诗、绝句到词曲，从诸子散文到历史散文，从两汉论文到唐宋古文、明清小品，均有收录。

【清华附小学生用大数据分析苏轼的论文】

2017年是苏轼诞辰980周年，清华附小6年级开展了一系列致敬苏轼的活动。同学们在课前讲解苏轼生平，在晨读时间吟诵苏轼的诗词，暮省时间进行游戏飞花令，临摹苏轼的书法和画作，跟着康震老师一起品读苏轼，观看了纪录片《苏东坡》。还以苏轼为主题进行小课题研究，共完成课题研究报告23份，研究主题主要有《大数据帮你进一步认识苏轼》《今人对苏轼的评价和苏轼的影响力》《行走的苏轼》《唯美景与美食不可辜负》《苏轼的朋友圈》《苏轼的心情曲线》《苏轼的旅游品牌价值》《苏轼vs李白》等。

作为一名优秀的高中生，要知道中国传统文化的“版图”有多大。否则，会影响他们的身份认同、文化表现力，以及对传统文化的鉴赏能力。

——《扬子晚报》张楠

大部分人在镜头外都能感受到最纯粹的享受以及在古文典故浸透下的人生精神，更喜欢最终对输赢的轻描淡写和过程享受的深度，以及腹有诗书由里及外散发的内涵华韵。

——凤凰网友啃瓜子的小松鼠

当背诗不再是一种强制性任务的时候，才真正地能发自内心地感悟到它字里行间的美和中华传统文化的博大精深。

——新浪微博网友

诗词大会固然有种种不足之处，但它的存在一定程度上弘扬了中国传统文化，并对冲类似《非诚勿扰》那些没有营养的娱乐节目，值得称赞。

——搜狐网友visitor533144289

在灯火阑珊处蓦然回首

自2013年从韩国引进《爸爸去哪儿》以来，明星综艺真人秀便迅速席卷中国各大卫视的荧屏，获得火爆的收视率和广告市场。之后，不同类型的综艺节目呈现出一种“井喷”的态势，户外真人秀（如《爸爸去哪儿》）、体育类竞技节目（如《奔跑吧，兄弟》）、音乐类选秀节目（如《中国好声音》）以及网络综艺节目（如《奇葩说》）赶着趟的来了，娱乐综艺节目过度泛滥，“扎堆产出”的效应反而使真人秀的发展逐渐陷入瓶颈，在浩歌狂热中消退。

2013年10月20日，国家新闻出版广电总局向各大卫视下文，规定每家卫视每年新引进版权模式节目不得超过一个，卫视歌唱类节目黄金档最多保留4档。这个文件被媒体解读为“加强版限娱令”。随着“限娱令”的实施，一定程度上遏制了综艺雷同化、快餐化的倾向。同时，主流社会对弘扬中华优秀传统文化的呼声越来越高。

2014年10月，习近平总书记主持召开文艺座谈会，强调坚持以人民为中心的创作导向，创作更多无愧于时代的优秀作品。习近平总书记指出，当前文艺创作存在着抄袭模仿、千篇一律的问题，存在着机械化生产、快餐式消费的问题；文艺不能在市场经济大潮中迷失方向，不能在为什么人的问题上发生偏差，否则文艺就没有生命力；低俗不是通俗，欲望不代表希望，单纯感官娱乐不等于精神快乐，等等。特别希望广大文艺工作者努力创作生产更多传播当代中国价值观念、体现中华文化精神、反映中国人审美追求，思想性、艺术性、观赏性有机统一的优秀作品。

正是在这样的背景下，2015年年底由国家语委与中央电视台合作的首届《中国诗词大会》应运而生。《朗读者》《见字如面》也是在同一时期酝酿出来的。

这些文化综艺节目的出现确实宛如一股清流，让整个喧嚣、俗套、纷乱的综艺市场突然有了清净的一角，让审美疲劳的广大观众忽然眼前一亮。禅宗说人们了悟人生的境界有三重：一重是看山是山，看水是水；二重是看山不是山，看水不是水；三重是看山还是山，看水还是水。经历了吵吵嚷嚷的综艺繁华，在乱花渐欲迷人眼、山重水复疑无路之后，这些文化节目仿佛是僧炉入定，又若是复归本身。只消静静地聆听，用心地领悟，文化就在那里，美好就在那里。

也许，这些节目还只是使我们重新拾起了对优秀文化的记忆，开始背几首诗词，在朋友圈转发几篇文章，远没有将诗词美文的精神内涵、旷达的人生态度滋养到自己的灵魂。但是，毕竟已经开始，在灯火阑珊处蓦然回首，我们遇到了一种美好。遇到才一切皆有可能！

万紫千红总是春

如果说明星户外真人秀多是由韩国引进的节目模式，《中国诗词大会》《朗读者》却是难得的属于本土自主研发的节目模式。与其他文化节目不同，《中国诗词大会》通过竞技的节目形式激活了文化基因，极大地提高了节目的可看性与话题性。节目挑选中小学课本出现的诗词为主，最大限度地让观众有一种熟悉感，在“陌生化”的竞技设计下调动参与热情。教授解读也相当给力，他们善于运用当下语言解读诗词，轻松有趣，赢得了很多粉丝追捧。

比如，在讲到汉乐府《上邪》时，点评嘉宾王立群教授提到了曾经的热播剧《还珠格格》里的主题曲，“天苍苍地茫茫你是我永恒的阳光，山无棱天地合你是我永久的天堂”，此歌无疑出自《上邪》，但“琼瑶当年把它记错了”，应为“山无陵”。这样的阐释形象有趣，很容易吸引读者。

《朗读者》节目中出现了不少年龄在80岁以上的老人，可这档被调侃为“老人秀”的节目却撬开了不少“00后”的审美大门。整个第一季的节目担当竟然是96岁高龄的翻译家许渊冲，“许渊冲狂放不羁的性格正迎合了当代年轻人个性张扬、重视自我的特点”。而清华大学“朗读天团”的13位嘉宾的年龄加起来超过1200岁，他们朗读的《告全国同胞书》，带给观众的竟然是一个极为“少年”的词——燃！这些拥有丰富人生经历、充沛情感精力和独特个性的老人们，在以青年人为绝对主体的网络空间里引发了集体致敬。“为什么被人称作‘老人秀’的节目却撬开了‘00后’的审美大门？答案就是蕴含在我们每个人内心深处的文化自信和民族自豪感。”《朗读者》总导演田梅如是说。

《见字如面》除了启用归亚蕾、张国立这样的“老戏骨”读信，还特别邀请青年演员林更新参与。林更新不仅主演了《楚乔传》《轩辕剑之天之痕》《同桌的你》等一大批IP影视剧，拥有众多年轻粉丝群，而且在微博等网络平台也非常活跃。他有近4000万的微博粉丝，微博上自称“林二狗”，非常擅长拿捏网民情绪，自黑卖萌，人气很旺。当他出现在《见字如面》这样严肃深情的文化节目里，年轻观众对此非常好奇，而林更新通过演绎童话大王郑渊洁年轻时期的迷茫过往、战国时期黑夫和惊的家书等，人设加持，收到了一片叫好的传播效果。

对一些古代家书，节目采取现代演绎的方式，易于观众领悟。比如张国立读的韩愈《鳄鱼文》，标题被翻译为《鳄鱼，你不可以和我一起生活在这片土地上》，有种俏皮的亲切感，很容易拉近观众。

此外，这几档文化综艺节目都立志于打造融媒体产品和全媒体事件。以《朗读者》为例，不仅收获了相关视频全网播放9.7亿次的成绩，在微信传播、“喜马拉雅”音频传播等方面都取得了可喜的成绩。在《朗读者》总导演看来，现在的节目不再是单一的节目形态，而是融媒体产品的概念，要按一个项目去做，包括电视内容、地面活动、新媒体营销及产业链上的产品等。“收视不是我们唯一的诉求，全网打造媒体事件是我们的追求。”

《中国诗词大会》《见字如面》也是如此，利用微博热搜、视频网站热播，网台融合相辅相成，极大促进了节目传播渠道的多元化，这才使得一时形成了社会文化事件。

大鹏一日同风起

如果说《中国诗词大会》还是着眼于中国人的文化土壤和文化语境，《朗读者》却已经与法国电视台、英国BBC等商谈节目版权合作事宜，向外输出文化节目模式。正如共享单车“摩拜”

被英国、新加坡、日本等国家引用借鉴，中国的文化软实力也开始对外有了影响力。

全民诗词狂欢、阅读热潮的背后是国力强盛、科技发展而带来的文化自信，“外国的月亮比中国圆”的时代已经过去。中国人从欣赏中国速度、中国创新，进而期望从民族文化里寻找立足点和自信心。

这些爆款文化节目之所以有那么大的影响力，与年轻群体的网络存在密切相关。这个时代的年轻人拥有着超越以往时代的青少年的强烈民族自豪感。与“60后”“70后”不同，“00后”青少年没有过重的历史包袱，他们开始接触社会就见证了北京奥运会、上海世博会、“神舟”飞船上天、“蛟龙”号入深海等中国取得的各种辉煌成就，看到了国力蒸蒸日上、国家从一个辉煌走向另一个辉煌。他们是网络的“原住民”，他们中的多数人借助网络、手机和电脑，了解广阔多样的世界。他们心态开放，他们生活的地方有高铁、支付宝、共享单车、网购等“原产”于中国却让世界更美好的事物；他们不曾体验民族的苦难，也就没有民族的自卑，他们在中国最接近伟大复兴的时刻出场，与中国一起腾飞，“万物皆备于我”，似乎一切都将由他们创造。

正因为如此，这群年轻人与传统文化因为距离而产生美，因为生活经验的隔绝反而创造了“惊艳”的可能。他们更加理性、平和，而不像上几代人那样纠结地看待传统文化，不再认为“传统意味着落后”，对于令他们自豪的传统文化形式，他们通

“何日我能那样生活？/ 就像风，穿过大路，从不牵挂 / 就像风，吹落尘埃，吹落时光”（张海峰诗）

过自己熟悉的网络平台利用科技手段不遗余力地进行传播。汉服推广、古风歌舞等成为在青少年中流行的文化热潮就是其中一个典型。

2017年，“复兴号”取代“和谐号”动车在京沪线上开跑，这不仅仅是一款具有自主知识产权的动车新产品，也不仅仅是一个名称的更迭，它是“中国制造”向“中国创造”的跨越，是中华民族伟大复兴的一个隐喻和体现。无论是“腹有诗书气自华”，还是“不喧哗，自有声”，一个民族从站起来、富起来到强起来，文化是最深层、最持久的力量，是民族的血脉和人民的精神家园，真正的强大一定是以文化为核心的强大。学习、传承中华文化独一无二的理念、智慧、气度、神韵，使我们知道自己是谁，从哪儿来，到哪儿去，才能在坚定的文化自信与自我认同中屹立于世界之上、天地之间。

江南无所有，聊赠一枝春

现代社会中以互联网为代表的科学技术发展极大地方便了我们的生活，无现金支付、共享单车、滴滴出行等成为我们生活中必不可少的配件。但同时，互联网也让我们处于隐私泄露、网络围剿、人肉搜索的危险中。整个社会文化环境变得喧嚣、动荡、复杂，碎片阅读盛行，博眼球的娱乐八卦占据了大多数热搜和流量，读诗文、读书信这样的慢生活曾经在20世纪80年代是社会的时髦，如今却变得无比违和。

《中国诗词大会》第二季总冠军武亦姝有这么一段话："'江南无所有，聊赠一枝春'，古人说没什么好送的，就送你一整个春天吧。这多美啊，现代人给不了你。"现代人给不了的情怀、精神寄托，古诗词可以给。

正如董卿所说："诗词是一种情怀，现在生活节奏变快，很多东西被我们忽略或遗忘，但古诗词一直浸淫在我们的血脉里。"爆款文化综艺节目还反映了国民文化上的不自觉追求和深层需要，努力打造积极健康的生活样态。不自觉追求，即物质条件基本满足了，讲究文化满足及其层次；深层需要，即现代人快节奏、物质化、技术化的生活使人的精神上丧失了家园感，诗词古文是一种乡愁的寄托、家园的所在。

"那些高尚的情感，比如孟郊的《游子吟》，那些伟大的人格，热爱国家，誓死报国的感人力量，比如杜甫、陆游的为诗、为人，即便是清人的一句'一枝一叶总关情'，亦体现了为老百姓着想的一种想法。这些情感方面的陶冶，总比拜金主义、三俗之类有意义得多吧？"《中国诗词大会》学术总负责人、上海师范大学人文传播学院教授李定广说。

《中国诗词大会》之外，无论是《朗读者》"用朗读唤起大家对文学的温柔记忆"，还是《见字如面》"用书信打开历史节点，去触碰那些依然可感的人物情状和社会风物，重新领会中国人的精神情怀与生活智慧"，都旨在重塑、打造我们的精神家园。

如果仅仅是嘉宾访谈，《朗读者》无外乎就是《艺术人生》式的情感访谈节目，可是与隽永优美的文本朗读结合在一起，就发生了奇妙的化学作用，变成了他人的人生故事滋养我们的精神世界。“人生，缘始于‘遇见’，情长于‘陪伴’。陪伴是温暖人心的力量；陪伴是最长情的告白；陪伴是我能给你最好的礼物。朗读，也是一种陪伴。”《朗读者》的每一段札记、开场白都在触碰观众最易产生共鸣的情绪，能让我们停下来，关照我们的内心世界。

《见字如面》信件的选取更是张力十足、颇具匠心。在2017年9月播出的第二季中，赵立新朗读的吴三桂给父亲的信，使观众了解了一个不一样的吴三桂：他并不只是我们印象中的奸臣，在父亲被李自成俘虏的时候，他也曾义愤填膺，大呼“父既不能为忠臣，儿亦安能为孝子乎”！归亚蕾朗读琼瑶写给儿子、儿媳的信，探讨有尊严地死去。还有“太平轮”生还者写给父母的信、华南理工大学患癌症的研究生写给妈妈的信《对不起，妈！我生病了》……在这些大开大合的人生故事里，有挑战历史观和人生观的胆识，有对生死哲学的思考，有亲情的不可言说之沉重，彰显了这个节目的人文力量。

当然，实事求是地说，这些爆款的文化综艺节目依然不完美，甚至可以说依然存在着严重的问题。

例如，《中国诗词大会》的竞技性是节目创新之举，同时也有“应试”的味道，选手们可以利用排除法、比较法等答题技巧，连蒙带猜就能过关。12集《朗读者》里，现当代作家的散文篇目占到60%以上，这些篇目的特点是文字浅白，适合朗读，便于传递情感。说到底，这类大众文化节目在思想性和人文深度方面不可能面面俱到。这也会给普通观众一些误导，如果觉得转发几篇鸡汤文、煽情文就是有文化，那显然是值得商榷的。

再有，中华文化特别是古诗词的生命体验和情感特质的背后是一种生存样态而非一种知识的形式。《中国诗词大会》引发全民摘抄诗词、背诵诗词的热潮也就罢了，但有些地方、学校将古诗词的整体教育的氛围转变为增加学生背诗的“负担”，而没有将诗词美文的精神内涵、旷达的人生态度滋养自己的灵魂，这是最应该警惕的。

还有，就是和之前的真人秀节目一样，文化类综艺节目也出现了跟风潮。如果只是简单的模仿，竭泽而渔，品质低下，最终会像之前的类型节目一样，逃不出“其兴也勃焉，其亡也忽焉”的周期律。这岂不哀哉！体现人文讲述的《中国故事大会》，呈现每个家庭家风的《儿行千里》，由于题材、模式的天然限制，少了趣味性、猎奇感，想走进大众视野没那么容易。即便《儿行千里》由何炅主持，《中国故事大会》《阅读·阅美》也请到何冰、翟天临等明星助阵，但火起来很难。这些都值得好好反思。

难能才可贵，热爱才苛责。尽管有这样或那样的不足，《中国诗词大会》《朗读者》《见字如面》等爆款文化综艺节目在电视节目史乃至国民文化记忆中都值得书写一笔。仅以一小事管窥，在《朗读者》播出之前，在百度上搜索“朗读者”三个字，出现的是德国作家本哈德·施林克著的长篇小说，或英国女演员凯特·温斯莱特主演的同名电影。在《朗读者》播出而引发热议和追捧后，百度搜索出来的“朗读者”首页多是与该节目相关的内容。“朗读者”这三个字的语义，也从国外的文化标签变为国人自有的文化记忆，这无疑具有时代的象征意义！

（艾静）

潮起潮落太匆匆

——共享单车遭遇困局

被现代消费主义所强加的伪需要，不能与不是由社会及其自身历史所创造的不再是它们自身的真实需要和欲望相对立。但商品的丰裕代表了社会需要有机发展的总体断裂。它的机械积聚解放出了一种压倒一切生活欲望的无限的人造物（artificiel illimite），这一自主人造物的不断堆积的力量又以伪造全部社会生活为终结。

——居伊·德波《景观社会》

事物已经找到了摆脱令其感到厌倦的意义辩证法的途径：无限制扩张，增强潜力，超越自身而上升到极限。这是一种从此变成事物的固有结局和无谓理由的淫荡。

——让·鲍德里亚《致命的策略》

经历过2016年雨后春笋般涌现的乱象，共享单车很快步入了一个命定的时刻、一种命定的局面——2017年，共享单车进入“厮杀元年”，困局重重。

共享单车特指“无桩共享单车”，其认证、押金交付、借车与还车流程均为网上无现金操作，并且随时随地可以取车和停放。共享单车区别于数年前借鉴国外经验而引入国内并由市政推广的有桩共享单车（即通常意义上的公共自行车），是一种更为便捷的单车分时租赁方式。对于寻常百姓而言，共享单车解决了公交出行系统末梢中的“最后一公里问题”，使得都市中本已被边缘化的脚踏车重回人们的日常生活；而对于市政交通来说，共享单车在一定程度上缓解了城市的拥堵，最大化地利用了公共道路。

国内第一辆共享单车出现在北京大学的校园里，时间是2015年夏天。用户只要在微信或者APP客户端输入车牌号，即可获得该车解锁码。这款官方定名为“ofo”的共享单车，被学生们昵称为“小黄车”。很快，“小黄车”便走出象牙塔，越来越多地出现在寻常巷陌，而这个从“互联网+”大学生创业创新大赛中脱颖而出的学生创业项目，在短短两年间已连接了800万辆共享单车，累计向全球170座城市的上亿用户提供了超过30亿次的出行服务。

2016年，随着摩拜、bluegogo、小鸣单车、永安行等品牌的相继涌现，共享单车逐渐成为生活中随处可见的新事物。毫无疑问，这是一个现象级产品。据说，在2016年下半年有一阵几乎每天都有一家公司宣称进军共享单车行业，步骤很简单：选一种颜色，定一个名字，投入300万，向城市空间投放一万辆自行车，如此便迈出了第一步。赤橙黄绿青蓝紫，几乎所有醒目的颜色都已被各类共享单车"认领"，甚至出现了颇具喜感的七彩单车、金色单车，人们戏称留给共享单车的颜色不多了。

进入2017年，在资本寒冬中顶风而上的共享单车融资正在加速，泡沫正在被挤出，竞争愈加激烈和具体，而淘汰愈加残酷。6月以来，悟空单车和3VBike两家共享单车平台相继因单车丢光、融资失败而倒闭。到了8月初，町町单车公司也疑似因为资金链断裂而人去楼空，并且这一次没有退还用户押金。9月底，酷骑单车出现退押金难的情况，其总部被千名用户堵门排队索要押金，最终这番风波以酷骑公司被收购告终。素似"体验好、管理精细"自居的小蓝单车也陷入崩盘危机。2017年，至少有6家共享单车企业倒闭。与此同时，上亿用户的超百亿押金如何退的问题突显出来。与倒闭潮相映成趣的则是ofo与摩拜两大巨头的飞速崛起，此二者几乎将市场瓜分殆尽。留给其余20多家共享单车企业的仅仅是不足10%的市场份额，对它们而言，如果无法在短期内走上金字塔的顶端，存活将是极其艰难的。

拜资本的极速涌入所赐——ofo与摩拜不仅在国内攻城略

地，更已将视野投向了国界之外——美国、英国、意大利、日本、新加坡、泰国……作为一种由中国首创的产品运营模式，共享单车正在国际上获得越来越多的空间和认同。然而，2017年下半年以来，关于摩拜和ofo将要合并的传闻不断……

共享单车两大巨头概况

	摩拜mobike	小黄车ofo
创始人	胡玮炜	戴威
成立时间	2015年1月27日	2014年
首入城市	2016年4月22日，上海	2015年6月，北京
融资情况	2015年10月，A轮数百万美元投资； 2016年8月，B轮数千万美元投资； 2016年9月，C轮超过1亿美元融资； 2017年1月4日，完成D轮2.15亿美元融资； 2017年6月16日，完成一笔超过6亿美元的融资，这也是共享单车行业目前为止的单笔融资最高纪录。	2016年1月，完成A轮融资； 2016年9月，完成B轮融资； 2016年10月10日，完成C轮1.3亿美元融资； 2017年3月1日，完成D轮4.5亿美元融资； 2017年7月6日，完成E轮超过7亿美元融资。
国内运营城市	包括上海、北京、广州、深圳、成都等在内的57个城市。	2017年5月3日，ofo小黄车宣布正式进入第100座城市——拉萨，成为全球覆盖城市最多的共享单车出行平台。
海外扩张情况	2017年3月21日，在新加坡投入运营； 2017年6月13日，登陆英国曼彻斯特，并同步进入毗邻曼彻斯特的索尔福德。	2016年12月23日，ofo率先发布海外战略，在美国旧金山、英国伦敦展开试运营； 2016年12月27日，ofo确认已布局新加坡市场，首批单车已到当地。
其他	2017年7月18日，教育部、国家语委在北京发布《中国语言生活状况报告(2017)》，摩拜单车入选2016年度中国媒体十大新词。	ofo创始人戴威获评《财富》中文版“中国40位40岁以下的商业精英”。

来去如流，一切都很快。区区数百日，共享单车似已历尽“成、住、坏、空”的禅劫，其烈火烹油的热度尚未散尽，其星火燎原的态势余威犹存，但淘沙的大浪却已排山倒海地来了。无疑，共享单车的困局是有目共睹的。

首先是泛滥问题。共享单车的一大卖点就是它可以随取随放，然而也正是这样的随取随放导致它侵占人行道、盲道、机动车道，造成大规模的通行障碍。共享单车的泛滥、堆聚和野蛮生长正在日渐成为都市中难以解决的“肿瘤”。据中国自行车协会官网报道，2017年共享单车投放量达到2000万辆，这些自行车报废之后会产生近30万吨废金属，相当于5艘航空母舰结构钢的重量。“跑马圈地”式的竞争思维，使得共享单车企业之间打起了“数量战”。从2017年8月开始，陆续已有上海、广州、深圳、南京、杭州等多个一、二线城市对共享单车投放叫停。

其次是私占和损毁问题。自共享单车问世以来，不断出现私占、私藏、加装私锁等现象。比如，将ofo单车的车牌号涂抹划去，这样除了这位破坏者之外，别人将无法得到该车密码。除了私占，还有损毁。共享单车有时会被大卸八块，有时会被取走车座和脚踏板，也有的得了一个“全尸”——整车沉河。共享单车正在成为城市的“照妖镜”。

最后是安全问题。共享单车由于监管和使用方面的漏洞，埋下了不少安全隐患。骑行共享单车遭遇车祸的相关新闻频繁出现。这一方面是由于某些共享单车的密码锁破解容易，只要稍微掌握技巧，一个小学生也能在10秒内解锁一辆单车，这使得儿童骑行共享单车的情况一度比比皆是。另一方面，有些家长也欠缺安全意识，不仅不制止自己的孩子使用共享单车，更有甚者，一些父母还将幼童放在共享单车的前车筐中骑行。后来随着政府政策方面的跟进，几乎所有共享单车上都贴上了“禁止12岁以下儿童骑行”“车筐承重5kg以内”等字样。

【“新四大发明”】

众所周知，造纸术、火药、指南针和印刷术是中国古代的四大发明，它们对世界具有重大影响。而在2017年5月，在北京外国语大学丝绸之路研究院发起的一次留学生民间调查中，来自“一带一路”沿线的20国青年评选出了他们心目中的中国“新四大发明”：高铁、支付宝、共享单车和网购。受访的“歪果青年”们纷纷表示，“新四大发明”也是他们最想带回祖国的生活方式。

【无现金支付】

调研公司益普索的最新报告显示，移动支付在中国日益普及，如今26%的消费者携带的现金数量不超过100元人民币，另有14%的人根本不带现金。74%的消费者表示，携带100元现金他们可以生存一个多月。微信支付是中国消费者日常小型交易的主要移动支付手段，目前微信（包括国际市场）拥有10亿的月活跃用户。中国支付清算协会的数据显示，2013—2016年非银行支付机构共处理移动支付业务970亿笔，年复合增长率超过195%。

【无人超市】

2017年7月9日，人们被一则新闻刷屏了——“马云无人超市正式开业，现场火爆！”这家超市位于杭州市中心，超市中没有一个售货员和收银员。在这家超市里，购物只需要三步：第一，扫码进店；第二，选购商品；第三，直接走人。无须扫码支付，无须收银员，系统会自动在大门处识别客户选购的商品，并自动从支付宝中扣款。由于没有人工成本，无人超市的成本支出大约只有传统超市的1/4。这种超市的刚性需求仅仅是每日早上补货而已。据悉，平均一个人一天可以管理10间无人超市。按照一个补货员5000元一个月的工资计算，相当于平均一家超市的人工成本只有500元。马云和刘强东相继放言，将在全国开设大量无人超市。可以预期的是，在三五年内现存的实体店、百货店和超市都将面临一场前所未有的冲击。

【万物互联·万物共享】

2017年5月25日由腾讯研究院发布的《2016—2017分享经济发展研究报告》称，分享经济已经进入了“泛分享经济”样态。泛分享经济不纠结于个人闲置与否，它以分享经济的模式和理念在更大的经济视野中激活经济剩余，进而形成新的业态和消费增长点，缓解传统经济升级转型的痛楚。该报告重点研究了分享经济的十大主流行业，包括出行分享、住宿分享、二手交易、众包物流、服务众包、教育和知识分享、自媒体、医疗分享、金融分享（包括股权众筹和P2P网贷）及私厨分享等。

在“共享”这个风口上，出现了无数脑洞大开的细分行业：

2015年，共享汽车开始萌芽，到2017年全国已有20余家共享汽车企业。

2015年10月，共享衣橱创立。

2017年年初，共享雨伞出现，最早出现在广州、深圳和江浙地区，5月落地上海，7月落地昆明，8月落地北京。

2017年4月，共享充电宝出现。

2017年4月，共享篮球首先出现在嘉兴的一些篮球场。

2017年7月，共享床铺登陆北京、上海和成都，但出于安全等原因，很快都被叫停。

2017年8月，共享小马扎以一种清奇的画风出现在北京某公交站。

2017年8月，共享健身舱出现在北京。

2017年9月20日，某公司在北京交通大学搞起来了“共享校花”活动！但受到各方批判。

把花3000块钱去买一辆自行车分解成200个人分享这个自行车的使用权，会让更多人参与进来，降低使用门槛。

——摩拜CEO王晓峰

共享单车的本质就是资本砸了几十个亿，把全国人民未来30年的自行车购买需求在1～2年内消费个精光了。

——新浪网友zxnO

共享经济的本质是对社会闲置资源进行再次调配，从而让大众廉价即可享用这些资源。但共享雨伞、充电宝等却是统一采购的商品，然后通过缴纳押金、按时租赁的形式给人民群众使用。这与共享经济的本质相去甚远，是纯粹的租赁商业行为，是典型的“伪共享”。

——经济学家宋清辉

越有才能的人，如果只是个唯利是图，没道德、没底线的人，那么他对社会的危害远远大于没有文化的人。如发现地沟油的那个人、破解单车密码的人，他们对社会的危害远远大于没有文化的普通的人。

——法图麦 香香

共享单车是折射整个共享经济的一块棱镜。

毫无疑问，共享经济是2017年最炙手可热的词汇，也是2017年当仁不让的风口，它吹起了一只又一只环肥燕瘦的“猪”。共享经济之于2017，恰如直播和VR之于2016、智能硬件之于2015、O2O之于2014。可见，互联网时代风口迭代之快，简直令人眼花缭乱。所谓“每个人都能出名15分钟”，又所谓“江山代有才人出，各领风骚数百年”。今时今日，一个风潮的热度固然比15分钟要长，但也撑不到数百年那么久，那么三五年？也许。但毕竟这几年是中国乃至世界的共享经济时刻。

共享经济之兴起有两大不容忽视的基底性语境。一方面是技术语境，即成熟的移动互联网技术。更具体地说就是智能手机的普及、移动在线支付的常态化，以及大数据和云计算的日常运用。此三者意味着随时在线的用户、金钱和信息，而正是它们使得共享经济有了落地开花的可能。另一方面是观念语境，即“互联网+”的思维方式。事实上，共享经济恰恰是“互联网+”思维的具象化，是一种思维方式植根于日常生活的具体呈现。比如，互联网联姻出行领域，则催生出以“滴滴”和“摩拜”为代表的出行共享平台；互联网与教育领域结盟，则衍生出以“在行”和“阿凡题”为代表的知识共享平台；互联网融合租房领域，则形成了“小猪短租”和“自如友家”为代表的空间分享平台。因此，每一件共享物品是奇葩也好，高冷也罢，实用也好，噱头也罢，无一不是万物互联的风潮中偶然又必然的产物。

“互联网+”语境下，如何将情怀变现

汤师爷（葛优饰）：那你是想站着，还是想挣钱啊？

张麻子（姜文饰）：我是想站着，还把钱挣了！

——电影《让子弹飞》台词

共享经济的内驱力在于人与物品关系的根本性改变。物质极大丰盛的现时代，“人”生活在“物”的节奏里。人们越来越意识到，占据一件物品从另一个角度来讲即是被该物品所占据。渐渐地，人们开始热衷于对生活和生命做“减法”，热衷于倡导“断舍离”的精神。所谓“断舍离”，是以人而不是以物品为出发点，去思考什么东西最适合当下的自己。“断绝不需要的东西，舍弃多余的废物，脱离对物品的迷恋”，这是现代人从“物的围困”中突围的唯一路径。以此为旨归，“拥有”已不再具备至高无上的地位。事实上，对“物”的拥有已然过时，甚至成为一种负担。共享经济的出现，正是应运而生。在共享情境下，人们可以摆脱“拥有”的枷锁，从而更加自由地选择喜爱的物品，同时也能更加自由地摆脱不合心意的物品。以这样的理念勾连起来的共享帝国，无疑是一个几乎没有门槛的“共享乌托邦”。

正是以此种简约主义的情怀为依托，Airbnb不拥有一间酒店，却成为全球最大的旅行居住平台，Uber不拥有一辆汽车，却成为全球最大的出租车公司。而眼下风靡全国的摩拜单车，其创始初衷更是异常简单，即让人们拥有一辆想骑的时候随时就能出现的自行车，而这一次有科技的力量参与其中。摩拜单车创始人胡玮炜在考察了众多传统公共自行车项目之后，决定重新设计一辆真正适用于共享场景的自行车——不易损坏、维护成本低。两年后，摩拜累计获得10亿美元以上的融资，成为著名的“独角兽企业”。情怀的强大驱力，由此可见一斑。

互联网的无远弗届改变了各行各业的原始面貌和当下生态，也为传统行业提供了无数新的可能，这也正是“互联网+”理念的出处。在这样一个具体而宏大的语境下，尝试将情怀变现也许是“站着把钱挣了”这一伟大目标的唯一可行途径。

即便如此，在共享经济内部仍然存在着分歧和差异。一部分共享经济的原教旨主义者认为，共享的本意是将“多余的物品和服务与他人共享”，它实现的是对闲置物品的激活和再配置，是对社会资源的整合与再分配，因而从本质上讲，共享是反生产的。由此，他们认为，凡是需要依托于商品生产的共享企业都不是在做真正意义上的“共享”，而仅仅是一种变相的“分时租赁”。这当然说得通。但另一部分人则认为，投放到市场上的是不是“多余的”物品和服务已经不再重要，重要的是商品的使用权得到了最大限度的开发，个体对社会资源的占有率得到了提高，人们的生活效率随之增进，大家都享受到了科技进步的红利。而以商品生产为依托的共享企业，反而促进了需求的发生，从而拓展了共享经济的内涵。

“网络文化”的发言人和观察者凯文·凯利指出，共享经济的要义就在于“使用权大于所有权”。追根溯源，我们必须承认，“共享”实则早就潜伏在互联网的基因当中，是网络文化与生俱来的特性，也是未来社会经济形态的趋势。那么，共享经济的欣欣向荣是否会导致“共产”？能否从骨子里改变人们对于“拥有”的执着？这都还很难说。但它毕竟已经带来了一场物权革命、一次资源洗牌、一场信息风暴。而风的去向，也许只有风知道。

资本的狂欢与“物”的堆聚

资本以疯狂的逐利心催熟了共享产品的市场。大批资本的涌入使得一个行业很快成为一片红海，并且导致了一种非理性、不健康的发展态势。共享产业发展至今，实际上并未梳理出一套行之有效的盈利模式。单车共享也好，房屋共享也好，知识共享也好，都仍然处于“摸着石头过河”的初创阶段。但在资本的推波助澜下快速跳过了创新和深耕环节的共享产业，似乎也陷入了烧钱的怪圈，因为资本催熟的仅仅是市场，却不是处于产业链条前端的产品。例如，ofo小黄车即便是在获得了数亿美金的融资之后，实际的用户体验也并没有变得更好——脚蹬、链条、车把、铃铛坏掉的小黄车仍然遍布于城市的大街小巷。不难想象，在不远的将来，这些故障车都将成为新一批的城市垃圾。而这些垃圾应如何优雅地退场？这也许需要所有人更为深入的思考，以及更具人文关怀的谋划。推而广之，如果说共享产品的投放需要的仅仅是灵光一闪的小聪明，那么，其维修、运营以及如何让破损的产品退出流通则需要持之以恒的大智慧。

当一个社会的矛盾焦点不再是生产而是消费，我们可以认为它已进入丰裕社会。丰裕社会以“物”的极大解放为首要特征，其发展始终伴随着“物”的堆聚、丰盛乃至泛滥。在丰裕社会中，真正值得人们重视的问题只有一个，那就是如何处理社会的冗余物——垃圾。2017年8月，微信朋友圈被一篇题为“外卖背后的生态浩劫”的文章刷屏。该文章给出了一组骇人听闻的数据，在外卖过程中普遍使用的塑料袋的平均使用时间仅为25分钟，但是每一个塑料袋的降解至少需要470年。而每一周，最少有4亿份外卖飞驰在中国的大街小巷，这也意味着“4亿个一次性打包盒和4亿个塑料袋，以及4亿份一次性餐具的废弃”。城市居民坐享三千繁华，殊不知垃圾早已兵临城下。中国2/3以上的城市都已被垃圾包围，1/4的城市已没有合适场所堆放垃圾。人，诚如法国哲学家鲍德里亚所言，真正地生活在了“物的围困”之中。而农村的境况只有更糟，垃圾造成了严重的土地流失和污染，孩子们不得不与堆积如山的废弃物共生，而与垃圾山比邻而居的村落更已成为癌症村。遗憾的是，我们曾寄予莫大希望的现代科技，在垃圾的四面围困中却显得异常苍白。将垃圾变废为宝，实际上仍然需要耗费大量的自然资源，并进一步带来更多的次生污染。科技并不是我们所认为的那根“点石成金”的手指，能够化腐朽为神奇。迄今为止，工业文明似乎并没有找到一条与自然和谐共处的坦途。

值得警惕的是，一旦有了资本的介入，“物”的泛滥将很容易变得失控。共享单车也好，外卖包装也罢，其背后都是资本的明浪暗涌。而物的增殖一旦开始便不可遏止。唯一的终结方式是任由“物”不断堆聚并突破极限之后的“内爆”。在《致命的策略》中，鲍德里亚将“物”与人的关系比喻为镜子，认为镜子之所以能够对人产生诱惑，恰恰因为镜子自身不具备本质或意义。那些摆脱了本质束缚的“纯粹客体”是极度危险的，因为它不具备人性，不认同于人性，更不屈服于人性。而在资本与物品的狂欢式结盟当中，如何以人性破局，显然是一个首当其冲的问题。

什么样的社会能够照管好共享产品

共享产品是国家综合素质的“照妖镜”，因为它考验的不单单是使用者的素质，而且是创业者的格局，更是执政者的管理水平。

每当新闻中出现共享产品遭到私占、损毁，出现安全事故或是乱停放的消息，我们首先追问的当然是使用者的素质问题。很明显，并不是每一个人都遵循着契约精神。而商业社会几乎就是围绕着契约精神运转的。给共享单车上私锁的人，或是不归还共享雨伞的人，他们的共同点在于不认为自己的行为已经构成违法。而事实上，一旦扫码使用产品即等同于和该企业签订了合同，承认该产品是企业的所有物，此后所有的行为都将基于这样一个明确的物权。而私藏、私占、损毁等行为已侵犯了供应商的财产权，严重的已构成盗窃。面对此情此景，媒体往往给出一个“国人素质堪忧”的标题。共享单车登陆英国后，在中国发生的上私锁、搞破坏、私人占有甚至扔进河里这样的事，均一五一十地在曼彻斯特上演。英国网友称，用手机APP搜索共享单车时，发现周围所有的共享单车都在邻居家里——嗯，这可以说是“非常睦邻友好”了。无疑，发达资本主义国家的国民素质同样亟待提高。

不过，将对公共产品的侵害全盘归结为素质低下，显然也失之武断。我们必须看到，除了极少数不法之徒，对共享单车进行蓄意破坏的多是深感其“动了自己的奶酪”的利益受损者。比方说，竞争对手或是被抢了生意的“黑摩的”司机。共享单车出现后，人们使用“黑摩的”出行的次数减少了53%，有70%以上的“黑摩的”司机被迫改行。因此，这些司机对共享单车的破坏就有了打压“天敌”和泄愤的意味。

在监管和约束机制缺失的情况下将共享产品投放到街头巷尾，仿佛3岁小儿手持黄金过闹市，岂可全身而退？由于监管和约束的缺席，社会成员自然可以肆无忌惮，这已无关乎素质，而是一种基本的人性。《鲁宾逊漂流记》的作者笛福得出了一个结论：“只要有可能，人人都会成为暴君，这是大自然赋予人的本性。”可见，将围绕着共享产品所发生的种种负面新闻都归结为使用者的素质问题，那真的是too simple， too naive。所有的共享产品的商业模式本身就容许存在一定的损毁率。而高明的企业则会在产品投放之前考虑到人性的暗面，并在产品设计中有所应对和制衡。在这一点上，摩拜单车显然比ofo小黄车有着更理性的考量。摩拜采用不会生锈的全铝车身、免充气轮胎、五辐轮毂、不会掉链子的轴传动行进方式，这一系列设计都延长了单车的使用寿命，更降低了维护成本。无论一款共享产品抱着怎样善良而又双赢的初衷面世，一旦它进入公共领域和流通环节，势必经历人性的考验，也势必承担两败俱伤的巨大风险。一位共享单车的业内人士表示："大多数共享单车企业为了跑马圈地，都将注意力放在了拓展市场、投放新产品上，忽略了对所投放车辆的理性运营和科学运维。而这却正成为影响共享单车发展的最大障碍。"过度的理想主义不仅愚蠢，而且邪恶。而将人性恶考虑进去，不单单是运营平台的智慧，更是运营平台的道德。

我们更应该看到，一个公共项目的成败在很大程度上取决于执政者调度社会资源、协调多方力量的能力。因此，执政者除了在市场饱和度濒临决堤之时果断喊"停"之外，可做的其实还有很多。一方面，政府可以与企业一道规划好共享产品的存放点，切实解决共享产品的落地问题；另一方面，针对新生事物，出台相关新规，制定相关新法；而更重要的手段莫过于完善社会征信机制，具体而言，即建立政府部门与单车企业的信用信息共享机制，加大政府对消费者信用监管的力度，让政府作为第三方对企业和消费者的信用进行评价和反馈，通过公权力对不良信用行为进行施压。

人应如何生活在无根的世界中

2017年有一则发人深省的新闻：在上海有一位女士，某日开车出门办事，事情办完，她却怎么也想不起来车在停车场的哪个位置了。此后的半个多月里，这位女士找遍了几十个停车场，还曾拨打110报警，均未果。后来她在媒体的帮助下得到了线索，终于与阔别已久的车重逢，并含泪缴纳了2000多元停车费。

这则令人哭笑不得的趣闻，毋宁说是今时今日人们与物品关系的真实写照。在消费社会和互联网的催化之下，人与物的关系已发生了本质而微妙的改变——忽而痴缠不已、耳鬓厮磨，忽而视若无睹、置若罔闻。一言以蔽之，人与物的关系陷入了一种至亲又至疏、至远又至近的悖谬当中。而消费时代中物的丰盛、冗余，以及共享语境下对物品使用权灵活、便捷的让渡，都在强化着这种悖谬。例如，当你在使用一辆共享单车时，你与车是极为亲密的，“所向无空阔，真堪托死生”，不错，你的性命安危都有赖于这辆车的性能。然而，当骑行结束，你与车之间的亲密关系即告终结——车即将迎来下一位骑行者，而你几乎再也不可能与这一辆共享单车重逢。这样看来，你与车又极为陌生。

物品不再承载人的个性、记忆和情感，相反，它变得极其工具化，也变得极其同质化。单车不再是你的父亲驮着你上学的

“那一辆”，曾经你能在停满车的车棚里准确地找到它。“那一辆”已经永远消失，取而代之的是“很多辆”“无数辆”和“一辆又一辆”，此后单车都将以一种“类存在”呈现在你的生活当中。

但以“类”的方式存在于人的世界里，对物而言未尝不是一种挑战。过去，物品深深植根于个体的日常生活，与人的经验、品位和隐私密切相关。而今，物品急速地流动起来、漂浮起来，对于人的生活来说，物就好像浮萍一样，是不牢靠和不稳固的。这样一种“物的无根化”，实则是“人的无根化”的精准投射。

所有这些在漂泊中包围着人、服侍着人、诱惑着人的共享产品，恰恰构成了一幅无可反驳的后现代场景。而人，身处此场景之中，又当以何种伦理道德观去面对这样一种人与物双重的无根状态？至此，法国哲学家鲍德里亚毕生都在预言的那个时代降临了。在这里，“物”膨胀弥漫、无远弗届，而“人”日益萎靡、懵然不觉。当每个人都可能为自己手机的丢失而深感惶恐的时候，我们确实已生活在被“物”统治的时代里。鲍德里亚抛出如同启示录般的末世图景，无非是想要描述“物的统治”开始之后，在后现代景观和真实的荒漠中，人何以安身立命的茫然、焦虑和恐惧。

但也许在人与物品的这场盛大的游戏当中，“认真你就输了”。韶华休笑本无根。好风凭借力，送我上青云。物与人的遭遇也许原本就是一场没有根基的游戏，唯其没有根基，才能把一场游戏玩得风生水起。潮起潮落，一代人来，一代人去，地却永远长存。在薄情的世上深情地活着，也许已是我们仅有的选择。

（刘翔）

把生命活成一本书

——《我是范雨素》刷屏

生命是纯粹的火焰，每个人都靠内心看不见的太阳活着。

——托马斯·布朗《瓮葬》

矛盾就在此，人拒绝现实世界，但又不愿意脱离它。

——阿贝尔·加缪《置身于苦难与阳光之间》

没有谁是一座孤岛，自成一体；每个人都是大陆的一小块，大陆的一部分。

——约翰·多恩《没有人是一座孤岛》

“我的生命是一本不忍卒读的书，命运把我装订得极为拙

劣。”这是自传体网络小说《我是范雨素》开篇的句子。尽管有人说这句话涉嫌抄袭、模仿，但确实是2017年网络文学甚至是整个文学中最亮眼、令人印象深刻的金句。

范雨素，本是湖北襄阳襄州区打伙村的一个农村妇女，只有初中文化，但从小就热爱文学，20多岁就来到北京打工，到饭店里做过服务员，遭遇过家庭暴力、短暂的婚姻，离婚后带着两个女儿打工过活。近几年，她在北京皮村当育儿嫂的同时，用纸笔写了10万字的自传体网络小说。2017年4月，《我是范雨素》瞬时火爆、刷遍微信朋友圈。这篇以苦难为主题、描述农民和打工者命运的文章，涉及高考落榜、农村教育、打工北漂、婚姻、村官、赌博、家暴、“小三”、打工学校、无妈村、上访维稳、高铁征地等一系列社会现象与话题。范雨素却不露声色，以近乎白描的文笔叙述，中间却夹杂着对自身命运的冷嘲。当然，范雨素的小说在呈现命运与时代问题的同时，也饱含着对母爱与温暖的赞叹。

《我是范雨素》突然火爆，甚至有两家出版社连夜打电话找范雨素要出版这本书。4月25日，打工的范雨素专门请假来接待到访者。范雨素在采访中说自己不靠写文章谋生，只是想赚取微薄的稿费；写作只是种精神层次的欲望，和吃饭一样。与此同时，一些认为她炒作、抄袭，水平不高，不过是“城里人缺少农家乐”之类的质疑声迭起。各路媒体人的追踪、围堵给范雨素带来极大压力，她躲到了附近的庙里，甚至罹患了“抑郁症”。范雨素“失踪”后，依然有很多人来到皮村找她，甚至有媒体前往她的湖北老家采访她的80岁的老母亲。4月28日，范雨素在微信中发文，希望媒体不要骚扰家人。

无独有偶，差不多年龄、同样出生于湖北的农村妇女余秀华，早在几年前就因为自己的诗歌创作而“名满天下”。余秀华出生时因倒产、缺氧而造成脑瘫，长大后便行动不便。高二那年，余秀华赋闲在家。19岁的余秀华在母亲的撮合下嫁给了尹世平。疾病和打工让余秀华更能领悟到世间辛苦。2014年，她写的诗歌《穿过大半个中国去睡你》（其中有名句：“其实，睡你和被你睡是差不多的，无非是两具肉体碰撞的力，无非是这力催开的花朵。”）被《诗刊》微信号刊发，在微信上被疯狂转发，农妇、脑瘫、情色诗等话题持续发酵，引发了围观、讨论余秀华的热潮。同年11月，《诗刊》发表了余秀华的诗作，该诗以“在打谷场上赶鸡”为主标题，配发了她的《摇摇晃晃的人间》和编辑评论文章。同年12月15日，余秀华参加诗刊社和中国人民大学共同主办的“最低层的人”诗歌朗诵会。

2015年1月，余秀华的两本诗集《摇摇晃晃的人间》和《月光落在左手上》出版。其中，《月光落在左手上》的销量突破10万册。1月28日，余秀华当选湖北省钟祥市作家协会副主席。2016年5月，余秀华的第三本诗集《我们爱过又忘记》在北京单向空间首发。2016年11月，湖南省湘阴县举办了第三届“农民文学奖”颁奖典礼，余秀华获得了“农民文学奖”特别奖。2015

年，范俭拍摄了以余秀华为主角的纪录短片《一个女诗人的意外走红》，短片时长半个小时。在此片的基础上，范俭历时两年完成纪录片《摇摇晃晃的人间》，该片讲述了脑瘫女诗人余秀华走红后生活境遇的变化，故事主线围绕她的离婚展开。2016年，该片获得第29届阿姆斯特丹国际纪录片电影节纪录长片评委会大奖。

有意思的是，当范雨素爆红时，有记者追问余秀华的看法。余秀华最终说：一、范雨素的文本不够好，离文学性差得远。二、每个生命自有来处和去处，不能比较。三、我都不愿意和迪金森比较，何况是她。四、每个生命都是独一无二的。并且强调希望记者不要烦她。

【全身瘫痪农村妇女20年发表19篇文章】

山东菏泽巨野县吴庄村的农妇冯红春是位全身瘫痪的残疾人，只有小学三年级的文化水平，每次把手放到笔记本上准备写字就要花费几分钟，头部没法自己控制，写字的时候需要别人帮忙把头低下来。就是这样，她用将近20年的时间写下了《守候》

《人生总有不完美》《我生命被困的这30年》等19篇文章，发表在各个媒体上，每一篇文章都给人以震撼。在一篇文章里冯红春写道：“身有残障当然不幸，生活的苦涩只有自己品味吞咽，岁月如水，成长是岸，也许每一个障碍都有它存在的价值。”有人看到冯红春的这句话，这样描述到：就像一个孱弱的生命，迸发了无尽的力量。

【河北景县农民自造飞机成功上天】

31岁的解保刚是河北衡水景县留智庙镇八里屯村人，从小就有一个飞天梦想。从2003年起，他开始自造飞机。解保刚参照国内外的飞机制造技术，再把自己的构想融合进去，自己搞设计、绘图纸。除发动机是从奥地利进口以外，每个零部件都是他自己切割、焊接、加工制作成型。在闷头干了4个多月后，解保刚制造的第一架飞机问世了。由于飞行经验不足，试飞失败，但解保刚没有灰心，继续深入研究，不断改进。经过13年的不懈努力，他制造的第8代飞机终于成功飞上蓝天，多年的梦想得以实现。他制造的飞机最远续航400千米，飞行最高约5000米。

【“民科”凡伟号称“拿诺奖只是时间问题”】

“重磅，中国科学家发现电荷并不存在，将改写教科书！”2017年这篇文章突然引爆网络，并让自称是“云南大学科学家”的凡伟一举成为“网红”。很快，云南大学物理与天文学院发布声明称：“凡伟不是云南大学的学生。”凡伟涉嫌身份造假，他只是一个“民科”（“民间科学家”的简称）。北京师范大学哲学系教授田松已经研究“民科”10多年。他说，如果“民科”给你打电话，你放下听筒离开10分钟，回来后你会发现，他完全没有察觉到你的离开。“很多‘民科’只想倾诉，不愿倾听，这反映了其偏执的心理特征。”

【朱之文做慈善惹不满】

2012年春晚，农民歌手朱之文登上“星光大道”，一曲《我要回家》唱出了无数漂泊在外人士的思乡之情，朱之文也一夜爆红，随后商演和广告代言接连不断。一夜之间，朱之文从一个默默无闻的农民摇身一变成了万人仰慕的明星。成名之前朱之文早出晚归收入5000余元，如今存款千万，朱之文俨然改变了命运。出名后的朱之文并没有失去农民的本性，还是一如既往地朴实真诚，网友们亲切地称他为“大衣哥”。乡亲们开始无理由向他借钱，几万几万地借了不还，如果不借，乡亲们就威胁说要对媒体说他的坏话，甚至对他说：“这对他是九牛一毛，他要想叫俺说他好，就为庄上每人买辆小轿车、一人再给一万块钱。”朱之文为乡里修路、购买健身器材，却屡屡引发乡亲们的不满，这令他十分心寒。

每个人都有可能红15分钟。

——波普艺术家安迪·沃霍尔

不造星的领域是不会长久的。

——陶然亭说史

消费范雨素，请手下留情。

——《钱江晚报》

打工的人被数字统计，被公共语言简化，被归类、整理、淘汰、省略……

——郑小琼

这些不分昼夜的打工者/整装待发/静候军令/只一响铃工夫/悉数回到秦朝。

——许立志《流水线上的兵马俑》

余秀华的诗放在中国女诗人的诗歌中，就像把杀人犯放在一群大家闺秀里一样醒目——别人穿戴整齐，唯她烟熏火燎、泥沙俱下。

——《诗刊》编辑刘年

哭要一个人躲着哭，笑呢全世界陪你笑。

——亦舒《爱情之死》

真实的稀缺，总是在不经意间被折射。比如《人民的名义》火爆荧屏，很大程度上就是大量平时难得一见的细节突破尺度地呈现了，而《我是范雨素》同样因为真实而动人，只不过是以另外一种特别的方式。

——中华网 彭健

范雨素的作品刷爆朋友圈，说明很多人并不是鸵鸟；说明我们的内心深处对抗着“愚乐化”的浪潮，渴望着那一份真实所带来的触动。

——简书 艳伟

劳动的暗伤：原乡离散与底层薄凉

乡土历来是文学描摹的重要单位，在文学中反复被书写提及，它关乎整个民族的精神图腾。梁鸿写过“梁庄”，刘绍华写过“大凉山”，范雨素写她自己。《我是范雨素》一文再现了北漂的命运，无数的范雨素从中国的各个内陆省份出发，背井离乡来北京寻梦。农民工、洗碗工、裁缝、保姆、快递员……他们忘掉原有的身份，卷进都市打工人群的洪流，把故乡镶嵌在灯红酒绿的现代化的背景里。

《我是范雨素》平淡地写着底层女性的都市境遇，写着消逝的乡土人情，写着空心化的人际关系，然而这种平淡中带着多么沉重的创伤。范雨素在接受媒体采访时说：“有的雇主知道我会背很多很多的古诗，别的就没有了。没有深聊过，从来没有深厚友谊，就是萍水相逢。”在英语中，离散（diaspora）一词与迁徙、贬谪、流放有关，也被译为“流亡”“放逐”“族裔散居”。离散在本质上与苦难有相近的气质。当离散与原乡一起指向个体命运时，离散就变成了深刻的创伤体验。

然而与原乡离散，并不能将他们推入更高的社会阶层。脱离故土后，他们的阶级归属变得更加模糊，即他们既不属于曾经辉煌一时的工人阶级，也不属于本来的农民阶层。他们成了精细社会分工背景下，阶层分层中的“夹生层”。长期在北京打工的范雨素也可算是今天而非历史上工人阶层中的一员，她在网络上爆红的背后，其实暗示了中国社会阶层通道的阻塞。很多社会底层人士通过各种努力来实现阶层流动，比如高考、读研、考公务员、出国，千军万马过独木桥，却难于上青天。

马克思认为，劳动不仅创造价值，劳动也创造了美。劳动是衡量文明、实现人类自由的限度。劳动满足了人类的需求，是人类自我实现的重要手段。正因为有了体力和脑力劳动的分工，脑力劳动才显得“体面”起来。劳动力流动将范雨素们从故乡田间解放出来，但这种解放很快就产生了新的束缚——劳动力异化了劳动者。

打工群体试图通过劳动来换取阶层流动，而由劳动实现的阶层流动毕竟是有限的。马克思对于理想社会的描述，充满了理论憧憬。理论是抽象的，理论无法将人还原成具体的人。当范雨素在上了胡润富豪榜的土豪家做保姆时，她自己的大女儿在东五环外的皮村出租屋里看护小妹妹。靠劳动力讨生活的范雨素们既无法回到故乡，又无法在城市扎根。

法国诗人兰波说：“生活在别处。”这句名言鼓动了无数青年人，可是生容易、活容易，生活并不容易。形而上的写作，并不能替代形而下的生活。与原乡的离散，势必要付出沉重的代

“每一次遭遇磨难，我就睁开一只眼睛”

价。何处遣悲辛？文章憎命达！苏童说：“真正在乡村的人不考虑文学。”生活在乡村的人虽然也为生活奔波劳碌，但他们毕竟生活在原乡，有生活的根，生活的意义就是生活的自澄明，并不需要文学来诉说。在城与乡、精神与肉体、亲情与利益、真诚与阴谋、高贵与低贱、优雅与粗俗、理想与现实之间，余秀华、范雨素们其实一直在“摇晃”。他们的摇晃以及作为环境和围观的整体，都不过是这个时代文学的一部分，我们阅读到的时代症候远大于一种不自觉的阶级、阶层意识。

新媒体赋权：先媒体，后文学

打工者的身份重新“装订”了范雨素的人生。这位年过40的乡村女性，在底层中体验生活，在文字中反思生活。她从苦难中走来，生活又会将她引向何处？在一个华而不实的时代，才华要新闻的铺垫才能被正视。女性本可以文鸣世，却非要在新媒体上招徕眼球，这究竟是文学之幸还是不幸？

从余秀华到范雨素，她们的走红成为新媒体时代的“景观”。余秀华是靠花边新闻和才华一夜成名的。“其实，睡你和被你睡是差不多的，无非是两具肉体碰撞的力，无非是这力催开的花朵，无非是这花朵虚拟出的春天让我们误以为生命被重新打开。”当受众在朋友圈读到《穿过大半个中国去睡你》时，目光也同时聚焦在诗歌文本外——脑瘫、家暴、情爱，种种花边新闻的元素和文学混合在一起进行传播，在花边新闻和猎奇心理的包装之下，余秀华的才华才被注视和接纳。

景观是什么？居伊·德波认为，景观的特征是将世界表象化，然后对社会本体基础进行篡改和颠倒。不论是余秀华还是范雨素，她们的成名路径都是“先媒体，后文学”。先有媒体和新闻的聚焦与造势，才有文学文本的传播。媒介景观的本质是视觉中心主义，只有形成媒介景观，传播才有胜出的可能性。这是一种畸形的文学生产，因为文学的生产受控于传播渠道，文学文本要想获得发声的机会，必须先搭一趟媒体的顺风车。芙蓉姐姐、木子美、韩寒、郭敬明、凤姐……“文学”的媒介化生产世风日下，变得畸形古怪。文学似乎不是初心的产物，文学似乎和其他商品一样，需要经过媒体工序的加工。

我们的文学远远地过了20世纪五六十年代靠意识形态喂养的时代，也过了80年代靠理想和精神哺育的时代，新时期以来的文学是市场养大的，市场的特征是顾客即上帝。顾客的特点就是用钱投票。脱离了意识形态的控制之后，文学似乎成了服务于金钱的奴仆，市场抽一下则文学的陀螺就转一下。于是，在市场、商品、媒介的全景包围中，文学不再高高在上不食人间烟火，在与市场的角力中，文学新长出一副商品的面相和世俗的脸孔。

秘鲁诗人塞萨尔巴略霍说：“没有比被动语态中更紧张的事物。”文学被媒体重新赋权后，文学的处境变得十分被动。文学需要在新媒体语境中运作，文学的传播也依赖媒体语境中的构建，文学像一条布满感知触角的章鱼，文本要携带足够的敏感元才能被市场识别出来。经过媒体赋权，文学本初的面貌似乎变得难以识别，余秀华和范雨素身上嵌套了更多的非文学要素，村妇、家暴、文学梦、婚姻史和教育背景等符合受众接受语境的要素共同构筑出一道媒介景观。她们不是纯粹的职业写作者，她们的身份是妻子、母亲、寡妇、病人、保姆、打工者、低学历教育者。多重身份和身份的混合形成视线与文本的多元注视，文学的身份只是这众多身份中的一个。

贝斯特、凯尔纳在《后现代转向》中提到：“马克思强调生产，而情境主义者在马克思的基础上发展成社会再生产和消费与媒体社会的新模式。”居伊·德波认为，情境主义的策略是“漂移”“异轨”和“构境”。“漂移”是对城市空间凝固性的否定，“异轨”是指通过表现来揭露背后的意识形态，“构境”是指主体根据自己真实的愿望而重新设计、创造和体验生命的存在过程。

在一个华而不实的时代，媒介追求收视率，文学讲究吸引力。似乎受众难以接受素面朝天的朴实文学，真实的文学需要经过媒体化妆才有获得演出的机会。朴素变成一种极其稀有的资源。许多都市流行文学不是“知音体”就是按摩腔，脂粉味浓厚。媒体喜欢用“焦点”这个词，焦点的力量是集中、凝聚。公众也许只记得余秀华的诗歌《穿过大半个中国去睡你》：“其实，睡你和被你睡是差不多的，无非是两具肉体碰撞的力，无非是这力催开的花朵。”谁还会记得她另一首描述患病在身的诗呢？“巴巴地活着，每天打水，煮饭，按时吃药，阳光好的时候，就把自己放进去，像放一块陈皮。”（余秀华《我爱你》）焦点意味着屏蔽，“焦点”之外的广袤空白，几乎不被关心。余秀华和范雨素灰头土脸地在光怪陆离的时代插队，她们悲怆的、带血的生活经验被表面光鲜的都市景观所否定。文学似乎成了时代症候的“照妖镜”：文学鉴照出他者，让丑陋的社会现实原形毕露，同时也鉴照出难堪的自我。

看客们在围观真实，也在消费苦难。鉴照与对比之下，上层俯瞰并关注底层的苦难，眼光中充满悲悯与诘问；中产阶层在对比中体会到了自我阶层的优越感；下层民众则是欢欣鼓舞，余秀华与范雨素之所以被媒体追踪，似乎她们就成了底层的代言。真相并非如此，她们只是中国庞大社会底层中有幸露出的一角。

为了获得持续的关注热度，新媒体文学的制造者们费尽心思、见缝插针地安排余秀华的花边新闻。余秀华走红后按捺不住成名的热情，她在博客里发表了一篇文章《来不及低调》：“出名是太不容易的一件事情，凭什么保持低调就一定是正途呢？我他妈的就高调起来，我他妈的就不可一世，与人有害吗？”范俭执导的纪录片《摇摇晃晃的人间》以余秀华的离婚为叙事主轴，纪录片上映后，余秀华认为最美好的事就是离婚。年轻时，余秀华接受了包办的婚姻，多年来母亲一直调和他们夫妻之间的矛盾。出名后余秀华实现了经济自由，离婚当晚母亲一直替她抹眼泪。余秀华生气地对母亲说："我离婚又不是丢人的事，你至于吗？"母亲说："没几个像你那么心硬的。"这部电影张扬夫妻矛盾，夸大戏剧冲突，抑扬顿挫的剧情逾越了纪录片"客观记录"的本分职责。

范雨素何尝不是如此？《我是范雨素》这个题目闻起来充满了广告的味道，它更像是娱乐媒体采访时明星的自我推销："我是某某某，我为自己代言。"在自媒体时代，人人可以为自己代言。然而，没有一个伟大的作家会用自己的名字来盖过文学。当然，在这样一个媒体已经深度嵌入而成为社会基本表达机制的时代，我们无意指责范雨素们，只是说媒介景观是迷人的，它会用迷人的障眼法遮蔽现实。"先媒体，后文学"的文学路径赋予"真实"许多不真实的东西，甚至连"真实"的创造者也心领神会，知道如何利用媒体来制造话题以招徕围观者。璀璨之物，不可过分靠近。当文学沦为媒体的嫁衣裳时，这究竟是媒体启蒙的悲哀还是阶层觉醒的悲哀？

打工文学：民间陈情与精神返乡

媒体用目光的聚焦，打捞出民间原情，文学的社会学意义也得以生发出来：底层社会、迁徙与苦难、女性与命运获得了发声的机会。民间底层为何会通过新媒体而受到关注？打工文学到底击中了人心中的什么？

不妨先反观文本本身，看看《我是范雨素》里究竟写了些什么。文学梦的破碎、高考落榜、农村教育、打工北漂、婚姻、生育、“小三”、村官、赌博、种田、家暴、打工学校、无妈村、上访维稳、高铁征地……这篇文章是当代中国底层社会的万花筒，也是失败人生的昭示录。《我是范雨素》像一块暗酵母，持续发酵出社会话题。种种话题凸显社会阶层之间的差别，城乡贫富差距和教育不平等，理想与现实的落差，字里行间没有批判也没有抗拒，只有对现实沉默的愤怒与接纳。

“我的生命是一本不忍卒读的书，命运把我装订得极为拙劣。”《我是范雨素》以一句失败的人生总结作为开篇。且看这篇文章中的几句白描：“我们农村穷苦人家，糊口尚属不易，亲情当然淡薄。”“我是生我养我的村庄的过客。”“皮村的一位村民，每天领着一支由12只狗组成的狗军队，去工棚巡视，羞辱住在工棚里的农民工。”“艺术源于生活，当下的生活都是荒诞的。”“他们都变成了世界工厂的螺丝钉，流水线上的兵马俑，过着提线木偶一样的生活。”这篇非虚构的文章到底戳中人们的哪些痛处？生活的尊严、生命的尊严、原乡与乡愁，这一切都被时代改变得面目全非。

余秀华和范雨素写失败、写苦难，用民间赋予真实万钧之力，这就是非虚构文学的力量。余、范之所以一石激起千层浪，因为真实给艺术带来了强劲的爆破力，迸发出直击人心的魅力。美国文学家雷蒙德·卡佛曾说：“对大多数人而言，人生不是什么冒险，而是一股莫之能御的洪流。”非虚构写作和打工文学早已有之，多以背井离乡为写作背景，书写打工者进入城市后遭遇的迷惘。打工文学与传统文学不同，前者把目光放到了当下时代与当前书写，由乡入城的空间转换和进城的失落感是打工文学创作的生命力。由此而生发出的价值观对立、城乡与阶层议题，以及被改变的生命体验，构成了打工文学的内在肌理。

范雨素以第一人称视角来书写打工故事。以第一人称的书写方式来介入、发掘、寻找真相，很容易获得受众的认同。苦难和悲怆是解读打工文学的一把钥匙。可是，如果打工文学只将自己拘囿在苦难层面，拘囿于对苦难的揭露和精致书写，那么文学在关怀层面就失掉了力量。文学的社会学意义在于安慰心灵，成为心灵的庙宇。很多人在《我是范雨素》中看到了不如意的人生诸事，但文中有个小细节让人感动：不论是“喝文”的大哥哥，还是四处躲债混日子的“小哥哥”，抑或是离婚的“我”，经历各种失败之后，母亲依然爱他们。“大哥哥有我们英勇的母亲。因为母亲的缘故，没有人给大哥哥投来鄙视的目光。”母爱让乡土厚重，让文字变得温情，也让底层叙述增添了温暖的光辉。

《我是范雨素》通过个体境遇带出了整个社会里打工者的际遇与尊严问题，也带出了文学与媒体的复杂关系。如果新媒体剪除了文学的幅度，剪除了美学的修辞与陶冶，文学中的苦难就真的只剩下苦难。纯粹记录与描述苦难，那是社会学要做的事，而文学的使命与社会学的使命不同。周作人曾提出“人的文学”，正是以人道主义为本，“人的文学”才能成为星光寒辉中的碎语。如果做一个比喻，文学像一块心灵里的暗酵母，它能生发出幽微的力量，比如抒情、审美、安慰。美国诗人赛琪·科恩曾经列出了写作的诸多原因，其中之一便是“为了让写作者与神性同在”。生活虽然有无尽的苦难，但文学有一壶心灵，足以慰世道风尘。

（李啸洋）

拿什么拯救你，我的“爱豆”

——“小鲜肉”现象引发反思

她那时候还太年轻，不知道所有命运赠送的礼物，早已在暗中标好了价格。

——斯蒂芬·茨威格《断头王后》

演员最大的特点是你演了多少个人物，就能像多少个人物那样地去活一把，在活一把的过程中你要去挖掘、体验、体现这些人物身上的真善美、假恶丑，既丰富了你的人生又潜移默化地净化了你的心灵。

——李雪健谈“演员”

一切有为法，如梦幻泡影，如露亦如电，应作如是观。

——《金刚经》

2017年反腐电视剧《人民的名义》只播了6集，就引起巨大轰动。除剧情外，剧中汇集了60多位“老戏骨”，互相刺激，互相激发，演技炸裂的瞬间让观众拍手称绝，津津乐道，《人民的名义》成为名副其实的收视和口碑双赢的“神剧”。引人注目的是，这部电视剧中没有“小鲜肉”，没有流量担当，这部剧总投资1.2亿元左右，但所有的演员总片酬只有4800万元，这是什么概念？都不够眼下一个当红“小鲜肉”个人的片酬。一时间，街头巷尾，热议无数。

“小鲜肉”一词源自日本，特指年轻男艺人，带有情色意味，2014年被中国粉丝用来称呼韩国男性明星，之后被用来指称年轻帅气、性格纯良、感情经历单纯的新生代男偶像。近几年，中国国内以吴亦凡、鹿晗、李易峰、张艺兴、TFboys等为领军人物的“小鲜肉”大势崛起，以风卷残云之势“霸屏”“霸戏”，圈粉无数。

粉丝的力量是无穷的，可以说，每个当红“小鲜肉”的背后都有一个牢固而庞大的粉丝群。这些所谓的“死忠粉”“脑残粉”“亲妈粉”们用自己的狂热为自己的“爱豆”（idol）不断造势捧场，抛金钱、洒热汗，她们分工明确、目标一致，“小鲜肉”走到哪里，她们就应援到哪里，就“守护”到哪里，用自己的实际行动“铸就”了别具特色的“粉丝经济”。互联网时代流量为王，“小鲜肉”因其巨大的明星效应和超高的商业价值理所应当地被冠以“注意力经济”的标签，因而也被称为“流量明星”，轻而易举地圈钱无数。

没有哪个国家的艺人像中国的“小鲜肉”赚钱这样容易。据日本媒体公布，位居该国女偶像2016年年收入排行榜冠军的指原莉乃年收入4300万日元，约合259万人民币，第50位志田友美450万日元，折合人民币才27万元。要知道，我国的一些“小鲜肉”拍一部戏，轻轻松松就拿几千万元，平均下来每天的片酬高达50万元。而他们需要付出的劳动量，只是在近景和特写的时候露露脸，反正其他地方出场靠替身和抠图，要出声音则有配音演员在幕后替“声”。除此之外，“小鲜肉”罢戏、耍大牌、不按合同办事等负面新闻频频传出。

付出与收入的极大反差使演艺圈乱象频出，对演艺生态造成了极大破坏，一时间引得“老戏骨”们纷纷发声，成龙、陈道明、李雪健、陈宝国、李幼斌、何赛飞、宋丹丹、张光北等纷纷吐槽，批评“小鲜肉”不敬业、演技差、怕吃苦、爱摆谱，拿着天价酬金，却不好好拍戏。网友也争相发声，力挺“老戏骨”们的拍案而起、不平则鸣。

与此同时，依靠“小鲜肉”出演IP剧的圈钱模式开始显现疲态。如果说2015年的影视市场靠宠溺“小鲜肉”、谄媚大IP而在影视圈烧起一把火的话，到了2016年就急转直下，一路唱衰，2016年全国电影总票房为457.12亿元，同比增长3.73%，相比2015年48.7%的增速不值得一提。

2017年暑期，一部集结了娱乐圈包括李易峰、鹿晗、张艺兴、马天宇、欧豪、刘昊然、董子健、陈伟霆等大半“小鲜肉”在内的《建军大业》和以吴京、吴刚等实力派演员领衔的《战狼2》几乎同档期上映。令人意外的是，上映四天，票房为9.7亿对2亿，《战狼2》的票房几乎是《建军大业》的5倍。《战狼2》口碑炸裂，最终以总票房56亿无情碾压《建军大业》。值得一提的是，《战狼2》中“小鲜肉”张翰的表现可圈可点，本色出演的他通过此剧彻底“洗白”，让很多观众有一种“自己家的熊孩子出人头地的赶脚（感觉）”。业内人士指出，随着观众欣赏水平的提高，未来电影市场必定是内容为王，这样资本才能发挥出最大的价值，而不是靠“小鲜肉”来炒作。

2017年9月8日，国家新闻出版广电总局官方网站发布《关于支持电视剧繁荣发展若干政策的通知》，由国家新闻出版广电总局等五部委联合下发，里面包含了14条相关政策，涉及明星片酬、网剧、主旋律影视等多个行业热点问题。其中，该通知明确指出，“严禁播出机构以明星为唯一议价标准”。

9月22日，中国广播电影电视社会组织联合多家相关协会及委员会，联合发布《关于电视剧网络剧制作成本配置比例的意见》，以引导制作企业合理安排电视剧投入成本结构，优化片酬分配机制，弘扬“戏比天大”的职业精神，推动影视行业投入与产出的良性循环。该意见规定，各会员单位及影视制作机构要把演员片酬比例限定在合理的制作成本范围内，全部演员的总片酬不超过制作总成本的40%，其中主要演员的片酬不超过总片酬的70%，其他演员的片酬不低于总片酬的30%。

【何为IP剧】

IP，即Intellectual Property，直译是知识产权，它可以是一个故事、一种形象、一件艺术品、一种流行文化，更多的是指适合二次或多次改编开发的影视文学、游戏动漫等。IP剧是指在有一定粉丝数量的国产原创网络小说、游戏、动漫等基础上创作改编而成的影视剧。因为IP背后有成千上万的狂热粉丝和他们不容小觑的消费能力，IP剧一度被视为容易圈钱的剧。

【鹿晗微博评论数量再创吉尼斯新纪录】

2015年，在鹿晗举行首张音乐专辑《Reloaded》首唱会的现场，在活动开始约一个小时后，两位吉尼斯世界纪录的认证官走上舞台，宣布鹿晗打破了一项曾由他本人保持的纪录。“去年，鹿晗的一条微博打破了吉尼斯世界纪录，评论数高达一千三百一十六万三千八百五十九条。”认证官继续说：“一年之后，这一数据攀升到了一亿零二十五万两千六百零五条！”全场沸腾。巨大的声浪像是要将三四层楼高的演播厅顶棚掀起。一个又一个面露稚气的女孩全身颤抖，控制不住的泪水布满了她们的脸庞。在她们心中，这不仅是鹿晗的纪录，也是“鹿饭们”的纪录。2017年10月8日鹿晗通过微博宣布与关晓彤恋爱，微博竟一时瘫痪。

【王俊凯的贴吧分工“专业”】

TFboys的成员之一王俊凯有一个专门的后援会，而其在网络上的组织便是百度贴吧上的王俊凯吧，贴吧内的成员分工明确，不仅有美工部、管理部等部门，而且每人各司其职。某周，王俊凯在UC浏览器的明星榜单中掉落到第二名，负责刷榜的粉丝马上将打榜帖置顶到了贴吧精华页面，呼吁王俊凯粉丝前去为偶像刷票。

【娱乐圈片酬排名前五的“小鲜肉”】

娱乐圈“小鲜肉”片酬排名前五的明细如下：第5名陈伟霆，直至参演热播的《老九门》，片酬已达到3000万；第4名李易峰，《古剑奇谭》播出之后对外报价是2000万，一系列的代言、高人气让其在短时间内片酬飙升至3500万；第3名张翰，作为内地偶像剧的“先锋人”，各种片约不断，又有郑爽和娜扎的恋情傍身，片酬非常可观，达3500万；第2名鹿晗，电影《我是证人》《重返20岁》让其晋升电影咖，以4000万加盟《跑男4》，据相关数据显示鹿晗接下《择天记》的片酬高达6000万；第1名吴亦凡，参演《老炮儿》《爵迹》、真人秀《挑战者联盟》，片酬已高达1.2亿！

【《摔跤吧！爸爸》戏里戏外同样热血】

印度宝莱坞电影《摔跤吧！爸爸》在国内上映，第一天就拿下了豆瓣9.7的高分，且上映26天破10亿票房。影片主演的表演都堪称大放异彩。影片主演、印度演艺界的国宝级人物阿米尔·汗在电影中饰演父亲马哈维亚，经历了该角色的19岁、29岁和55岁三个年龄段。为此，他先是完成了角色19岁的青年戏份，随后在短时间内增肥28千克，以演出该角色55岁时发福的状态。最后为了贴合该角色29岁摔跤手生涯黄金时期的体型，阿米尔·汗又用了5个月的时间在健身房挥汗如雨，不仅减掉了25千克的赘肉，更学习摔跤技巧，练就了拥有8块腹肌的魔鬼身材。他的敬业精神也赢得了大批观众和粉丝的高度赞扬。

【胡歌的“华丽转身”】

演员胡歌初出道时曾是被冠以“古装第一美男”称号的人气偶像，拥有庞大的粉丝数量，正当他如日中天之时却遭遇车祸，容貌受损，很多人都猜测他的演艺生涯将因此中断。但胡歌没有放弃自己，反而因为车祸而迫使自己走上了转型之路。复出后，他主动放弃了出演男一号的机会，而是选择更具挑战性的男二号。胡歌一直要求自己主动配音，并大胆地尝试话剧演出，平均每年拍两部戏。他不参加真人秀，也不爱出席商业活动，而是愿意宅家潜心琢磨演技。最近两年，胡歌主演的《伪装者》《琅琊榜》等电视剧收获超高收视率及如潮好评，并凭借这两部剧拿到了第28届金鹰电视艺术节“观众喜爱的男演员”和“最具人气男演员”双料大奖。业内人士普遍认同对他这样的评价：胡歌是一个好演员，无论演技还是做人的态度。2017年1月，不按常理出牌的胡歌宣布暂别娱乐圈而去学习“充电”，并表示未来一两年可能很难看到他的新作品。

现在因为是用明星拍戏的年代，不是用演员的年代，就是谁比较火就用谁，我不认同也没有办法。

——演员宁静在《金星秀》中谈及对目前娱乐圈的看法

娱乐圈里的“小鲜肉”们可都是吸金神器呀！只是呀，这颜值所匹配的并不是杠杠的演技，而是被无数观众吐槽的面瘫脸，那分分钟钟保证你能出戏的高冷范儿。

——网友“欧美派”

吴刚的表演细致到每一次走到办公室，每一次坐在椅子上的状态都不一样，我都想给他写一篇《吴刚表演艺术论》了。

——《人民的名义》作者周梅森

“戏骨”这个“骨”字，在我的眼里，就是一个演员敬重艺术、敬重观众、更敬重自己生命的风骨。所以，他虽然淡泊而低调着，但他却富足而高贵着。他就是中国最“贵”的演员。这个“贵”，不是片酬数字，而是他在属于一个演员的精神花园里播种给人世间的美丽。靠着他始终如一的赤子之心和巨匠之心。

——演员胡歌在第28届金鹰奖颁奖典礼上致敬“老戏骨”

我们不难看清“小鲜肉”流行的消费文化，实质上是一直握有其命脉的消费文化充分张扬其权力意愿的结果。

——深圳新闻网 袁跃兴

有些词让我特别地反感，比如“小鲜肉”，哪怕你直接谈对性的欲望都比谈“小鲜肉”好，可是我没有权力，也不能制止这些词。

——王蒙在“汉语盘点2016”的活动上发言

颜值担当：在线的身体景观

在我国，对“小鲜肉”的追捧是有“历史”的。据史书爆料，1700多年前的西晋，有才子曰潘安，姿容秀美，神情俊逸，每每乘坐牛车出行都轰动洛阳城。据说全城的女性乃至老妪都闻风而动，争相奔上街头，只为一睹美男风采。大家纷纷往潘安的牛车里投掷水果，表达爱慕，以至于潘安的牛车被水果装得满满当当，故有成语“掷果盈车”，是为记载。无独有偶，西晋另一位美男子卫玠，仪态出众，才华横溢，每每与威风凛凛的将军站在一起，也能让人哆嗦着说出“珠玉在侧，使我形秽”这样的话来。但是这位“珠玉”身体羸弱、骨脆肤柔，且心理素质不过硬。有一次，卫玠从豫章至下都，“人久闻其名，观者如堵墙”，他居然因为被人围观，十分害羞，心理压力大而病死了！

1700多年后的今天，乾坤挪移，日月换天，窈窕淑“女”依旧有，君子仍好逑。只是美貌不再是一种负担，却成为“天赋”的优势。“小鲜肉”们大可在镁光灯前搔首弄姿，忸怩作态，摆POSE、做造型，游刃有余，家常便饭。

时代早就大大不同了！

年轻、帅气、性格纯良、感情经历单纯，是谓“小鲜肉”。简而言之，就是兼顾“小”（嫩）和“鲜肉”（秀色可餐），就叫“颜值有担当”。“小鲜肉”碾压一切的年代，颜值当道，实力靠后，颜值就是硬道理，无“颜”不足以立，无“颜”便不可见江东迷姐迷妹。“看脸”！除了“看脸”还是“看脸”！这是个“看脸”的时代！

如果要用比较“哲学范儿”的话来解释“看脸”的真相，可以这么说，我们已经被“异化”。

“看脸”时代，视觉消费无孔不入，我们在消费的同时，消费反过来又控制着我们。文字与图像的地位发生了颠倒，文字成为图像的注脚，图像让我们无法逃避，在“无图无真相”的年代，文字是多么苍白无力。海量的网民自由沉浸于电脑、手机等景观装置，淋漓尽致地书写着“景观社会”的万象，海德格尔无奈地说，我们所在的世界“被把握为图像了”。

作为“最美消费品”的身体，在视觉文化大行其道的读图时代迎来了其最好的时代。身体的地位由被头脑、思想宰制的边缘变为中心，变成了可消费的物件，身体被重新发现又被重新占有，被精心地展示，被粗犷地滥用，被“艺术”地利用，成为最可观的景观。在这种情境下，优质的身体被解读为身份、成功、金钱甚至幸福，身体已然脱离了肉身的实体，幻化为一种符号、一种象征。消费社会使沉寂许久的身体被绞尽脑汁地包装，不惜一切地进行身体消费，当运动是为了追求更瘦，食物被量化为卡路里，都不禁让人唏嘘身体沦为工具的命运。身体，不光是审美的，更是消费的，这便是消费社会身体景观的美学意义。

而当现代商业社会的大众传媒和广告风暴席卷而来的时候，消费社会与互联网时代不谋而合，“洗脑”在很轻易间就实现了——古今中外从来没有像今天这样，告诉人们，身体“应该”是个什么样子。它们一边告诫着人们，你不美，你需要改变，另一边又不遗余力地通过大众传媒和广告示范推行身体美学的标准，潜移默化地灌输美的规范。最直观的方法就是身体“美学化”的标准变得普遍和单一，即通过包装偶像明星形象来传播实现。于是在生产“美丽”的流水线上，打造出了千篇一律的锥子脸、小翘鼻，“撞脸”范冰冰、“撞脸”Angelababy成为一种时尚和荣光。正如本雅明说的，“复制技术用众多的复制物取代了独一无二的存在”，人原本是一个独立的个体、独一无二的存在，而现在，你与他们有时候真的是“傻傻的分不清”。

高深莫测的“身体景观”就是我们喜闻乐见的“颜值”。“小鲜肉”之所以“高大上”，是在于他们被视为某种产品，被塑造成无数复制品的母版和大众商品。泛资本化时代，货币是资本，知识是资本，技术是资本，颜值也是一种资本。

“只是看脸就够了”，“小鲜肉”并不以专业性来作为消费点，他们的消费点首先在于“外表好看”，不管天生丽质还是后天包装。资本是不会骗人的，哪里嗅到投资的回报，它就会把胳膊往哪里伸。投资人至少是看到了超过投入的回报预期，才会敢于拿出这么多钱请这些“金玉其外”的人担当主角，那么问题来了，凭什么呢?

凭粉丝!

粉丝泡沫：终将离线的虚假繁荣

“若发现在此吧有人有黑鹿晗，空降犯贱的现象，送你冥王星单程车票不谢！”这是鹿骑（鹿晗骑士）吧吧主维尼的“护主”宣言，千万不要把这句话当成玩笑，不管你在现实生活中多么“德高望重，才高八斗”，如果还想在网络平台上有的

“混”，一定要记住这个不容置喙的忠告——不要轻易招惹任何一个当红“小鲜肉”的粉丝团体。前车之鉴数不胜数，不管你是谁，只要胆敢诋毁“我的爱豆”，那么完了，就等着被这些有组织、有纪律、有头脑、有效率的免费水军们每人敲几下键盘把你“怼”到生无可恋吧，撕番位、撕团队、撕路人，作风彪悍、战斗力持久而猛烈，只要翻开粉丝之间的骂战史，那简直犹如滔滔江水，怎么说也说不完。

“小鲜肉”的粉丝是一群什么样的人？她们是一群忠诚的人、狂热的人、冲动的人，她们对死忠“爱豆”的追捧并不是单纯的崇拜、追随，还伴随着“偶像即我”的心理投射。世界太大，人与人的距离太远，内心充盈的感情无处安放，何不妨找一个寄托。于是，“小鲜肉”们适时出现，成为了“亲妈粉”“脑残粉”们心中那个理想的人，“陪他一起跑”，让心中这个寄托变得真实，把偶像捧得无限高，就好像我们也跟着一起升高一样，帮他实现梦想，就好像我们的梦想也实现一样，偶像一步步走向成功，也包含着自己的一份荣耀。

这是在过去的任何时候都难以想象的场景：借助贴吧、微信、微博、QQ等社交工具，无论远在天边还是近在眼前，都可以因为同样的偶像而在线上集结为一个又一个粉丝团体。无边无际的互联网空间为粉丝们的扩张、孵化和聚集提供了便利的土壤，这些团体进一步聚合，构成了一个过去未曾出现过的体系庞大、分工细致、行动力极强的粉丝帝国。

“应援”，这个韩国的舶来品被国内粉丝发扬光大到无以复加，“小鲜肉”们自带的粉丝效应会凭借他们强大的刷屏能力，自行完成电影的线上营销。有首打油诗写道：“飞机头等舱，行程VIP，年年有歪密，何愁GDP。”说的就是某些粉丝为追逐偶像，不惜包下飞机头等舱以亲近偶像，每次活动抢VIP票位，场内场外真金白银不惜砸的真实举动，以至于网络上流传着这样一句赤裸裸却非常现实的“名言”：没有钱你当什么粉丝?

这也直接导致了电影圈开始对“粉丝电影”抱有期待，投资人不可避免地愿意相信粉丝数量与电影票房存在直接的正比关系，即使是大牌如张艺谋、陈凯歌、冯小刚这样的导演，在选角时也会考虑是否要拉个“小鲜肉”来提升人气。以至于在一定时期内，因为粉丝经济的拉动，只要“小鲜肉”参演，不管内容如何，影片票房普遍过亿。相反，素人出演的电影，即使内容不错，但票房上几乎全军覆没。除了成功进入电影圈和综艺圈，蜂拥而来的广告代言和商演机会让“小鲜肉”们的变现更直接。

粉丝经济崛起使“小鲜肉”的恃宠而骄变得理直气壮，投资界“新宠”的“荣耀”给了他们趾高气扬的“底气”。渐渐地，“小鲜肉”们被捧成了“有市无价”，但是空有颜值，演技不在线，人品有污点，很多负面新闻不断爆出，也使他们成为口诛笔伐的主要目标。

“小鲜肉”为世人所诟病，主要因为以下“三宗罪”：

诟病一，价比天高，技比纸薄。“面瘫帝”“扑克脸”“表

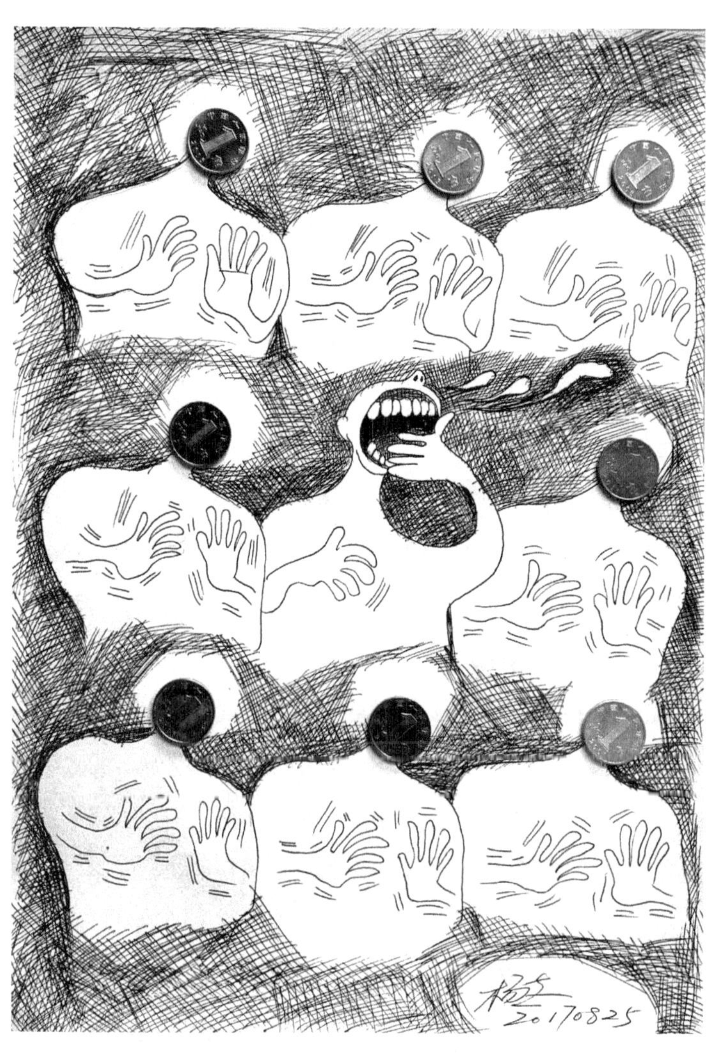

拿什么拯救你，我的“爱豆”

脸艺术家”，这种传神的描述可谓说到了“小鲜肉”们演技的“精髓”。无论是古装剧还是现代剧，无论是苦情剧还是喜剧，表情神同步，动作神穿越，“发呆、叹气、头乱摇”的三部曲乃是万变不离其宗的“法宝”。但是，居然就是这样的演技，轻而易举就可以把一打“老戏骨”们抱团在一起的片酬狠甩几条街，这种投入与产出的巨大悬殊就不仅仅是令人咋舌的惊讶程度了。更可气的是，几乎每一次批评过后，都会有人跳出来叫屈——高片酬是市场行为，我值故我在，你不同意可以另请他人啊。偶像行为，粉丝买单，这虚胖的庞大数字不正是粉丝惯出来的吗？

诟病二，替身成群，抠图“上瘾”，配音成风。由于“小鲜肉”们过于抢手，同时身背数角，可又分身乏术，每个人能够匀给各个剧组的时间非常“金贵”，“小鲜肉”们除了特写和近景用真身，中景、远景、背影全部用替身。这就造成了替身行业分工如此前所未有的细致：一部戏里文替、武替、手替、吻替、脚替、发替等各种“替”衍生开来，形成了标签鲜明的“鲜肉特色”。可怜剧组花了这么多钱，买的都是一个正面照。这就逼得各剧组绞尽脑汁，又生新招——抠图！把“小鲜肉”们的脸抠下来，加上后期的“艺术再创造”，与不同的场景拼到一起，火速实现足不出户也能与各种天南地北的场景“无缝对接”。此外，为了逃避背台词，很多“小鲜肉”还使用了后期配音的“妙招”，不管台词说得对不对，反正有后期配音呢！

许多媒体实在看不下去，站出来匿名批评了几句，马上招致各家粉丝疯狂甩锅，粉丝还是在强行洗白：“我们家某某可没有配音好吗？”“某某卫视你说清楚到底是谁？别一竿子打死一船人！”

诟病三，人品差，耍大牌。娱乐圈需要新面孔，但不需要没有演技和职业道德的假演员，很多貌似颜值不错的“小鲜肉”，竟然持骄耍横、飞扬跋扈，令人忍无可忍。演技差、台词功底low爆了，还迟到、早退、罢演，演戏稍微出点汗就大喊“辛苦”，稍微破点皮就抱怨“艰苦”，动不动就是互相攀比，比谁助理多，比谁排场大，却从来没有比谁演技更加不堪入目。一个原本重视德艺双馨的圈子，如今是乌烟瘴气，混乱不堪！

人无千日好，花无百日红。粉丝经济疯狂堆砌起的泡沫，正如繁花落尽的虚假繁荣一般，终有坍塌的时候。当“‘小鲜肉’惨遭化铁炉”“‘小鲜肉’大IP都失灵”“‘小鲜肉’再次宣告扑街”这样的新闻接踵而来、不断霸屏的时候，也就意味着“小鲜肉”想靠刷脸吃饭、一劳永逸的时代正在逝去！一方面，“小鲜肉”的“保鲜期”有限，即使是如今嫩得能掐出水的脸，也有“沟壑纵横”的一天。另一方面，观众的审美在提高，当“小鲜肉”们的作品一而再、再而三地缺乏诚意，粉丝的审美底线被不断挑战，就不仅仅是“掉粉”这么简单，而是“粉转黑”的揭竿而起！

发生了什么？“小鲜肉”和高颜值的盛行，不计成本的追逐，似乎使人得到了随心所欲的自由，但实际上却没有刻印下自由的痕迹，仿佛声势浩大却终归只是色厉内荏，仿佛大张旗鼓却最终偃旗息鼓，似乎只是在单纯地追逐“审美”的路上任性率真，却偏偏让“审美”变得不再正常。

时代的“求新癖”使得“一切新形成的关系等不到固定下来就陈旧了。一切等级的和固定的东西都烟消云散了，一切神圣的东西都被亵渎了。人们终于不得不用冷静的眼光来看他们的生活地位、他们的相互关系”（马克思语）。最终，拿什么来拯救你，我的“爱豆”？

让演技飞：看齐演技从未掉线的“老戏骨”

“小鲜肉”从来不是一个新生事物。无论是20世纪80年代的奶油小生、香港TVB“五虎将”，还是90年代的“四大天王”、小虎队乃至21世纪初风靡一时的F4，都可视为“小鲜肉”的前世今生。“艺坛常青树”刘德华出道的时候不就是“小鲜肉”吗？他在接受采访时曾自嘲说年轻时就是耍帅，开枪自杀前都要转一转枪耍个帅再崩了自己。但是帅如刘德华，在那个年代还是要靠不断辛苦拍戏来挣钱，还是要磨炼演技拿出作品，拍戏玩命更是出了名，以至于2017年年初在泰国拍广告，坚持不请替身，自己完成每一个动作，却不慎骑马摔伤，至今仍需休养。此事一出，不仅粉丝心疼，还有很多普通人“路转粉”。“圈粉无数”的背后是真实、努力和付出，现在的刘德华早已完成了从“小鲜肉”到“老戏骨”的“华丽转身”。

“老戏骨”与“小鲜肉”有何区别？首先是“老”，不仅是指年龄，更是演技老道，“戏骨”指表演入情入戏、有筋有肉，哪怕打断了骨头还连着筋。当然，最重要的是敬业精神。“老戏骨”演戏用的是“洪荒之力”，打的是十二分精神，追求的是游刃有余。

“老戏骨”会演戏更会做人。戏大如天，德比天高，“没有小角色，只有小演员”，从踏入演艺事业的那一刻起，始终把自己置身于卑微的地位，始终把“演员”看成自己所忠诚的职业，把“演技”作为自己追逐一生的事业，不屈上，不媚下，不为名利所动，不仅用大把青春时光累积了足够多的情感、眼界和素材，更被时光打磨出一种开阔坚定的气质。心头有执着初心，了然圈里圈外，德艺双馨。

“老戏骨”是与“小鲜肉”相对应，却绝非对立。很多“老戏骨”都是从“小鲜肉”过来的，也曾年少轻狂过。他们经过长期的艺术磨炼，终于化茧成蝶，成了浑身是戏、以口碑取胜的“老戏骨”。同理可证，很多“小鲜肉”也有可能成为“老戏骨”。并且可以肯定地说，不想成为“老戏骨”的“小鲜肉”是没有前途的“小鲜肉”，终将被荡涤和淘汰。试问一下，你想永远刷脸混饭，青春又能许你多久的驻场合同呢？没有人会永远都风华正茂，每个人都正在老去，所以陈坤对自己狠，黄晓明跟自已较劲，胡歌努力让自己沉淀，只为摆脱“花瓶”的帽子。我们也很欣喜地看到，很多“小鲜肉”已经勇敢地迈出了转型的步伐，开始放下，开始尝试，开始“吃苦”，开始以一颗谦卑的心看齐“老戏骨”。

“老戏骨”总是追求圆满，不断雕琢，追求适度与准确。一直以来，“老戏骨”一直在舞台上不断给人惊艳之感，演技从未掉线，尤其是在年轻演员的映衬下，更显出令人回味的风韵，显出不可替代的价值。所以，想要穿越潮流，罔顾时代风向，向“老戏骨”看齐，就得沉得下心，像他们一样做一个用心的匠人——喜怒哀乐，嬉笑怒骂，都可以演出不同的层次，解读出不同的心情，让人感同身受，身临其境，成为标杆。潮流都是虚的，都是人为的，都是瞬息万变的，唯有骨子里的东西能沉淀与厚重，受我掌控，为我所用。世上没有什么绝对的天才，也没有谁仅靠颜值就可以得人心，做一个经得起时间考验的匠人才是真本事。

道有道义，行有行规，娱乐圈遵循的是“长江后浪推前浪”。要让年轻演员成长为“老戏骨”，最大的成本是时间，最多的付出是努力。有了时间的催化，有了经心的推敲和琢磨，经过重重筛选，年轻演员里最终也会出现“老戏骨”，他们也会慢慢把自己的体验积淀下来，最终呈现在演技里。

时间会给努力的人一个答案。

“小鲜肉”们活生生地出现、火辣辣地流行，他们颜值新鲜、观念超前，在这个早已不是非黑即白的年代，作为时代的“新物种”，代表了青春、大胆、另类和创新，他们让生活“有趣”，让时间过得更诡谲波澜，更让无处安放的现代压力得到宣泄和释放，也是这个时代开放多元与包容的明证。从这个意义上讲，“小鲜肉”也是审美的刚需，是经济的刚需，是粉丝的刚需，更是时代的刚需。今天，普罗大众媒体在斥责围绕“小鲜肉”而频生的乱象，实际上正是对这股潮流兴起时期混沌状态的一种分辨和肃清。正如每一种新生潮流的兴起都会鱼目混珠，都伴随滥竽充数，都有任性和胡闹。粉丝有眼力，艺术有规律，时代有筛子，经过时间的洗礼，一切都将走向健康，回归正轨。

人生如戏，戏如人生。其实，我们每个人何尝不是从“小鲜肉”走过来的呢？谁不曾年轻过，谁不会老去？当“鲜”之时，16岁初生牛犊，蔑视一切，反叛所有；20岁水嫩玲珑，美服壮马，挥斥方遒。即使30岁而立之年，仍然常有不平而鸣。“小鲜肉”是一面镜子，每个人都可以从他们身上看到自己的影子。年少轻狂终须老，虽然仍旧心有不甘地说永远年轻，永远热泪盈眶，然而现实却是保重身体，天冷添衣。变老是人生的必修课，变成熟则是选修课，前者不可避免，后者可以把握。在人生路上，每个人都在修炼。人生不可复制 、不可重来、不可预测，却可把握当下、把控自己，以期像仁者一样宽厚、像智者一样从容、像强者一样自信、像勇者一样直面人生，不管身处于什么状态、处境，都能“从心所欲不逾矩”，更加小心翼翼地对待易老的皮囊，温情脉脉地珍惜易变的感情。

成为生活的“老戏骨”，是我们共同的出路。

（李玉）

走出神话如何笑傲江湖

——武术约架“格斗”秒胜“太极”

儒以文乱法，侠以武犯禁，而人主兼礼之，此所以乱也。

——《韩非子·五蠹》

神秘主义逻辑的主要特征在于它为那些超人格的存在或力量赋予了一种神秘主义的色彩，这些超人格的存在或力量常表现为偶像、崇拜物、文字、口号等形式。

——古斯塔夫·勒庞《革命心理学》

我不相信有所谓中国式的打法或日本式的打法或者其他任何形式的打法，除非我们有三头六臂，那样的话会有不同的搏击方法，但事实上我们都只有两只手一双脚。

——1971年李小龙接受美国访谈记者采访

2017年4月27日，一段“太极大师约战格斗专家惨遭毒打”的视频突然走红网络。视频中，自称互有私仇的“格斗专家”徐晓冬与“雷公太极”开创者魏雷在四川某拳馆展开对决。魏雷迈出弓步，举起双手拉开架势。徐晓冬则放低双手，移动步伐，步步紧逼，眼睛死死盯住对方。两人围着绕了两圈之后，徐晓冬靠了上去，连续上手，朝着魏雷头部打去。魏雷双手一挥，招架不住，身体开始侧倾，失去重心，连连退了几步。徐晓冬抡起拳头，劈头盖脸砸过去，最终将魏雷摁倒在地，骑在胯部，一阵猛捶。整个过程不过20多秒。

徐晓冬号称“中国综合格斗（Mixed Martial Arts）第一人”，他时常用粗鄙言语辱骂当下技击界的虚伪不实，此前更是指责太极拳徒有其表，并向多位现役武师提出挑战，因而在技击界有“格斗狂人”之称。此事件的发生，一定程度上坐实了其“打假”初衷的真实性。同时，尽管“雷公太极”仅仅是杨氏太极拳的一个年资尚浅的小支，但此次失利仍然在众多网友间掀起了传统武术与现代格斗孰优孰劣的争论。

随后，为替传统武术正名，陈氏太极拳弟子王占军、王占海、李天金、韩飞龙、黎光晋，崆峒派掌派人，广东梅花桩拳法研究会会长杨国栋等透露出与徐晓东一战的欲望，却均没能成行。沉寂多日之后，徐晓冬与浑圆形意太极门掌门马保国相约于6月26日再次采用无限制比赛规则来一决胜负。然而，当天比赛仍然在当地民警的干预下不了了之。据称，业已备案的集会活动是在马保国侄子报警后被当地民警终止的，此举又一次为传统武术的正名之路蒙上了一层阴影。

有趣的是，徐晓冬曾师承武术技击家梅惠志修习八卦掌，魏雷也在战败后开始练习现代搏击运动，被时论认为代表中西对抗的两人实则已经在不同程度上走上了交流融合的道路。

2017年“双十一”，马云推出其主演的电影《攻守道》，在片中，马云轻松战胜李连杰、吴京、甄子丹、邹市明等武林高手。正当人们嘲讽“有钱真的可以为所欲为”时，11月15日，马云、李连杰推出了名为“攻守道”的原创太极赛事。

【少林“无遮大会”】

2017年七八月间，河南登封少林寺举行首届少林“无遮大会”，除囊括学术研讨会、围棋大赛、传灯法会、机锋辨禅等活动外，最引人注目的是少林七十二绝艺的亮相，包括铁砂掌、二指禅、掌上飞刀、石锁竞技四个项目，再加上少林禅弓邀请赛，此次“无遮大会”5项与少林功夫相关的竞赛均采用现代体育竞赛模式，而非想象中“华山论剑”般的比武大会。少林寺方丈释永信表示，其本意是将此次“无遮大会”办成一场“东方奥运会”。在此之前，全国武术功力大赛已经为二指禅、石锁、铁砂掌等项目积累了相当丰富的办赛经验，飞刀项目则是首次开赛，这成为中国传统武术文化走上体育之路的新尝试。

【艺术中的武术】

2015年，中国共上映动作片50部，总票房达110.31亿元，仅次于46部喜剧片的120.64亿，上映的8部科幻片则共同分享了52.69亿元的票房收入。一方面，与之形成强烈反差的是，由张鑫炎执导、李连杰主演的《少林寺》于上映当年（1982年）便凭借1角钱的票价在国内收获了1.6亿票房，一定程度上反映了观众对以武打动作为卖点的类型电影的兴趣变化。另一方面，传统武术已经成为历年中央电视台春节联欢晚会上的保留节目，2015年、2016年两年央视春晚打破长拳、太极拳为主的节目编排，将以贴身短打见长的八极拳、咏春拳纳入舞台设计之中，然而追求声、光、电的宏大效果而缺乏叙事情节的春晚舞台很难展现二者的特色，实际效果不尽如人意，其艺术化之路仍然困难重重。

【《武林风》被指不良】

河南电视台《武林风》作为国内顶级的搏击节目自2004年至今连续举办数届中欧、中日、中韩对抗赛，并屡屡引爆舆论。这表明挑动民族对抗情绪已经成为国内顶级搏击节目的制胜秘诀。2016年《武林风》明星选手一龙与泰拳王、日本K1综合格斗系列赛事70公斤级冠军播求之间的二番战则将舆论热点推上又一个巅峰，但此战之后，观众屡屡指责赛事主办方可能利用裁判黑哨“钦定”一龙获胜，导致希望成为国际顶尖赛事的《武林风》亦因此蒙上了商业炒作、为求娱乐效果而不择手段的阴影。

拳击有拳击界的高手，散打有散打界的高手，柔术有柔术界的高手，太极有太极界的高手，不要用同一种规则评判所有的行当。

——知乎 mumu-wang

拳击跟武术谈实战，武术跟拳击谈历史；空手道跟武术谈实战，武术跟空手道谈武德；巴西柔术跟武术谈实战，武术跟柔术谈观赏；泰拳跟武术谈实战，武术跟泰拳谈养生；瑜伽跟武术谈养生，武术：“来来来，我们谈谈实战。”

——优酷土豆用户_439038980

事情已经发展到今天这个地步，恐怕就不能在“拦”字上下功夫了，而应该在保障上下功夫，只要把各种保障工作做到位，我看打一“架”的好处总比不打多。俗话说“真金不怕火炼”，中国功夫是不是真金，炼一炼，马上就能炼出真成色；即使炼完了发现成色不太对，那也好像没关系，再加把大火，把杂质炼出去，不是更好吗?

——中国财经观察网 木木

一场恶作剧般的江湖约架，居然让中国的传统武术“躺枪”，实在令人心寒。

——陕西省武术协会副主席、西安体院武术系主任马文国

以昔日的荣耀来掩盖今日的空虚，以过去的强盛来弥补现在的缺陷。一位衰微、垂死的老人会频频想恋和絮叨着他往日美好的时光，中华武术多年来的怀旧、寻根又说明了什么?

——武术家赵道新

白门楼吕布伏诛之后，曹操邀刘备以青梅煮酒，遍论天下豪杰，刘备约略数尽，皆为虎踞一方之主，却终不能令曹操满意，而以“天下英雄，惟使君与操耳”盖棺论定。成书于明初的《三国演义》所叙述的这段秘事早已为人耳熟能详，彼时“英雄”二字虽亦关涉智勇孔武，但恐怕更为人称道的是修齐治平的才志。然而，纵横诡谲的政治权谋终将撕碎大同社会的美景，颇显素淡的叙述结构也难为平头百姓认同，因此，“英雄”必得添上膂力通神鬼、千里走单骑的注脚方才显得卓荦不凡。英雄、侠客与国士，其面目更是在民族大义、生死存亡面前混同起来。不期然，一场拳脚相加再次将中、西方的对抗摆在了擂台之上。尽管徐晓冬难称综合格斗——或者其他现代搏击术——的顶级专家，魏雷似乎也绝非身怀绝艺的太极宗师，但其胜败已足以令嗜古遗老们哀叹、潮流青年们狂欢了。但问题是作为传统文化的象征之一，卷入舆论漩涡的传统武术究竟是贩夫走卒的拳脚绝艺还是气通天地的仙风道法？

中华有神功

5000年的历史为中国传统文化赋予了不可辩驳的魅力。传承50年、上百年还是近千年，这些枯燥数字其实并不重要，“传统”这一概念已然裹挟着亦真亦假的故事，成为中国人在历史与现实间穿行的不二法门。对分支众多、门派林立的传统武术而言，追本溯源以求得价值所在似乎并不是必要的选择。同样，以一场胜败论定传统武术的虚假，也不免太过草率。然而，“中华神功”的美名似乎早已侵夺了传统武术的本来面目，在不断的叙说中，升腾成了“十步杀一人，千里不留行”的武林神话。在武林已逝的现代社会，轰然幻灭恐怕实属神话的必然。于观者而言，失却了实战价值的传统武术，不过是用来颐养天性的花拳绣腿罢了。

事实上，“中华神功”不仅是文人们一笔一墨讲出来的，也确是武人们一拳一脚搏出来的。

1928年，原西北军宿将张之江创设了直隶国民政府的“中央国术馆”，在民间潜藏的武术自此以“国术”之名获得了空前的荣誉，开启了属于民国武术界的黄金十年。此时，距离武术传承被再次打入社会暗流之时，尚不过一世光景。

时间回溯30年，军事上的屡屡失利摧毁了清政府对传统军事体系的信心，清末新军开始大规模采用德式军制训练官兵将校，传统武人的晋身之途随之渐趋收紧。1905年，清政府正式取消科举制，文武取士两途彻底淹没于历史尘埃之中。脱胎自军事活动的传统武术，却终于被军事活动所抛弃，对传统武人而言，不啻为灭顶之灾。

所幸，随坚船利炮一并传入的西方体育给了传统武术一线喘息之机，从战场的搏杀术到保身立命的锻身法，再到艰难推广成为全民强身的健体操，传统武术的流变已然昭示了自身的没落。然而，这最后的余晖却在“中体西用”的大势下迸发出了耀眼的光芒。1909年，“吓退英国大力士奥皮音”的霍元甲同农劲荪等革命志士创设精武体操会，倡导尚武精神、强体健魄，传统武术自此开始了在军旅行伍与西式教育间挣扎的转型之路。此后，传统武人们仍旧遵循着谨慎的师徒传承与讲手对拆，也逐渐开始在西方话语的强势压迫下参与到擂台格斗中以求正名。时论固可为孙禄堂、王子平等高手所获一二胜场欣然雀跃，但终究难掩传统武术的英雄迟暮。少数佼佼者脱出武行之外，在时势沉浮中等到了无须谋求他证的时刻。

中央国术馆成立的同年，张之江在国民党元老李烈钧、教育名家蔡元培的支持下，着力举办了首场全国国术考试，史称“国术国考”，为传统武术迈向现代体育踏出了坚实的一步。经过选拔，中央国术馆录取的学生不再固守传统的门户传承，转而以西式课程体系为架构开始了各门拳种的学习，太极拳、形意拳、八卦掌、八极拳、劈拳、查拳、弹腿乃至摔跤、拳击等诸名家高手亲授技艺，成为一时盛事。1936年，中央国术馆学生组成中华武术队同出赛第十届柏林奥运会的选手们一道，踏上了远洋的航程，传统武术在体育竞技的名义下第一次走出国门，所展现的技艺与精神得到西方观众的高度称赞，为比赛成绩不佳的中国代表队平添了一抹欣喜。但是，中央国术馆始终没能取得现代体育的竞技性与传统武术的搏杀术之间的平衡，由于规则与技术的不健全，1928年与1933年举行的两届国术国考均发生了流血冲突，在全国范围内力求体育化的努力也因此化为泡影。30年代混乱的时局最终结束了中央国术馆的历史使命，九一八事变后中央国术馆的师生们先后离开武术教学，投身于民族抗战的洪流之中。

传统武人们挟技入伍是时势所迫，也是返乡归途。他们曾经是镖师（李存义），是屠户（林世荣），是革命者（杜心五），是军官（马凤图），是眼镜匠（程廷华），是教员（韩慕侠），是学生（万籁声），是行商（王子平），也是农夫（孙禄堂），但是立身的功夫却脱不开开疆拓土、保境安民的本色。然而，从大规模白刃战中磨炼出来的武艺，离开战场便难免会有英雄无用的悲叹；自高手拆招中打造的招式套路，失却“武林”同样少不了知音难觅的感慨。舍其实求其形，当随机应变的武术技巧终于在全运会上觅得一处栖身之所时，对拆、擒拿、推手等实战技术却早已消逝在大众的视野之中。不明就里的国人怎么也想不明白舞台表演色彩越来越浓厚的套路同当年杀敌的武术之间的关联，“中华神功”遂在遗忘中逾传逾神，终于在40年后异化成“隔山打牛”般的江湖骗术在公园茶肆中肆意横流。“中华神功”依旧，只不过没有人们想象的那么“神”罢了。对那些与军事渐远、不甘于体操又不屑于江湖术士的武人们来说，重回江湖，靠一招一式拼出个未来，似乎已是必然选择。

术高且莫用

现代社会却早已填平了“江湖”。

令徐晓冬颇感无奈的是，经过备案的决斗还是会被警方叫停，与武林耆宿一拍即合的比试同样在治安的压力下不能成行。武术家追求“实战”，难道不是天经地义吗?

或许，“吃瓜群众”太需要一场真刀真枪的实战来激活那些属于枪炮与鲜血的历史记忆了。点到即止的切磋讲手虽于高手而言足够明晰，却留给“吃瓜群众”们一头雾水。观众们分明看到一场场文艺演出与体育比赛写满了四个大字：花拳绣腿。与之相较，徐晓冬拳拳到肉的凶狠直拳配合上魏雷鲜血横流而产生的艺术效果简直突破天际，一如高手如云、互签生死状的“武侠时代”。

可惜，真实的世界里从来没有什么生死状，大师云集的民国不会有，革故鼎新的清末也不会有，当然流血漂橹的战场除外。我们在逸事掌故中看到的是李书文与弟子在暗房之中互拆六合大枪，却靠着拦拿扎崩，从无流血失手；是薛颠暗结恩怨，却被本

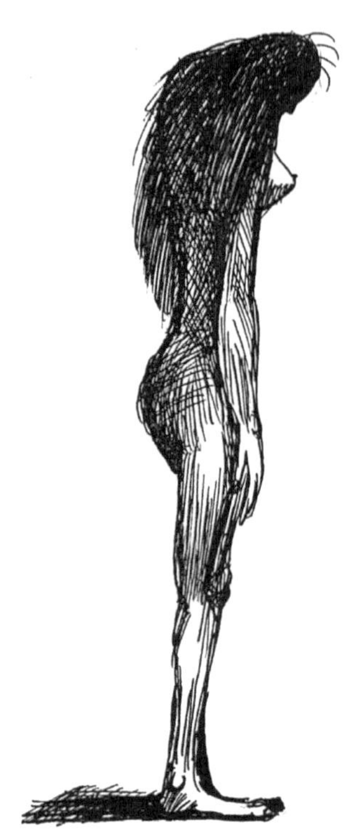

有些灯火 / 是孤独的 / 在夜里 / 什么也不说（顾城诗）

门师兄代仇家讲手隐隐化解；是孙禄堂同日本武人较技，却凭地趟脱身之力，大胜之余不损彼此门面。人命如草芥的时代里，武林中人尚且不肯置人死地，决计根除恃强凌弱的现代社会又要怎么容忍私下约定的无规则、无护具的比武呢？

域内如此，域外亦然。1954年，由于吴氏太极拳掌门吴公仪放言“无敌手”，白鹤拳名家陈克夫遂挺身挑战。双方在舆论怂恿下，先占领舆论阵地互相挑衅，继而发展为私斗约架。限于香港当局“禁止决斗”的法令，吴公仪与陈克夫只得在向香港总督保证“不闹出人命”的情况下，在澳门设擂比武。借鉴拳击规则却不佩戴护具的这场对战，成为第一场全过程影像记录的对战，也成为20世纪后半叶最接近实战的例证。比武当天，近万港人涌入澳门，希图亲见此一场“世纪对决”，然而，过程的短暂与等待的漫长使得这场决斗略显遗憾。第一回合开场不久，吴公仪以太极拳“猛虎硬爬山”式连消带打，右拳直中陈克夫面门，令其鼻部流血不止，一举奠定了胜局。嗣后第二、三回合双方虽互有拆招，陈克夫终因鼻部伤势没能打满全局而告负。其后，大胜的吴公仪在香港开山立馆，吴氏太极拳亦因此在香港数十年风头无两。纵然如此，此战在业余观众眼中也绝不能称为精彩绝伦——不仅太极拳的推手、白鹤拳的弹拨罕见，身法步伐同样少有凌厉，甚至频现一方转身逃跑、另一方追逐的场面，拳脚互攻更是简直与流氓斗殴中戏称的“王八拳”一般无二，相形之下，恐怕还不如徐晓冬三拳直挂魏雷的势大力沉来得畅快果决。

然而，“武家不幸诗家幸”。比武没能拯救渐入承平的武人，却为文学想象开辟了一条通天大道。敏锐的《新晚报》总编辑罗孚借着“武林对决”的东风，第二日便辟出版面连载武侠小说，而亲睹比武的梁羽生也将“太极门”内的恩怨情仇糅杂进义和团灭洋的时代变局之中，用一部《龙虎斗京华》开启了新派武侠的时代。观众终于在梁、古、金的作品中体验到了想象中的社会奇景：阴谋、诡案、仇怨、儿女情长与武林秘籍混杂一炉，拳脚、枪棒、刀剑、门派相争与妙绝招法融于一处，血肉横飞，玄黄一色，一个无法无天却又自有秩序的神秘武林成了数代人心中的世外归宿。但是，即便宫白羽、还珠楼主等人早已为新派武侠小说家们探出了一条描写武斗场景的路，后者却仍然在观众日渐挑剔的暴力审美面前接连败下阵去。拳脚让于兵刃，兵刃让于功法，功法让于秘诀，秘诀则让于玄之又玄的丹田气海、洗髓易筋，最终统统拜伏在反武功、反侠义、反英雄却靠三寸不烂之舌走上人生巅峰的“市井刁民”韦小宝的皂靴之下。《鹿鼎记》之后，金庸封笔，新派武侠小说也终于在日渐僵化的叙事结构中完成了自我救赎。《鹿鼎记》是新派武侠小说的巅峰，也是它的末路，同时也宣告了武人们的现实与虚幻终于都在观众老爷们神乎其神的“实战”想象中走向了破灭。对不敌扫地神僧的传统武术来说，涅槃可谓遥遥无期。

阴云之下的这一年，日历上写着“1972”。

独骢入深山

每个当代中国人的心中都或多或少潜藏着一个秘境。当然，如果我们将视野扩展到世界范围的话，这也适用于其他文化。甚至，不管在虚构的力度上，还是在嗜好的程度上，恐怕中国人的这一点小癖好都不够出类拔萃。此外，假若我们用“中国人”来指称世代生活在当下疆域内的人们的话，在政治上大概是没有问题的，但在文化上则会引起一些无端的困难。既非具有独特意义，也在学理上不够严谨的这句论断，意义何在呢?

幸运的是，尽管只在笼统表述上具有意义的“中国文化”拥有着数量庞大的亚文化分支，其主流仍然是以汉文化（或者说得更具体一些，就是儒家文化及其多种变体）为主体建构的，这为我们提供了可供讨论的基础，也令我们得以触及中国人心灵世界的一角。对当代中国人而言，或许是由于儒、道间的哲学拉锯，秘境兼具了出世与入世两种色彩，却又从不突破人世所限。这一点尤其令人感到惊奇：在一神信仰影响颇大的文化圈，神秘之术皆是神迹，与人无涉；而在多神或泛神信仰中占主导地位的文化圈，人世几乎不具有独立性，也就无所谓出世或入世。中国人很少为人世划定清晰的界限，而是推崇“大隐隐于市”的道德境界。相应地，中国人既乐于想象神、仙、佛、贤的存在，也乐于击碎所谓神、仙、佛、贤的奇迹。因此，在中国人的秘境之中，并不乏“神秘”的领域，却也对“神秘”有着苛刻的要求：顿悟成佛，仍需顿悟，历劫升仙，仍需渡劫。这种固有矛盾则在现代科学革命的冲击下迅速裂变成了极为吊诡的认知模式，清末流行的“中体西用”说不仅没能帮助政治蜕变，反而否定了原生实用技术的合理性与发展进程，最终摧毁了传统文化赖以自持的根基。

因此，当中国人将此心境映照在原生实用技术上时，留给后者的选择便寥寥无几了。它们要么固守传统的文化体系而成为历史“活化石”，要么神秘化后成为中国人秘境想象的材料，要么借助现代科学范式重新发现自身的合理性。对在传统的文化体系中屈居“形而下”的原生技术而言，做出决定并不需要经受多少灵魂拷问，但是对那些已经“形而上”的原生技术来说，日子就不那么好过了。其中，首当其冲的便是传统医学与传统武术。

比起悬壶济世，武人们得到的称誉多少有些平常。若说拯黎民于水火、扶大厦于将倾的英雄们稍稍愿意以武人的身份去享受称赞的话，那也不过是文学（更多的是谈不上文学）作品的一点美好想象罢了。但是，俗谚“拳药一家”，并非毫无根据。这不仅出于现实考虑，关键是二者在理念上有相互取资的地方。在技术层面上，医学与武学都无力解释个体差异与实用效果间的复杂关系，因此不得不求助于中国传统的哲学体系以回答“力”的本源问题。一个鲜明的例子在于，中医学求诸经络理论解释疾病的产生与治疗，武学则吸收经络理论、阴阳体系来解释人体力量的蓄积与释放。在现代科学技术的冲击下，曾经为中医经络理论领属的草药、诊脉、推拿、正骨等实用技术已被不同程度地纳入现代医学的解释体系之中，中国人对其态度的褒贬分化也就不难理解了。与之相类，在武术的现实功用被禁锢在军事领域之后，中国人便一边拔高武术在修身养性上的功用，一边开始了对其技术效用的想象，而更普遍的是，传统武术渐渐开始在社会舆论中绝迹，拳击、跆拳道、击剑等现代搏击运动（尤其是奥运会项目）则瓜分了中国人对搏击运动少有的关切。

2015年，中医草药学凭着一项诺贝尔生理学或医学奖部分地获得了救赎，传统武术的路又在何方？

层林墨已浓

1982年，导演张鑫炎从残垣断壁中重新发现了少林寺，这成为大陆传统武术进行商业化运作的滥觞。

改革开放后，摆在传统武术面前的几条路中，商业化表演无疑是最成功的。从票房奇迹到屡登央视春晚舞台，经过艺术改造的传统武术逐渐塑造了中国人对传统武术的认知。舞台上的传统武术的技击性是表演的基础，却由于单刀进枪等套路表演而渐趋程式化，令观众几乎淡忘了其中的技击技巧。属于舞台的传统武术在逐步艺术化的过程中，渐渐蜕变为新潮与古旧的融合体。它仍然需要技击效用为其背书，只是在观者看来没那么重要罢了。

走上体育化道路的传统武术则显得有些尴尬。它既没有艺术效果的加持渲染，也缺乏现代搏击的直接对抗，而是专注于规定动作的演练，即所谓武术套路的竞赛。在全运会或奥运会等重大体育赛事上，它不论从竞赛规则还是精神内涵，都已经成为现代体操运动的分支之一，而在社会上则成为具有中国特色的群众运动的表征。体育化当然对传统武术的推广居功至伟，但也从某种程度上摧毁了传统武术的内核。以太极拳为例，由陈氏简为杨氏，由杨氏简为适用于全民健身的二十四式，乃至简为八式，太极拳在此过程中已然变得面目全非。更可怕的是，新中国成立后所认定的129种拳种中，诸多小拳种由于经济原因而缺乏平等推广的基础，在太极拳、八极拳、形意拳等影响力较大的拳种压迫下甚至逐渐面临着传承危机，其中便包括曾为霍元甲传习的燕青拳（或称迷踪拳、秘踪拳）。在传统武术的自然生态遭到行政力量破坏的背景下，传统武术的复兴将更加难以为继。

追本溯源，传统武术的困境在于功能性与艺术性难于平衡，在于搏杀这一根本目的与和平时代所追求的社会稳定不能相容。“止戈为武”被认为是传统武术的内涵，反映了后者在道德上的困境与妥协。然而，通过技术手段并非不能将其从困境中解脱出来，其关键在于规则的合理制定与技术手段的进步。受限于技术条件，现代搏击运动以徒手对抗为主，严格禁止击打眼睛、后脑、裆部等要害部位，且限定肘击、膝击等杀伤性较大的技术的使用，散打等甚至禁止使用擒抱动作。少数器械搏击则对防护条件与竞赛规则提出了更为严苛的规定，如佩戴面罩、护甲等，击剑运动甚至采用能够限制攻击对方侧后的线性场地，以免造成重大事故。即便以牺牲实战效果为代价，各项搏击运动仍然时有流血伤亡事件发生。如何在现有的防护条件下最大限度地模拟实战环境，对传统武术而言仍然是一个不小的挑战。所幸的是，随着动作捕捉技术、虚拟现实技术的成熟，或许我们可以在不久的未来看到搏击运动员们穿上数字设备后，由虚拟人物如实模拟搏击运动员动作进行的竞技，从而真正实现“虚拟”人物的“真实”对抗。

艺术性、体育性与竞技性已经在悠久的岁月中逐步内化为传统武术的硬核，也铺就了传统武术的重生之路，从历史走向未来，也从深山走向人海。从那些希求从神秘汲取力量的观者看来，这条路或许多少沾染了一丝苟且，湮灭了一些诗意。但是，传统武术已开始在苍山云海之外灿烂花开，诸君又何必执念远方呢？

（黄少鹏）

风景“那边”独好？

——留学生美国大学致辞风波

它（美国的民主）指这样一种体制，在那里，决策是由工商业界及相关精英制定的。公众只是“行动的旁观者”而不是“参与者”。……假如公众不再冷漠无情，而是组织起来，登上公众舞台，那就不是民主了。相反，严格说来，那是民主的危机，是必须以此种方式或彼种方式克服的威胁：在萨尔瓦多，克服的方式是行刑队；在美国国内，是更为微妙和间接的方式。

——乔姆斯基《世界秩序的秘密》

巧言令色，鲜矣仁。

——孔子《论语》

正所谓“一石激起千层浪”，2017年5月21日，一篇不长的毕业致辞讲下来，马里兰大学的中国留学生杨舒平便在网上“火”了。

杨舒平出生于云南昆明，留学于马里兰大学。2017年5月21日，她代表中国留学生在毕业典礼上发表致辞。她在致辞中说，自己来到美国马里兰大学是为了“新鲜的空气”“刚从飞机上下来就感到了自由，这儿的空气太新鲜、太甜美”“再也没有雾霾来模糊我的眼睛，再也没有呼吸难受，再也没有任何压迫”。她还说自己在美国体会到了自由，“之前在中国历史课上学到的人生、自由对于我毫无意义”。她的颇受争议的言辞表述加上略显夸张的动作表情，使得她立刻被推向舆论的风口浪尖。

一时间，各路网友大显身手，纷纷出击，将她从美方的音译线索“Shuping Yang”进行“人肉”和推测，似乎就在一夜间，贴上了“马大杨舒平辱华”等标签的视频风行国内各大网络平台，而作为事件的连带方，其就读的学校——位于美国华盛顿特区城市圈的综合公立高校马里兰大学，也一并上了中国网民的热搜榜，乃至被扒与“CIA”有染，是“反共反华的堡垒”等。而作为抗议，在事情发生后，马里兰大学的中国留学生们都集体发声，纷纷穿上印有“Pround of China”（“为中国而骄傲”）字样的衣服，以此声明不愿被杨的失当言行所“代表”。

这次“天下围攻”的导火索是杨舒平那篇失当的毕业发言，她从中美之间的简单对比入手，以夸饰的言辞将美国的高大形象建立在对中国形象的歪曲与贬斥的基础上。开篇指称美国的空气都是比中国“甜美的”，并声言“在我成长的中国城市”，外出而不戴口罩，就可能会“生病”，终篇则将这种对比继续引申，推出主旨：美国的自由民主正像“新鲜空气”，对来自中国的她而言稀缺而“奢侈”。

而反讽的是，杨舒平提及的故乡城市，被热心网友扒出恰是中国空气质量一直很好的昆明。继而，昆明官方也坐不住了，在官微“昆明发布”中正式回应：“这个锅我们不背。”而作为“谄媚”“辱华”“精致的利己”等批判矛头所指的焦点，杨舒平则在5月22日最终删除微博并发布了道歉声明，并再度引发网络关注。数据显示，在杨发布道歉声明后的第二天，即5月23日9时，事件热度一度达到峰值。

随着杨舒平事件的升温，无独有偶，网上又传出一位旅美女留学生的致辞，与杨不同，她传递的是满满的“正能量”。这位获得无数网友称赞的女留学生，便是在美国波士顿大学攻读数学金融科学的硕士毕业生、来自中国南京的蔡语婧，她于5月19日在波大的毕业致辞上开篇就自豪地点出对故乡南京的印象是“世界上最古老的城市之一”。接着，通过对自己旅美留学生涯的回顾，谈及了当下的多元文化问题，而最终的落脚点则是“拥抱文化多样性”。凭借这种不卑不亢的言辞和相对马大致辞事件而言的时效鲜明的对比度，蔡语婧的名字瞬间变得家喻户晓，走红网络。

一时间，2017年炎炎夏日中流传开来的两篇截然不同的毕业致辞，似乎也为中国原本躁动的互联网世界增添了不少高温与火热。

【史上最牛致辞：共51字、不足2分钟】

2017年9月10日，中国科学院大学（简称“国科大”）2017级新生开学典礼在雁栖湖校区举行。原定一个小时的开学典礼，因为山雨突然来袭，仅用了2分钟即宣布结束。雨中，中科院院长、党组书记、国科大名誉校长白春礼在对新生表示欢迎后，发表了开学典礼讲话，短到只有51个字：“今天是教师节，我要特别向一路陪伴同学们成长的老师们，向将要引领你们成才的国科大全体老师，致以最深情的节日祝福！”随后，便在热烈的掌声中结束了开学典礼上的讲话。据悉，此前网络盛传的“最短致辞”出自北大毕业典礼上的教师代表饶毅，共535字，用时不足4分钟。本次51字的致辞堪称中国高校致辞史上的新纪录。而此次国科大致辞中所透露出的人文关怀，则一致获得网友点赞。

【海外留学生遇难事件频发】

目前中国海外留学生已达126万人，约占世界国际留学生总数的25%。近年来，我国留学生在海外遭遇不测的事件频繁发生。仅以2017年为例：2月7日两名男性中国留学生在加拿大北约克因为感情问题发生冲突，19岁的王浩志遭到范博乔徒手打伤脑部，最终不治身亡。6月9日，在美国伊利诺伊大学厄巴纳香槟分校（UIUC，位于美国伊利诺伊州）交流学习的中国访问学者章莹颖失联遇害。9月11日，17岁中国留学生于林海在加拿大失踪。9月18日，中国28岁女留学生李淑宜（Shuyi Li，音译）在美国佐治亚州遇害，被美国警方定性为家庭暴力案件。10月1日，一名毕业于北京大学2004级空间物理专业的中国女生唐晓琳在旧金山失联，10日证实死亡。11月18日，在美国布兰迪斯大学读研究生的张川川死亡。

【美国校园枪击案疯狂不止】

2017年10月1日晚拉斯维加斯市曼德勒海湾酒店附近发生枪

击事件，造成至少20人死亡，逾百人受伤。其实，不仅是拉斯维加斯，美国校园频发的枪击案是许多学子的噩梦。2008年2月14日，一名男子冲进北伊利诺伊大学校园教学楼开枪射击，造成了包括凶手在内的6人死亡，21人受伤。2012年12月14日，康涅狄格州的桑迪胡克小学发生恶性枪击案，造成了26人死亡，其中包括20名6～7岁的学生，还有6名教师。2013年4月18日，麻省理工学院发生了一起枪击案，一名麻省理工的校警遭到枪击不治身亡。2013年7月6日，23岁的John Zawahri 先在家中杀死了自己的爸爸和哥哥，再将房子烧掉，随后带半自动步枪在Santa Monica College校园附近和校园里开枪，至少造成3人受伤。后来Zawahri又抢到一辆汽车并且杀死了车主，车主的女儿在这个过程中受重伤，两天后因抢救无效死亡。2014年1月21日，一名叫Cody Cousins的男子闯入印第安纳州普渡大学的一个教室，枪杀了一名助教。2014年10月24日，一名年仅15岁的高一学生 Jaylen Fryberg在Marysville Pilchuck中学的餐厅里向他的5名同学开枪射击，4人因伤势过重而死，随后他饮弹自杀。2015年10月1日，一名叫Christopher Harper Mercer的26岁男子走进俄勒冈州安普夸社区学院，枪杀9人、击伤9人后在与警方的交火中自杀。10月14日和25日、11月14日，美国校园连续发生枪击案，致多人死亡。

祖国如此努力，是为了让你（杨舒平——笔者注）能在国际舞台上昂首挺胸，而你却跪下了。

——知乎 七里茶坊

她（杨舒平——笔者注）应该就是非常会做人的那种留学生，知道自己在什么地方，就该为什么地方说好话，可能当她以后去其他国家的时候，又会讲美国的种种不好，从而凸显出她现在所在国家的各种好。

——百度派 周易

作为政治学毕业生，杨舒平低估了国内尤其是键盘爱国者的民族主义情绪。

——搜狐网 江玉楼

吾之所忧者非在此，所忧人心也，何苦事事相杀、处处刻薄，当今之务，在厚养人心而已。

——微信公众号“刘备我祖”

真可谓“鼓天下之动者存乎辞”，海外留学生的两份毕业之“辞”居然能搅起如许风波。那么，当尘埃落定，回首而顾，被致辞风波所裹挟的中国网民们到底在争论或攻击些什么呢？引发海啸般轰动效应的两次致辞事件之核心何在？“杨舒平现象”的背后透露出怎样的心态？这场风波又对中国的网络舆论环境提出了怎样的问题？不妨慢慢聊起。

毕业致辞——高校教育的“最后一课”

大学致辞，昔已有之，而其发声场合之庄严，往往和欧洲早期大学的宗教色彩紧密相连。哈斯金斯在《大学的兴起》中便提到，在普罗维登斯建立第一所浸礼派教堂的直接目的便是“为了公众对上帝表示崇拜，以及举办毕业典礼”。故此，也很好理解，为何欧洲最老的几所大学在其遗迹中往往不乏斑驳而老旧的教堂之身影。

如果说大学毕业典礼上的致辞带有宗教意义上的神圣性质只是一种怀旧式措辞，那么，随着当下世界各国相继迈入信息工业时代，在今天知识技术的掌握程度日益成为关乎国运的生产要素乃至国力比拼的无形资本时，事实上，作为知识精英养成所的当代大学，其典礼致辞被公众所赋予的神圣意味依然流风犹存。

可以说，致辞方的演讲内容及谈吐水平直接代表了一所大学的精神气质，直接影响到其留在媒体乃至公众视野中的形象及影响力，甚至间接影响到随后的招生情况及未来的排名。因此，无论中西，其大学典礼致辞讲稿需要经过几轮的精心准备乃至移交专门评委部门审议的情形便在情理之中了。

而放眼当代中国，随着知识经济的日益推进，为国家培育知识劳动力的大学也日益成为媒体乃至大众的焦点。如果说中学校园里盛行的“国旗下的演讲”所汇聚的只是当地居民的视线，那么，当代中国的大学校园的典礼致辞则因网络媒体的时效性和迅疾性而牵动着举国上下无数期待的眼睛。一词一句的斟酌，愈发显得必要且必须。

因此，当媒体纷纷盘点2017年度高校校长毕业致辞在关键词后会善意地提醒我们：这是校长们为毕业生上的“最后一课”。其实，这既是高校为毕业生所准备的“最后一课”，也是社会为高校教育所设置的“最后一课”，这一课能不能讲好、讲出彩，往往关系到一个高校在中国教育体系中的公众形象和未来位置。

从这个意义上说，相比波大学生代表的平心之论，马大杨舒平那篇盛赞美国“风景这边独好”的偏激致辞才会引发如此大的风波。事实上，这不只是中国形象的问题，也绝非只是国人好面子的问题，这场致辞风波的背后真正的核心问题是国人对美国高校教育的错位和对中国形象认识滞后性的惊愕，以及由此而来的对赴美留学成效的质疑及失望。换言之，杨舒平事件集中暴露了美国部分高校在留学教育上的偏颇。杨舒平作为学生代表没有上好马大“最后一课”，马里兰大学留学教育就此在中国公众评审们的心中埋下了“差评”的种子。就中国作为美国目前“最大留学生源国”的地位来看，这种连带的蝴蝶效应绝不会随着杨舒平个人的道歉而画上休止符。因此，纵有蔡语婧事件的解围与和缓，杨舒平致辞风波或许会成为日后美国留学教育公信力的一个拐点，而杨舒平的那篇不长的演讲也会成为未来探讨中美教育关系的学者们颇有兴致的史料吧。

成见不可怕，就怕自我东方化

作为理论家德里克所提出的“不合时宜”的思考，“自我东方主义”（亦作“自我东方化”）这个词本身很值得玩味。

首先需要指出，“自我东方主义”一词与“东方主义”紧密相连，却又并非单纯的范畴重合。简言之，“东方主义”就是西方对东方诸国的一套言谈思想体系，其中的东方形象永远是西方解说的产物，在这个体系里东方默不发声。譬如中国古代的性，由于清代以来少言性事，便使西方有一个东方主义性质的片面认识——中国的性怪异而扭曲。而作为对这个成见的回击，荷兰高罗佩自费出版《秘戏图考》来为中国的性翻案，指出中国的性是健康的，不值得大惊小怪，并为西人之误解而义愤满怀：“甚至近世西人所传中国房室奇习，大抵荒唐无稽。书籍杂志所载，茶余酒后所谭，此类侮辱中华文明之例，已不胜枚举。”而有意味的是，这种对东方见识的翻案著述，也仅限西方汉学家圈内的互搏高下，高氏的“代东方立言”，也其实意味着东方自己“没有发言”。这种水泼不进的封闭之域，就被学者萨义德冠名为“东方主义”。

而复杂的是，一旦东方开始出现值得西方重视的回应和发声，便又存在一种新奇的情况——自我东方主义。

如果说在萨义德那里，东方化的责任人是西方，指的是西方对东方形象的表述乃系西方圈子内想象辩驳间的产物，那么，自我东方化的提出则意味着东方化的责任人转向东方自身。简言之，自我东方主义指的是东方世界自身在发声过程中对西方固有刻板印象的再次迎合与确认，乃至以此来博取西方赞赏的一种姿态。诸多表现，非止一端，譬如，当代电影中，某些华人导演用“伪民俗”来迎合西方对东方的刻板印象，用自我贬低的极端表现或掺杂东方元素向国际市场推销影片等，便是现成的例子。

以此回顾杨舒平的致辞，便一目了然了。杨的致辞之所以令国民情绪变得不“舒”、难“平”，正在于其致辞本质乃是一种迎合西方对华刻板印象的“自我东方化”，而这一点，深深刺痛到后殖民语境下的国人自信力和民族认同感。

其实，自鸦片战争以来，中国一直在寻求自强，而留学作为向西方国家求取经验，同时也是替国人发声的一种直接而有效的手段，最先由庚款问题开端。随着大批学子学成归国，传统的后殖民意味上的“弱国帽子”“黄种病夫”等西方视野下对中国的东方主义固态偏见已逐渐成为历史词汇，而取得这一“跃进”的功劳，自然有走在国际前沿的留学生们的一份功绩。

对人而言，存在先于本质，一个人可以选择自己的人生方向乃至国籍，但不能选择自己的祖国。在杨舒平事件中，她既然代表中国学生乃至代表中国本身而发声，却又刻意迎合西方的某些刻板、消极印象，积极呈现自我东方化的态势。这与以私人身份表达自己的不同观点有很大不同，因为代表就有客观公正和“代表”的合法性即认同的问题。正是她的出格使得她丧失了合法性，令国人乃至同在海外留学的中国学子在潜意识里的期待落空，新中国成立以来海外学子和国家自身所努力确立的身份意识乃至中国形象也似乎随着她的三言两语而一笔勾销。因此，国人感到冒犯自在情理之中。

实事求是地说，一方面，美国并非“风景独好”，单从留学生本身的利益出发就存在诸多不和谐的因素，譬如校园枪击事件、留学生被害和近来广受国人关注的访问学子失联案件等；另一方面，中国亦非“积习仍旧”的昨日吴下阿蒙，当下中国的发展之硕果有目共睹，其暴露之难题也并非“这边独有”，若似西方那样一边发展一边解决，主要还是时间问题。

然而，西方某些宣传中对中国这一东方国度的带有东方主义观感的固定印象根深蒂固，许多情景喜剧乃至好莱坞影视对中国人乃至东亚人的形象都有偏见，从中窥探中国等东亚国度在世界上的角色。往轻松处说，便类似《破产姐妹》中的常常出来搞怪的亚裔矮子，举止无关轻重；而往严重里看，便类似“加勒比海盗系列”中周润发的扮相，满身是青年“傅满洲”（西方“黄祸论”的经典形象）的派头。因此，国人愤慨的是，这次的马里兰致辞中代表华人用自己声音进行海外发声的留学生，何苦偏要采取自我东方化的思维去迎合西方想象呢？

若抛却杨同学自身的旅美经历和投机心态（譬如以此邀功，以获得在美生存的某些利益，当然会引发阴谋论者的联想），她的演讲本身已不再是学院层面上的东、西方视差之见的“形象”问题了。与大众媒体塑造的中国形象不同，西方学界早就对中国有充分的“正视”发言了。笔者曾多次参与中国文化部举办的海外汉学家座谈会，会上西方学者对中国腾飞的致敬乃至面向中国制度求取经验的姿态往往流露于无意之间，更有甚者，相关采访汇成一书，单讲西方对东方中国的视差调焦问题——《我们误判了中国》。

故而，杨舒平的这次演讲，从本质上看之所以能惹起如此讨伐之辞，归根结底在于她挑战了国人对留学生的心理预设，是一种迎合媒体层面的自我东方化的表演。事实上，翻动了中国形象这个奶酪，也就是翻动了无数国人在后殖民语境中对国家形象转型的无意识期待，风波不止，在所难免。

网络固“无线”，发言须“有限”

萨特有言：词是上了子弹的手枪。

于网络中发泄爱国激情，不等于就此获得拔枪四射、言词攻击的豁免权。

针对两次致辞搅动起的风波，敢于亮剑、为国发言固然可敬，但是不依不饶、拔刀就上的冲动则会减损大国风度。更有甚者，部分爱国网友在某些盲目仇富、疑官等复杂心态的操纵影响下，不辨传言之理据，跟谣而起，向众而播，剑指无辜，对杨舒平的身世进行了有针对性的误读和恶意猜想，如“杨舒平的爸爸是公安局副局”“杨舒平是官员背景”等。试图将事件再次发酵为“官二代送女出国巨资何来？”等标题的尝试，本身就是一种十分不理性、不负责的言辞，别有用心地试图将事件引向如此不堪的三段论：（1）都是“贪官二代”才会嫌弃自己的祖国跑往国外；（2）杨在国外嫌弃祖国；（3）杨就是“贪官二代”。这类言辞最终使得昆明官方相关媒体再度出来表态辟谣，实在令人哭笑不得。这类的攻击已超越了爱国的范畴，演变为触及公民隐私的人身攻击和谣言相向。

在这场风波中，还有网友将杨舒平演讲中的特殊角度截图保存，并有意将其和《西游记》等影视题材中的妖魔鬼怪等形象的同角度图片并列于网上，这种非理性的恶意挖苦和人身攻击已触及法律的界限，而非道德范围。

与此同时，矫枉需防过正。子曰：“君子不以言举人，不以言废人。”所有的留学生，毕竟身份还是学生，是有学习、成长和转变之空间的，过激的打击和言论暴力可能还会形成另一种“新乡愿”——全力夸耀中国实力的伪君子做派。如果说一味迎合西方的自我东方化言辞为不实、不当，那么在新的爱国舆论压力环境下，其狡猾的变体——新的乡愿则会显出另一种自负而狂傲但其实可能极其虚伪的民族主义。

在这个意义上，属于正常的留学生爱国言行的蔡语婧的演讲是不是被有意突出以便和杨舒平进行对立呢？这种姿态是否又回到了杨的言论起点：作为被贬低的一方，一无是处；而就此被对比抬高的一方，则风景“那边”独好？这些问题都值得我们再度反思。

美国有美国的不足，中国有中国的不足，正所谓“美中不足”！

如果国家之间不能美人之美、美美与共，至少应该各美其美。如果国家之间一定要相互比较的话，非此即彼的“独好”既不合时宜，也不合事实，更不利于自我修养和世界和平。

（张翼飞）

横空出世的千年大计

——雄安崛起

惟王建国，辨方正位，体国经野，设官分职，以为民极。

——《周礼》

鉴前世之兴衰，考当今之得失，嘉善矜恶，取是舍非，足以懋稽古之盛德，跻无前之至治，俾四海群生，感蒙其福。

——司马光《资治通鉴》

2017年4月1日，西方的愚人节。而在中国却真实地发生了一件对整个中国历史产生深远影响的大事。在事先没有任何征兆的情况下，一条消息不胫而走：中共中央、国务院印发通知，决定设立河北雄安新区。

新华社通稿的语气异乎寻常："这是以习近平同志为核心的党中央做出的一项重大的历史性战略选择，是继深圳经济特区和上海浦东新区之后又一具有全国意义的新区，是千年大计、国家大事。"

细心的人会发现，党的十八大以来，中共中央总书记、国家主席习近平多次深入北京、天津、河北考察调研，多次主持召开中央政治局常委会会议，研究决定和部署实施京津冀协同发展战略。

2013年5月，习近平总书记在天津调研时指出，要谱写新时期社会主义现代化的京津"双城记"。同年8月，在北戴河主持研究河北发展问题时，他强调要推动京津冀协同发展。2014年2月，他考察北京市并主持召开座谈会，明确提出京津冀协同发展的重大战略。

2014年10月17日，习近平总书记对《京津冀协同发展规划总体思路框架》批示指出："目前京津冀三地发展差距较大，不能搞齐步走、平面推进，也不能继续扩大差距，应从实际出发，选择有条件的区域率先推进，通过试点示范带动其他地区发展。"

2014年年底，习近平总书记在中央经济工作会议上强调，京津冀协同发展的核心问题是疏解北京非首都功能，降低北京人口密度，促进经济社会发展与人口资源环境相适应。

2015年2月10日，中央财经领导小组第9次会议审议研究京津冀协同发展规划纲要。习近平总书记在讲话中提出"多点一城、老城重组”的思路。“一城”就是要研究在北京之外建设新城的问题。

2015年4月2日和4月30日，习近平总书记先后主持召开中共中央政治局常委会会议和中央政治局会议研究《京津冀协同发展规划纲要》。他再次强调，要深入研究论证新城问题，可考虑在河北合适的地方进行规划，建设一座以新发展理念引领的现代新城。

2016年3月24日，习近平总书记主持召开中共中央政治局常委会会议，审议并原则同意《关于北京市行政副中心和疏解北京非首都功能集中承载地有关情况的汇报》，确定了新区规划选址，同意定名为“雄安新区”。

2016年5月27日，中共中央政治局会议在中南海怀仁堂召开，审议《关于规划建设北京城市副中心和研究设立河北雄安新区的有关情况的汇报》，“雄安新区”首次出现在汇报稿的标题之中。习近平总书记指出：“建设北京城市副中心和雄安新区两个新城，形成北京新的‘两翼’。”

2017年2月23日，习近平总书记专程到河北省安新县进行实地考察，主持召开河北雄安新区规划建设工作座谈会。习近平总书记提出要高起点、高标准推进河北雄安新区规划建设。

2017年4月1日，中共中央、国务院印发通知，决定设立河北雄安新区。众多高校、央企纷纷探路雄安。

2017年4月26日，雄安新区召开成立以来的首场新闻发布会，将30平方千米启动区的控制性详规和城市设计向全球招标。

2017年6月，设立中国共产党河北雄安新区工作委员会、河北雄安新区管理委员会。

2017年7月18日，中国雄安建设投资集团有限公司正式成立。

2017年10月，国家工商总局在官网公布《关于支持河北雄安新区规划建设的若干意见》，其中提出将依法对“雄安”字样在企业名称核准中予以特殊保护，“河北雄安”作为行政区划使用。

2017年12月22日，中国邮政发行《河北雄安新区设立纪念》邮票。

【国家级新区】

国家级新区，一般是指我国在20世纪90年代初期设立的一种新开发开放与改革的大城市区，是经国务院批准设立、承担国家重大发展和改革开放战略任务的综合功能区。1992年，国家级新区成为新一轮开发开放和改革的新区。1992年10月上海浦东新区成立，2006年3月天津滨海新区成立，2010年6月重庆两江新区成立，2011年6月浙江舟山群岛新区成立，2012年8月兰州新区成立，2012年9月广州南沙新区成立，2014年1月陕西西咸新区成立、贵州贵安新区成立，2014年6月青岛西海岸新区成立、大连金普新区成立，2014年10月四川天府新区成立，2015年4月湖南湘江新区成立，2015年6月南京江北新区成立，2015年9月福建福州新区成立、云南滇中新区成立，2015年12月哈尔滨新区成立，2016年2月长春新区成立，2016年6月14日江西赣江新区成立，2017年4月1日河北雄安新区成立。

【首都副中心——通州】

2015年7月11日，中共北京市委十一届七次全会审议通过了《京津冀协同发展规划纲要》，通州正式成为北京市行政副中心。通州区地处北京的东南部，北临顺义区，西边和大兴区、朝阳区紧临，东部与河北廊坊交界，属于政治要塞、经济要道，自古就有“一京二卫三通州”之称。作为首都副中心，通州成为首都北京“两轴两带多中心”新城市发展格局的重点规划新城之一。“一核五区”是未来通州现代化国家新城的主框架，即以运河核心区为龙头，以文化创意产业集聚区、文化旅游区、环渤海高端总部基地集聚区、国际医疗服务区、国际组织集聚区为支撑，立足高端和国际化，构建现代化国际新城的整体布局。最终将通州打造成为中心城功能疏解的重要承接地、世界城市新功能的核心承载区、首都经济新的增长极和滨水低碳宜居新典范。

【雄安新区的四大定位与七大建设重点】

雄安新区有四大定位，即绿色生态宜居新城区、创新驱动发展引领区、协调发展示范区、开放发展先行区。规划建设雄安新区要突出七个方面的重点任务：一是建设绿色智慧新城，建成国际一流、绿色、现代、智慧城市。二是打造优美生态环境，构建蓝绿交织、清新明亮、水城共融的生态城市。三是发展高端高新产业，积极吸纳和集聚创新要素资源，培育新动能。四是提供优质公共服务，建设优质公共设施，创建城市管理新样板。五是构建快捷高效的交通网，打造绿色交通体系。六是推进体制机制改革，发挥市场在资源配置中的决定性作用和更好发挥政府作用，激发市场活力。七是扩大全方位对外开放，打造扩大开放新高地和对外合作新平台。

北方、华北平原长期衰败，造成中国之千年困局。设雄安新

区，或许可以启动强大的逆转力量。世界格局已因中国而重构，以网络为中心的新技术正在重构人类的经济社会形态，而中国在很多领域已占先机，两者或可重叠于雄安？

——弘道书院院长秋风

80年代看深圳，90年代看浦东。站在新世纪的地平线上，我们可以充满信心地展望——21世纪看雄安！

——新华社评论

北京吃太饱，天津吃不饱，河北吃不着。设立雄安新区，以更高效地资源配置，为21世纪中国的发展构建一个新的区域增长极，可谓恰逢其时，是历史的选择。

——人民网评论员吕晓勋

京津冀一体化的口号喊了这么久，但直到雄安新区横空出世，人们才反应过来：原来京津冀一体化是这个样子的！

——巨会读 张婧

敢号称影响中国未来一千年，必有巨变。

——网友罗天昊

一石激起千层浪。雄安新区横空出世，引发了人们广泛的猜想，形成了一个巨大的舆论场。围绕“国家大事、千年大计”议论纷纷。我们必须在首都、京津冀、全国乃至全世界的坐标中去定位，在中国现代化进程、改革开放阶段、民族伟大复兴的逻辑中去把握。

盘活区域整体发展的“棋眼”

设立河北雄安新区也着眼区域发展的大思路、大手笔，是牵动全局的“棋眼”！它立足京津冀协同发展，积极引导非首都功能向天津、河北等周边区域疏解，调整优化京津冀城市布局和空间结构，带动周边区域共同发展，加快构建京津冀世界级城市群。

设立雄安新区，有利于疏解北京的非首都功能。北京作为我国政治中心、文化中心、国际交往中心、科技创新中心，北京集各种资源于一身，成为超大城市。近些年来，交通拥挤、住房困难、环境恶化、公共资源紧张等“症状”日益明显，其背后最主要的原因是北京承载了许多非首都功能。正是由于非首都功能的存在，导致北京的人口规模膨胀，从而衍生出一系列大城市病问题。要想解决北京的大城市病，控制人口规模是关键。目前，北京人口已达2100多万人。根据《北京城市总体规划（2016年—2030年）》，到2020年，北京的人口规模将控制在2300万，然后长期稳定在2300万。要实现这个目标，不是高筑壁垒就能完成的。因此，疏解北京非首都功能，借此将依附于非首都功能上的人口适时转移出去，将是一条必行途径。

雄安新区规划范围涉及河北省雄县、容城、安新3县及周边部分区域，以特定区域为起步区先行开发，起步区面积约100平方千米，中期发展区面积约200平方千米，远期控制区面积约2000平方千米，地理空间潜力巨大。而且，雄安新区位于北京半小时通勤圈的半径内，既避免了过近而可能重蹈过去北京“摊大饼”式发展的老路，又能方便两地间公务、商务等各种活动的进行。这不仅有助于疏解北京的非首都功能，也为我国解决其他大城市的城市病问题探索出一条新路。

设立雄安新区是实现区域协同发展的新平台。京津冀虽地理相近，但区域发展严重不平衡，北京、天津经济社会发展水平远高于河北，发展滞后导致以往河北大量人口流向北京就业、居住、就医等，非但没有起到分流北京人口的作用，反而加剧了北京的大城市病。实现京津冀协同发展，关键是通过形成分工有所不同、错位发展的新格局，让作为该区域经济社会发展薄弱一环的河北加快发展步伐，逐渐缩小与北京、天津的发展差距。

2015年4月，中共中央政治局审议通过《京津冀协同发展规划纲要》。该纲要指出，推动京津冀协同发展是一个重大国家战略，核心是有序疏解北京非首都功能。这意味着实现京津冀协同发展，有序疏解北京非首都功能是重要抓手，以此带动京津冀经济社会发展跃上新台阶。雄安新区是点，整个京津冀地区是面，以点带面，可充分发挥京津冀各自的比较优势，形成区域均衡发展、互利共赢的发展新格局，这对于解决我国其他地区发展的不平衡也具有积极的指导意义。

雄安新区的设立为区域创新发展提供了新引擎。雄安如同白纸一张，没有过多的历史包袱与束缚，这就为体制机制创新、科技创新等各种创新发展提供了大有作为的施展空间。承接北京非首都功能，可以让集聚在北京的研发资源适度向该区域分流，与此相关的产业、机构等就可能相应地随之落户于该区域。一方面，这符合雄安新区要“建设绿色智慧新城，发展高端高新产业”的要求；另一方面，也有助于通过实施创新驱动发展战略打造区域的新增长极。

贯彻新发展理念的“实验田”

井冈山、延安曾是中国革命的“实验田”，从那里，中国革命找到了走向胜利的道路。深圳、埔东是中国改革的“实验田”，从那里，开辟了中国特色社会主义道路。21世纪的今天，以习近平同志为核心的党中央提出要在燕赵大地设立雄安新区，并在该新区践行“创新、协调、绿色、开放、共享”的发展理念，正努力将雄安新区打造成全面现代化的“实验田”，实现中华民族伟大复兴的中国梦。

雄安的“创新”是中国经济发展的现实抉择。随着几十年的积累，中国回归过去千年历史地位的速度越来越快，当中国正全面走向民族复兴，没有了过去“老师”可供学习的新的发展阶段到来，“创新”必然会被提到绝对的高度，只有“自胜者强”，只要以自己为对手，不断实现自我超越，才能会在竞争的路上不断保持优势。雄安的设立是历史的选择，也是地缘的选择。相对于深圳和浦东，雄安初设就决定了“创新”这种自生性发展模式。它不同于深圳、上海的沿海外向优势，而是深处燕赵腹地，无出海口，周边没有先进的配套，也没有如同深港的便利，貌似没有根基，实则也没有负担。这种立足于内陆腹地的新区，只有靠不断的自我“突破”才行，而自我突破离开“创新”就将会是空中楼阁。“无中生有”，越是一片处女地，就越便于写出一个瑰丽的诗篇。所以，未来雄安贯彻新发展理念的根本将紧紧围绕着“创新”转。雄安的规划，雄安的发展，雄安在产业布局、机制设立上，甚至人们所关心的各种房地产政策，都将服务于“创新”的大局和根本。

雄安的“共享”将是“共同富裕”模式。中国经济在过去40年的发展中，更多的是在释放中国人口红利，在释放前30年积累下来的人口、制度等多方面的红利，借着市场经济、改革开放的风气，实现了发展。中国要实现 “一部分人先富起来，实现共同富裕”的要求，才能长久保持中国共产党的执政地位。无论从社会稳定还是从民众幸福等各个方面来看，中国需要一个模式，以实现发展成果的共享，让人民有获得感、幸福感。

雄安的“开放”将是全球化时代中国全面开放的新突破。开放，在过去更多的是一种对外的内涵，而雄安的“开放”必然将会有更大的内涵和外延，这个开放将是心态的、资源的、国内省份之间的，京津冀要一体化就要打破省、市之间的限制，站在大的视角审视京津冀，积累这种区域一体化的开放，形成区域优势，实现共同发展。一旦经验积累后就可以推广到华北、东北、西北甚至全国，形成全国各地域、各省市之间开放的规模效应和整体优势。只有实现了整体中国的整合，我们才有可能形成更大优势，才有基础去融入世界、整合世界。开放不是目的，其目的在于通过各省之间的开放，形成整体优势，形成内生、自我发展的模式，这个模式可以推广到全国。

雄安的“绿色”将是雄安发展的保证。中国经济发展理念在过去长期以GDP至上，一直以来靠的是投资驱动，靠的是低端劳动密集型产业驱动，带来的最大恶劣影响就是中国经济发展导致了全面的环境恶化。雄安的定位决定了其“绿色”发展，但是这种“绿色”发展从来不是无缘由的，从大的视角看，任何产业、商品都是对于自然的掠夺，以满足人类的欲望，所以完全的“绿色”是不可能在商品经济发达的今天实现的。而雄安的“绿色”更多的将应该是对于高端价值链的占领，这种对国内高端产业链的占领，最终将引导中国实现整体的对全球范围内高端产业链的占领。

雄安的“协调”是一种整体性协同。协调、协同，尤其在产业极端细化的今天，如何弥补环节间、链条间的矛盾和冲突，如何“和其光同其尘”，实现区域内的步调一致，为了共同的一个目的，没有协调也是不行的。协调才能防止内耗，协调才能为创新驱动、“绿色”发展、共享成果、开放改革提供基本的机制和体制保障，这种保障是一种政府的“有为”，是一种顶层设计，是一种基于现实情况和历史发展阶段而做出的选择。

雄安新区践行的新发展理念，立足世界眼光、坚持中国特色，必将成为打造世界级城市的样本，对世界各国城市的发展起到重要的引领和示范作用。推而广之，在一定程度上我们可以说，雄安新区是习近平新时代中国特色社会主义思想的实践地，着力打造的是“理想国”。

中国改革开放的“升级版”

37年前，深圳设立特别行政区，该特区的成立为我国经济的发展带来了第一缕春风，这一缕春风使中国富起来；37年后，雄安新区问世，新区的成立为我国经济发展吹来了又一缕春风，这一缕春风将见证中国强起来。从深圳到雄安，从对外开放、经济转轨到疏解北京非首都功能、探索人口经济密集地区优化开发新模式，不同时代和阶段自有不同的课题。雄安新区的设立在某种程度上表明我国改革开放进入“雄安时间”“雄安纪元”。燕赵大地正续写着一个新的“春天的故事”。

燕赵大地苍茫辽阔，一代又一代的仁人志士在这片土地上续写了感慨悲壮的历史……杨六郎为守卫长城、抵御辽军，最终舍身埋骨他乡。明代第一言官杨继盛，不畏权势，上书“十罪五奸”状告奸臣严嵩，最终被陷害入狱。在狱中，他受尽酷刑，仍威武不能屈，撰自挽联“铁肩担道义，辣手著文章”。三年后，他被处决，临刑前留下诗句“浩气还太虚，丹心照千古。生前未了事，留与后人补”。李大钊宣传新思想、新文化，终身致力救国救民，面对绞索面不改色，一生坚贞不屈，“不能因为反动派今天绞死了我，就绞死了伟大的共产主义，共产主义在中国必然得到光辉的胜利”，最终英勇就义。狼牙山五壮士不畏强敌、英勇战斗，终与敌军同归于尽，成为守卫家园最勇敢的五壮士……

燕赵英雄多悲凉，燕赵大地多贫瘠。自古以来，由于政治、气候、自然环境等原因，北方的经济发展不如南方，因此千百年来我国南北经济差距大的现象一直存在。改革开放近40年，虽然改革成果显著，取得了很多举世瞩目的伟大成就，但随之也产生了一系列的问题，例如环境污染、大城市病、产业布局不合理、房地产市场泡沫、城市发展红利分配不均衡等，这一切都在呼唤一个新的经济、生活标杆，使得改革开放从1.0时代过渡到2.0时代，以引领我国经济顺利完成转型并“升级”。

雄安新区就是改革开放的2.0版本。受地理位置、资源基础等影响，我国对外开放在现阶段呈现了东快西慢、海强陆弱的趋势。如果说“一带一路”助推内陆沿边地区成为开放前沿，那么雄安就可以看作探索内陆地区如何发展的一个大尝试。雄安新区的设立不仅仅和京津冀协同发展目标的实现息息相关，更直接影响内陆地区的开放搞活。通过设立雄安新区，能否探索出一条内陆地区开放的新路？这也是目前一个非常重要的课题。假使内陆地区的开放能在雄安找到答案，今后内陆地区的经济社会发展必将驶入一个全新的、更高层次的轨道。雄安旨在扮演内陆地区开放的主角，争取成为内陆地区经济发展的典范。

与深圳特区和浦东新区相比，雄安新虽没太多的地理位置、经济基础等先天优势，却具有明显的后发优势。雄安新区没有历史的束缚，这就十分适合机制和科技等创新，使得新点子、新创意有了一个合适的实施环境。经过近40年的改革开放，中国已成为世界第二大经济体，现在已经更加强调顶层设计。雄安新区的四个定位和七大方面的建设重点任务都是从顶层设计出发，体现了新形势下以习近平同志为核心的党中央治国理政新理念、新思想、新战略。

雄安新区成立半年多来，虽然尚未出台整体的规划，但是有三条原则已经板上钉钉、不可逾越，即“雄安新区绝对不搞土地

“哪条路、哪道水，没有关联； /哪阵风、哪片云，没有呼应；/我们走过的城市、山川/都化成了我们的生命。 ”（冯至诗）

财政，必须为百姓的长远利益考虑，杜绝一切形象工程”。雄安新区时刻秉持着“房子是用来住的，不是用来炒的”这一理念，在住房上实行公租房和积分住房的制度，一方面降低了买房的压力，另一方面为前来新区的就业者和创业者节约了生活成本。同时，政府改变策略，不再以“卖地”为财政收入，政府和老百姓共同享有土地的使用权，房地产开发也要变成房产开发，开发的房产实行租售并举、租占大头的计划。在征地方面，土地补偿分为一次性补偿和折合股份的方式，让雄安的每一个百姓都为雄安的建设贡献力量，同时又能共享建设的成果。雄安新区这样的尝试是一次具有世界指导意义的探索，将会成为改革开放新阶段的标尺和坐标。

雄安新区的设立与建设承载了新时期推进改革开放的新探索，其一系列新的改革开放实践有望对全国其他地区的改革开放实践产生借鉴意义。深圳经济特区和上海浦东新区在不同历史时期具有不同作用，雄安新区在新的历史时期也将具有承前启后的新作用。坚持世界眼光、国际标准、中国特色、高点定位，推进体制机制改革，发挥市场在资源配置中的决定性作用和更好发挥政府作用，扩大全方位对外开放，打造扩大开放新高地和对外合作新平台等，这是着力打造改革开放升级版或加强版的一个缩影。

（赵亚楠）

千秋家国梦，一时谤誉声

——电影《战狼2》创票房奇迹

爱国主义也和其他道德感与信念一样，使人趋于高尚，使他越来越能了解并爱好真正美丽的东西，从对于美丽东西的知觉中体验到快乐，并且用尽一切方法使美丽的东西体现在行动中。

——凯洛夫《教育学》

日常生活的领域——现实一切其他形式的母体，它改变得很慢，战争、瘟疫、地震和革命都摧毁不了它。电影就是倾向于探索日常生活的这种构造。不仅能帮助我们理解特定的物质环境，并且还能向各个方向逐步扩展。电影实际上是把整个世界变为我们的家园。

——克拉考尔《电影的本性》

2017年7月27日，由吴京执导的动作军事电影《战狼2》在中国内地上映。该电影延续了前作《战狼》的剧情，但故事背景由中越边境转移到了非洲，题材也从国境作战变成了境外救援。《战狼2》甫一上映，就强势打破了今年暑期档低迷的市场状态，上映4小时票房即超1亿，然后以每日票房超过2亿元的速度一路过关斩将，数度刷新华语电影史的最高单日票房，不断书写最快破10亿、破20亿、破30亿的票房纪录。上映第12天，《战狼2》取代周星驰导演的《美人鱼》成为中国市场新的票房冠军，取代《阿甘正传》成功进入世界电影票房榜前100名，成为其中唯一一部非好莱坞电影。最终，《战狼2》的票房已惊人地突破56.8亿，并以1.4亿观影人次超越《泰坦尼克号》成为全球单一市场冠军。

随着票房的不断飙升，《战狼2》创造了前所未有的社会效应。在1.4亿观影人群中不乏二刷、三刷者。观众自命“精神股东”，陷入时刻查询《战狼2》票房动态、查看有关视频新闻的“战狼综合征”。他们在微博上调侃美工小编，兴奋等待新海报，部分有才华的粉丝还为其预先制造风格不同的票房海报。作为一部国产主旋律电影，《战狼2》不仅得到了观众的好评，亦得到了官方的认可。八一建军节，央视新闻频道以“热血忠诚续写英雄篇章”为题，对《战狼2》进行了报道。《光明日报》赞《战狼2》将主流价值的表达与类型化的探索进行了有机融合，用高质量视听奇观和高强度叙事节奏完成了中国精神之于全世界的形象化展示。《战狼2》还代表中国内地参与第90届奥斯卡最佳外语片角逐。《战狼2》在向全世界展示中国精神的过程中，也得到了外国媒体的关注。大多数外媒将其比作中国版《第一滴血》，盛赞其动作戏的精良。在走出国门的过程中，《战狼2》成绩也不俗。在奥地利维也纳，《战狼2》一票难求。在德国，《战狼2》上映首日16场平均上座率近70%。

与此同时，关于这部电影的争议也一直存在。中戏老师尹姗姗在网络节目中指责《战狼2》单纯贩卖血腥暴力镜头以制造燃点，剧情不合逻辑，部分人物设定也经不起推敲。此言一出，迅速在网络上引起热议。《战狼2》“过度主旋律”的一面也受到了外媒的批评，BBC在8月4日发表的特稿中称《战狼2》为横扫中国票房的民族主义动作片，认为《战狼2》中“犯我中华者，虽远必诛”的口号令人想起了激烈的枪战、爆炸、坦克以及虚张声势的中式爱国主义。美国《洛杉矶时报》首席影评人则称，影片传递出这样一种信息：中国人会为全世界的最高利益牺牲，而其他国家只会利用他们。虽有引以为豪的票房，但《战狼2》也经受了一些挫折，在香港遇冷，在北美票房也一般。

戏外，《战狼2》亦是是非不断。影片热映期间，北京万达传媒有限公司、分众晶视广告有限公司等4家公司联名发出声明函，称《战狼2》在影片母盘中强行搭载5条预告片而不支付费用，严重践踏影院广告代理方的合法权益，将通过法律方式进行维权。又有律师向导演吴京喊话，指出在电影《战狼2》结尾亮出的印有六行字的中国护照并非真实护照，电影设计这一情节有误导公众、编造国家机关证件之嫌。这些纠纷充分吸引了大众眼球，在某种程度上也属于《战狼2》影响的一部分。

【犯我中华者，虽远必诛】

电影《战狼2》的经典台词“犯我中华者，虽远必诛”，脱胎于西汉陈汤的名句“明犯强汉者，虽远必诛”。西汉统治中后期，匈奴内乱，5个单于争夺王位，其中郅支单于凭借武力脱颖而出。他因杀汉使，怕汉朝报复而远徙西北，和相邻国家联盟，势力渐强，准备与大汉长期对峙。陈汤作为当时的西域都护府副校尉，主张主动出击以遏制其发展势头。西汉建昭三年（公元前36年），陈汤矫诏调发汉屯田卒及西域诸国兵共4万余西征，攻杀郅支单于并将其首级送至长安。在给元帝的上疏中，提出：“宜县头藁街蛮夷邸间，以示万里，明犯强汉者，虽远必诛！”

【全球票房前10名】

第1名　《阿凡达》（2009）：27.9亿美元

第2名　《泰坦尼克号》（1997）：21.9亿美元

第3名　《星球大战7：原力觉醒》（2016）：20.7亿美元

第4名　《侏罗纪世界》（2015）：16.7亿美元

第5名　《复仇者联盟》（2012）：15.2亿美元

第6名　《速度与激情7》（2015）：15.2亿美元

第7名　《复仇者联盟2：奥创纪元》（2015）：14.1亿美元

第8名　《哈利波特与死亡圣器（下）》（2011）：13.4亿美元

第9名　《冰雪奇缘》（2013）：12.8亿美元

第10名　《美女与野兽》（2017）：12.6亿美元

（《战狼》票房突破8.7亿美元，现居全球票房第54位）

【利比亚撤侨与也门撤侨】

电影《战狼2》以非洲撤侨事件为故事原型，具体参考的是利比亚撤侨与也门撤侨。利比亚撤侨为中国史上最大规模撤侨行动。2011年利比亚发生内战，在利比亚的3万多华人华侨和中资机构人员处于极度危险之中。中国政府紧急动用四架军用伊尔76运输机和数架客机包机前往利比亚撤侨，日夜不停。在索马里反海盗的中国海军530“徐州”舰，也离开索马里海域前往地中海为我国租用的希腊“威尼哲罗”号、“希腊精神”号商船护航，部分中方人员在大使馆的协调下通过陆路乘车进入突尼斯和埃及，后乘包机回国。35860人从 9000千米外的异国他乡利比亚，用了240个小时全部撤离。

2015年3月26日起，由沙特阿拉伯和埃及、约旦、苏丹等其他海湾国家参加的国际联军在也门发动打击胡塞武装的军事行动。根据习近平主席和中央军委命令，中国海军舰艇编队赴也门执行撤离中国公民任务。2015年3月29日中午，海军第19批护航编队“临沂”舰抵达也门亚丁港，在中国驻亚丁总领事馆的积极配合下，撤离了中国驻也门的首批122名中国公民及2名来自埃及和罗马尼亚的中国企业聘用的外籍专家。3月30日，第二批400多人乘坐中国海军“潍坊”舰离开也门荷台达港，至此，需要撤出的中方人员已全部撤离也门。

【吴京驳斥外籍传言】

《战狼2》大热之际，有微博爆料称吴京一家均非中国大陆籍，吴京自己是香港护照，老婆谢楠是美国绿卡，儿子吴所谓是英国国籍。称吴京扮演爱国代言人拿着中国护照作秀圈钱谄媚，并借此嘲讽：“抛弃中国大陆籍的人教育你爱国，你还信了？”一时间此传言甚嚣尘上。吴京8月7日做出回应，称：“我是中国人，我的户籍是中国北京满族，我媳妇是安徽人，我儿子是中国人。”随后谢楠母亲晒出吴京、谢楠夫妻二人的中国护照，及儿子吴所谓的出生证明，力证全家国籍。

和朱日和阅兵一样，《战狼2》也正是以刚健的姿态、英雄的血性、爱国的热忱，激发出了强大的共鸣。

——《人民日报》：《〈战狼2〉为啥火得不像话》

一时有一时的作品，《战狼2》的出现称得上是当下标志性的文化事件。它用电影话语说出了中国人扬我国威的心理诉求，但幸运的是它又充满着一丝克制。

——豆瓣电影@孔鲤

《战狼2》国内票房破50亿，观影人次超过1.4亿，平均每10个中国人就看过一次《战狼2》，这个纪录非常恐怖，估计在很长时间内都不会被打破，“精神股东”们都来欢呼吧！！！

——新浪微博@迎风飞影

《战狼2》：横扫中国票房的民族主义动作片。

——BBC中文网

好像《战狼2》进入全球电影总票房的top100了。话说，电影而已，好看不好看的那是个人口味，容不得人批评是不好的。但有意思的是，批评这电影的人的角度都特别歪。中国怎么就不能用电影宣传爱国精神？中国人爱看动作片怎么就有问题了？全世界人民都喜闻乐见的类型，怎么就中国人不能喜欢？

——新浪微博@斯库里

这样的片子充其量也只是好莱坞流水线的水平，如果真是美国制造，只会被批得体无完肤。如果永远不正视自己身上的不足，一味地对国产电影从宽看待，那么中国的电影永远也不会进步。

——豆瓣电影@ForkenHwang

时代精神与心理诉求的共振

《战狼2》之所以取得这样辉煌的成功，主要原因是它摸准了时代的脉搏。如今的中国，已从积贫积弱走向繁荣富强，国民的心态也从自卑转化到自豪。中国从满目疮痍中站起来，在发展浪潮中努力富起来，现在面对复杂的国际局势，正以一种自信的姿态强起来。而《战狼2》就是中国“大国崛起”这一时代精神的具象反映。建军90周年之际，面对部署萨德系统的韩国和在边界蠢蠢欲动的印度，朱日和阅兵向世界宣告了中国的英雄军队有信心、有能力打败一切来犯之敌。而与之相携而来的《战狼2》，则向时代喊出了“犯我中华者，虽远必诛”的口号。新时代的英雄身后有了一个强大的中国。1972年的电影《精武门》中，李小龙只能靠自己一脚踢碎“东亚病夫”牌匾。而在《战狼2》中，吴京饰演的冷锋却能带着五星红旗，在我海军护航编队的火力援助下，救出险境里的华人和非洲人。

中国的崛起并非只表现在军事方面，《战狼2》之所以以非洲撤侨事件为原型，应该也是看中了事件背后的丰富内涵。影片里研制病毒抗体的陈博士代表的是中国在埃博拉病毒肆虐非洲时提供的医疗援助。中非合资的工厂体现了中国对非洲基础工业的援建。面临离别时，相互拥抱、依依不舍的异国夫妻更是体现了近些年来中非“你中有我，我中有你”的关系。“天涯静处无征战，兵气销为日月光。”不同于西方在枪炮声中开拓世界，中国选择在和平中崛起，在互惠互利中走向强大，承担起维护世界和平的重要责任，从而更好地保护国外的中国同胞，让他们有底气地面对危险。作为一个大国，勇于跳出国境的限制，接受各种各样的挑战，不光是“犯我中华者，虽远必诛”，而且“杀我国人者，皆我天敌”。礼之用，和为贵。昔有郑和下西洋，不夺地、不贪财，在与东南亚进行友好贸易的同时平定海盗、调和争端，为东南亚构建了稳定的国际秩序。今有中国维和部队在海外积极完成各项任务，援建、救灾、御敌、防暴，为维护和平做出了巨大贡献。

随着中国的崛起，国人的心态也逐渐发生了变化。从前是在落后中自卑自省，《丑陋的中国人》在20世纪80年代的风靡一时即是例证。后来则是逐渐挺直腰杆，提出自己的诉求，“中国可以说不”。发展到今天，则是自信与自我肯定。中国人渴望得到与自身力量相当的荣誉和尊重，期待着英雄所向披靡，为国家威望锦上添花。《战狼2》中冷锋面对雇佣兵称“中华民族为弱小民族”的挑衅，一句铿锵有力的“那是以前”，说出了观众的心声。《战狼2》契合的不只是现实，还有中国人民在新时代中的心理诉求及文化想象。想象中的中国实力强大，在异国他乡扶危济困。想象中的中国英雄以一当百，义薄云天，既能在战地扬我国威，又能一呼百应全身而退。这种想象并非无源之水，像《战狼2》主角冷锋这样扬威异域的英雄在中国历史上不乏其人。班超在鄯善率36人攻杀匈奴使者，让摇摆不定的国王迅速下定决心归汉。傅介子计斩楼兰王，威震西域，诗仙李白在《塞下曲》中以“愿将腰下剑，直为斩楼兰”之句表达对其壮举的追怀仰慕。今时今日，崛起的中国渴望重现大汉的荣光，中国英雄也被期待能像班超、傅介子那样在危机重重的异国用实力和信念壮华夏、扬国威。中国崛起的现实催生了观众的文化想象，为《战狼2》提供了素材与蓝本，而作为热媒介的《战狼2》又以其刚健的姿态与爱国的热忱，满足了观众扬我国威的心理诉求，起到了振奋人心的效果。

将爱国主义与艺术创作结合在一起，从某种程度上说，是全世界的普遍做法。好莱坞也有展现团结一致对外的《珍珠港》，也有力挽狂澜、救国救民的《奥林匹斯的陷落》。用艺术作品表现爱国主义并没有错，关键在于做得好与做得坏之别。《战狼2》属于开始做好的一类。不同于部分主旋律电影的空洞，吴京在电影里从不忘用细节表现中国。被主角一饮而尽的茅台酒，用手臂举起的五星红旗，结尾浮现的护照，已经变换国籍的商人遭遇危险的第一时间想到中国大使馆，茫茫大海上舰长喊出“开火”时含泪的眼睛，这些情节上的设计“润物细无声”地向观众展现了中国的力量和中国人对自己国家的信赖与热爱。同时，吴京还秉持着“中体西用”的学习态度，为《战狼2》剧组聘请了《加勒比海盗》的水下摄影团队、《美国队长3》和《湄公河行动》的两支动作团队以及好莱坞作曲家的声效团队。他将好莱坞式的叙事技巧和一个反映中国主流价值观的故事顺利地结合在一起，从而成功俘获了年轻观众的心。

但事物总有两面性，《战狼2》在技术上初步完成了爱国主义与艺术表达的对接，但在更深层次上则免不了要接受更多的质疑。国内有观众不满于《战狼2》中开挂的主角和不合正常逻辑的剧情，称其不过是“低配好莱坞”，除打打杀杀、意淫无敌外并没有更加深刻的含义。国外媒体则对电影中有些刻意的爱国桥段和矮化其他国家的情节嗤之以鼻，认为这是一部民族主义动作片。

从艺术角度来说，《战狼2》的确有其局限性。特种兵＋退伍兵＋富二代的组合在枪林弹雨中来去自如、所向无敌，小女孩的自带抗体更是开了一个大大的金手指。节奏有张无驰，情节转换生硬，至于破绽频出的CG特效和质感不强的镜头也广为观众所诟病。这些问题之所以凸显，主要在于一种深层次上的违和感。用好莱坞模式讲述中国故事，的确讨巧讨喜，却也未能避免二者难以完美兼容的尴尬。巴洛克风格画框装泼墨山水，第一眼感觉不配的同时有人嫌画框繁复艳俗，也有人嫌山水寡淡简慢。国内观众往往因为这是现实题材的电影，而习惯从身边与新闻报道的角度出发来审视电影的真实性。他们不了解美国，但明白中国。缺少了距离的美感，直接将电影与现实做对比则不免会模糊艺术创作的边界，从而感觉有被戏耍之嫌。另外，一些对外国电影烂熟于心的资深观众容易被《战狼2》的票房成绩所震慑而忽略其刚刚起步的本质，习惯性地将《战狼2》与好莱坞电影中发展成熟的精品进行比较，禁不住要哀叹《战狼2》盛名之下其实难称完美，吴京也不过是时无英雄而使竖子成名。他们对艺术差距很苛刻，坚持认为与拍出《星际穿越》《盗梦空间》的好莱坞名导诺兰一比，吴京根本不懂电影，只配和诺兰跪着对话。国外媒体则是浸淫好莱坞模式已久，一旦在模式相似的电影中看到与西方自由主义价值观截然相反的社会主义价值观，亦不免有被利用为他人宣传工具之想。

但不管出于什么原因，《战狼2》在爱国主义与艺术表达上做得并不如观众想象中那么好，这是不争的事实。电影做得不够好绝对是被批评的理由，但是对《战狼2》的批评却在社会上掀起了一股反击的浪潮。

中戏老师尹珊珊在一档网络节目中称《战狼2》“无逻辑，无价值观，一文不值，作者心理变态”，随即引起轩然大波。不同于网民掐架的评论与互怼，网友特意向她所在的中央戏剧学院的领导发了一封公开信，列出尹珊珊不配做教师的五大罪状，其中前两条称尹珊珊贬低《战狼2》的行为属于价值观有问题、政治立场有问题的表现。这封公开信在网上广为传播，最终导致尹珊珊微博被封，并疑似被开除。在其他网络平台上，对《战狼2》的差评也无一例外地受到了很多人的吐槽与抨击。提出差评的人，往往被冠以三观不正、崇洋媚外乃至卖国贼、美分的“帽子”。

从这一方面看，《战狼2》作为一部电影，实际上是被人为拔高了。很多拥护它的人习惯将它与爱国主义乃至于中国紧紧联系到一起，从而人为地为《战狼2》的争议划定一个非黑即白的语境。认可《战狼2》的人是“我们”，爱国、自信、立场鲜明、价值观正确。批评《战狼2》的人是“他们”，崇洋媚外、立场不正、价值观扭曲。观点不同即为不正，不爱《战狼》就不爱国。导演与主演吴京本人对质疑的霸气回应更加剧了这种情绪的对立。面对个人英雄主义的质疑，吴京以《拯救大兵瑞恩》为例，提出质疑人是戴着有色眼镜看电影，“看不惯别看，去看美国人打不倒去”，话语中隐隐透出些许敌意。到了被批民族主义，则干脆地质问：“爱国你也抨击我？”宣告：“我不管你是谁，我爱国无罪！”

《战狼2》的确是一部成功的电影，但也仅仅是一部电影。容不得别人说一句不好则有失偏激，赋予它太多的政治与思想意义也并不合适。萝卜青菜，各有所爱。如果你非要把这个萝卜摆上贡品桌，并痛骂吃饭的人对萝卜不够尊重的话，未免就有点小题大做了。《战狼2》成功承载了中国人的文化自信，但如果自信过了头，到了文化自负则不免“过犹不及”。而这种文化自负其实是思想发展中矫枉过正的结果。

从前，也许是出于对经济力量的推崇和文化上的隔膜，大部分国人对于外国都怀有一种盲目崇拜的心态，如《读者》一类发行量大的杂志上充斥着赞扬外国人素质的文章，日本小学生的夏令营经历更是成了人尽皆知的教育神话。“哈佛女孩”“剑桥男孩”都是家长心目中的标杆人物。而如今，中国GDP增长惊人，社会不断发展，越来越多的中国学生走出国门，为我们带来更清晰的资讯。在信息发达的网络化时代生长起来的新一代，再看外国则不免有“不过如此”之感。《读者》上的那些文章多读几遍就会发现是冷饭来回炒，中日小学生夏令营的表现是编造的，青岛下水道里的德国油纸包是吹的，随着这些“神话”的破灭，外国这一曾经朦胧而美丽的形象也在崩塌，促使新一代把目光更多地投到自己生存的国家。他们坚定拒绝了空虚无聊的“神话”，却走上了“神化”中国的另一个极端，其表现为自负地认为中国的一切都好，不该被批评，也不能被批评。

《战狼2》的出现，给了这些人一个充分宣泄自己爱国情绪的出口。而《战狼2》创造的票房奇迹，又为他们增添了底气。他们模仿电影在护照背后写字，他们“人肉”公开给《战狼2》差评的尹珊珊并嘲笑她何德何能敢唱反调，他们说四大公司告《战狼2》侵权是眼红《战狼2》的人气和票房。他们自动把《战狼2》与爱国的自己及中国联系在一起，认为《战狼2》就是中国的象征，伟大光明、无比正确，《战狼2》的成功就代表着中国文化的成功。批评来自于嫉妒与不怀好意，吃不着葡萄的狐狸没资格说话。所有人都该默默买票，赞不绝口，为壮丽事业做出一份自己的贡献。

自卑固然不可取，可自负一样有其局限性。外国的月亮并不圆，中国的月亮也不可能天天是十五的月亮。如果艺术创作上不面对具体问题，而空拿价值观和政治立场说事，则容易走上歧路。如果观众以中华文化为自负资本，故步自封，敝帚自珍，更可能一叶障目而不见泰山。口号代替不了作品，坐井观天也只能影响自己的视野。对待本国文化，我们应该采取一种更加健康和理性的态度，而不是向民族主义倾斜，授西方以柄。

多元世界的多元思想

一滴水中看世界，一粒沙中数红尘。相比《战狼2》在票房上取得的成功，有关《战狼2》的讨论似乎更值得我们进一步关注与思考。参与讨论的人身份多样，有普通观众，也有专业人士；有国内各大网站，也有以BBC为首的海外媒体。讨论涉及了很多，价值观、爱国主义、艺术创作，乃至更高层面上的中西方文化冲突。比起其他影片，有关《战狼2》的讨论显得更深、更广，社会影响也更大。这种状况的出现，明显是思想解放的成果。

改革开放40年，最根本的原因是围绕真理标准的讨论而达致的思想解放。思想的解放极大激发了人们的求知欲和表现欲。

在20世纪80年代，青年们开始在新华书店抢着购买图书，连朱光潜的《谈美书简》这种学术读物都备受青睐。美剧被引进，《大西洋底来的人》与《加里森敢死队》风靡一时。年轻人开始戴蛤蟆镜、穿喇叭裤，希望自己看起来时髦新潮。大学校园里诗歌创作成风，朦胧派一鸣惊人。世界变得丰富而多元，有《红色娘子军》也有《血疑》，有郭兰英也有邓丽君，有《高山下的花环》也有《蝴蝶梦》。随着改革开放的延续，越来越多的外来文化进入中国，促使我们吸收学习，也从另一方面推动我们去思考中国文化发展的路径。

如今，改革开放40年最大的成果是思想更解放。在以互联网为支撑的多元世界里，观众被充分赋予了参与讨论的信息、平台与素养。例如，只需查找翻译的中英文报道，总被拎出来的豆瓣评分，以及在观看与学习中获得的对中外大片及其思想内容的了解和认识。但是，每个人对事物的接受度与接受方式都不一样，因而也造成了他们思考内容的差异与层次的差距。他们看《战狼2》如同看《红楼梦》，总会看到自己想看到的东西并不吝于表达。热血青年看到扬我国威的刚健情怀和怒怼西方的自豪快感，专业人士看到感情表达的细腻和情节转折的粗糙，新媒体与公众号看到《战狼2》乘势而起火遍全国的盛况，国外媒体看到影片里隐含的文化自负与民族主义。在多元世界的多元思想的现实中，这些都是合理的存在，但合理并不一定意味着正确，更不一定意味着完美。百花齐放，各有千秋，亦各有缺点。牡丹之艳不能掩其俗，但同时它的俗也抹杀不了其国色天香动京城的艳。不同人的眼中，《战狼2》有时是标杆，有时是箭靶。而我们所要做的就是探寻它成为标杆或箭靶的原因，及它作为标杆或箭靶的作用或特点。

千秋家国梦，一时谤誉声。有关《战狼2》的讨论，让我们看到了中国崛起的时代精神和扬我国威的社会心态，也让我们看到了国人的自负与固执；让我们看到了国外媒体的傲慢与冰冷，也让我们看到了他们对这部电影在艺术表达上的理性批评；让我们看到了针锋相对的评论里中、西方文化的冲突，也让我们看到了现实电影制作里文化的交融。电影总会下映，而思想火花永不熄灭。如何在这场讨论里有所学习、有所思考、有所进步，才是最紧要的。

（曲畅）

面具营销与现代性想象

——“人设崩塌”何其多

我们身上的猛兽要哄骗才行，道德就是为了使我们不被这猛兽撕碎而说的应急谎言。

——弗里德里希·尼采《人性的，太人性的》

大众传媒使我们与道德秩序中的实在孤立。

——马尔科姆·马格里奇《基督与媒体》

人类是所有动物中最会发明、最会欺骗，也最容易上当受骗的一种动物。

——保罗·福赛尔《恶俗》

某件东西踏入我们的存在与神之间，遮蔽了天国的光亮。这件东西事实上就是我们自己，是我们膨胀的自我。

——托马斯·F. 托伦斯《神与理性》

2017年，“人设崩塌（崩盘）”一词成为热词，原因是有一批精心“人设”、很会装的明星人设崩塌了、崩盘了！

“人设”全称“人物设定”，本来是文学创作中经常使用的词。创作之前，写作者要对人物进行构思，通过性格和体貌特征的虚拟设定，以期角色符合故事和情境。小说和戏剧中的人物就是这样设定出来的，形象是一种主观性的创造。现在往往指生活中的人们尤其是明星们精心经营自己的形象，这种形象往往是比较正面、积极向上的形象。对明星而言，成功的人设有助于增强传播辐射度，吸引更多粉丝。“人设崩塌”一词一般指人物形象没有扮演好，因为某件事情而声名俱毁，颠覆了之前苦心经营的印象。

2017年明星人设崩塌的首要代表人物是薛之谦。选秀出道的音乐人薛之谦曾经离婚，开着火锅店，创作了《认真的雪》《演员》《绅士》《你还要我怎样》《丑八怪》等传唱度十分高的歌曲，还是一位幽默段子手。他开火锅店挣钱支撑自己的音乐愿望这样励志的人设，让薛之谦迅速走红，近两年几乎承包了所有综艺节目，收获无数粉丝。2017年9月8日，薛之谦发微博高调宣布与前妻高磊鑫复合，更是得了一个情深义重的好名声。然而，一个叫李雨桐的网红在微博揭露了薛之谦的丑闻。据悉，二人曾合开淘宝店，薛之谦与李雨桐表白成为恋人后，因高磊鑫怀孕而不得不与其结婚，后来高磊鑫流产，薛之谦怀疑被骗而决定离婚，但希望李雨桐与其共同承担1000万元赔款。尽管薛之谦做出了一些澄清和反击，但其形象已经根本受损、严重掉粉，人们惊呼：薛之谦人设崩塌了！

另一位人设崩塌的是郭敬明，作为作家、上海最世文化发展有限公司董事长，曾经风光无限。2017年8月21日晚，郭敬明公司旗下的男性作家李枫爆料曾遭郭敬明性骚扰，还称郭敬明经常骚扰、性侵犯签约到郭敬明公司的男作者、公司的男性职员，呼吁社会各界的网友们一起探讨这些事情。尽管郭敬明否认并称让律师处理，但多位作家支持李枫，而罕有明星支持郭敬明，甚至在这样的当口，王思聪还为在一个关于郭敬明抄袭的评论点了赞。一时间网友们一边倒地纷纷讨伐郭，郭的人设崩塌！

还有一位是知性“老干部”靳东。靳东在2017年上半年主演的《欢乐颂》《外科风云》《我的前半生》《我们的爱》《守护者浮出水面》等播出，可谓荧屏霸主。他扮演的人物多为高管、高知，剧外也不忘在机场拍个读书照，访谈中也是侃侃而谈显示对各学科涉猎广泛。然而，当他说自己为了演好某个人物，尤其爱读诺贝尔数学奖得主的小文章时露怯了，因为诺贝尔没有设立数学奖；他微博上深有体会地引用了梵·高的“名言”——在这薄情的世界上深情地活着，可是梵·高根本没说过这种话；他与李健在中国人民大学对谈，面对现场观众关于推荐最近在读的书，竟然东拉西扯说不出一个书名——知性“老干部”人设崩塌了。

这一年，被认为人设崩塌的还有林心如、鹿晗等明星，当然还有那些演技不输于明星、最终现出原形的“老虎”“苍蝇”——众多的贪腐干部。

【明星人设崩塌害惨一众品牌】

9月12日，李雨桐微博爆料被薛之谦骗钱、骗感情，随即薛之谦深陷舆论旋涡，一些品牌商也纷纷开始行动起来。肯德基率先发声：下线薛之谦代言的KFC广告及相关海报。此外，按照合同（明星代言期间如果出现犯罪、负面新闻，商家有权终止合作，并且还有索赔的权利），薛之谦或许还要因为违约而承受高达2000万元的罚款。近年来关于明星的各种负面新闻屡见不鲜，如吸毒、出轨、嫖娼、打架斗殴、交通肇事、偷税漏税等。在众多明星中，涉及广告代言的不在少数，曝出负面新闻之后所蒙受的损失相当巨大。昔日，体育明星林丹“出轨门”事件爆出后，当即有两家赞助商叫停了林丹的项目。当时，有相关人士预估，如果“出轨门”使林丹停掉所有广告，他的损失将超过千万元。

【婚恋网站的人设】

2017年9月7日凌晨，WePhone的创始人苏享茂跳楼身亡。苏享茂死前曾留下一份网帖，称选择结束自己的生命是因为和前妻翟欣欣的一份“离婚协议”。9月8日，苏享茂的“遗书”被曝光并引发大量转发。苏享茂称自己和前妻翟欣欣通过“世纪佳缘”认识，结婚前已在前妻身上花了几百万的费用。苏享茂同时表示，前妻以“他有漏税行为和WePhone网络电话功能是灰色运营”两点来要挟自己，索要1000万元和海南三亚的房子。9月9日，苏享茂的哥哥发布声明称苏享茂因不甘女方骚扰而跳楼身亡且已经报警。有分析认为，翟欣欣背后疑有骗婚团队，她在相继处了5个对象、离了4次婚后获利上亿。

【作文PK：妈妈人设崩塌】

2017年国庆期间，一位老师贴出了自己小学班级学生的国庆作文《我的妈妈》。里面的内容却让人哭笑不得，一不小心妈妈的秘密让全国人民都知道了：有的孩子写“她的爱好是买衣服和化妆”。“买衣服排第一，为了买衣服而晚接我。”“花一个小时的时间来弄自己的脸。”“每天晚上睡前都会一边玩手机一边贴面膜。”“我的妈妈又胖又高，胖嘟嘟的，腿又粗又长。”“妈妈老是说要减肥，可是一直瘦不下来，因为她还是吃得太多。”网友表示，旧时代语境中“我妈妈有一双粗糙的手，脸上还有皱纹”，新时代的妈妈的人设和旧时代语境中的母亲人设完全相反。

【北京网信办遏制追星炒作】

2017年6月7日下午，北京市网信办依法约谈微博、今日头条、腾讯、一点资讯、优酷、网易、百度等网站，责令网站采取有效措施遏制渲染演艺明星的绯闻隐私、炒作明星炫富享乐、低俗媚俗之风等问题。被约谈的网站依法关闭了“风行工作室官微”“全明星探”“中国第一狗仔卓伟”“名侦探赵五儿”等一批违规账号。

爱得那么认真，爱得那么认真，可还是听见了你说不可能。

——薛之谦歌曲《认真的雪》

人类无法忍受太多的真实，因为现实的幻境总是将残酷的真实压在你的头上，即使无法忍受也别无选择。

——［英］T.S. 艾略特《燃烧的诺顿》

性侵的发生也与颜值大小没有必然联系。

——知乎 匿名用户

李健：“你的身份是一个歌手，作品是你唯一的名片，还是让人们喜欢你的歌，才逐渐对你有好感的。当你人比歌红，那一定不太对。”

——知乎 我不喜欢吃薯条

娱乐圈，本来就是逗乐、看热闹的平台。何必当真……

——网易网友

形象演进：从面具到图像，从遮掩到营销

人设是一种符号化的面具。其实在原始社会，面具即已出

现。原始人对世界的认知有限，为了赶走天灾与病魔，原始人一面举行宗教仪式，一面戴上了狰狞的面具，举行驱邪仪式。伴随着时代的发展，面具的功能逐渐走下神坛，开始走入世俗的生活中。祭祀、丧葬、戏剧、战争等社会活动中都能找到面具的参与。

面具成为了一种符号，形成深刻的文化隐喻。面具与乐舞、巫术、图腾等相互融合，侧面反映出一个民族的价值信仰、民间习俗、审美趣味和情感追求。以京剧里的面具和脸谱为例，面具不仅仅是舞台化妆，更是一种装饰纹图。古代人已经学会用颜色区分各种性格，京剧脸谱在演变中逐渐沉淀了民族文化的心理图式：关羽是红脸，代表性格忠贞；包公是黑脸，代表刚正不阿；曹操是白脸，代表阴险奸诈。

面具也好，脸谱也好，人设也好，其实都是一种直观化的形象。面具最直接的功能是遮掩，遮掩本来的面相，以一种符号化的形象示人。面具是历史文化的复合体，是漫长的年月中社会逐渐形成的集体想象。面具是“假面”，是一种符号化的刻板印象，面具的存在是为了更方便地识别，以期用简单的形象来辨识千千万万的脸孔。

精神分析学家弗洛伊德曾提出“本我”“自我”“超我”的概念，人的概念就是三我合一。“超我”指向神性，“本我”指向人的生物性和动物本能，“自我”是人的神性与生物性中间的调和。“本我”是非理性的，它指向本能、潜意识、欲望和冲动，是意识基座下巨大的冰山；“超我”代表良心和准则；“自我”代表的是社会性的我，它遵从现实原则。

如果追溯古希腊戏剧面具和中国戏曲的脸谱，面具形象事实上是一种“超我”设计。这种设计立足于社会分工的需要，立足于社会角色的需要。从这个意义上来讲，每个人都有自己的“人设”。印度学者阿马蒂亚森在《身份与暴力》一书中指出了“多重身份”的概念，人是社会关系的动物，每种社会关系都会赋予一层身份，每个人都有多重身份，每一重身份都会塑造一种形象。形象制造了区隔，也制造了对立。肯定某一种形象的优先性，会不自觉地否定另一重形象。

在哲学的意义上可以说，人设是本质先于存在，即先设计好一个给别人什么样的本质，然后自己再去扮演和经营这个角色。终极地说，不论明星还是官员，不论学者还是平民，处于社会中、扮演社会角色的每个人都有人设。不过，当今时代把这种人设的必要性、精致性更加凸显出来，而明星们苦心经营的“画皮”、自我“傀儡”更有组织、有计划，成为他们营销自我、提高知名度的宣传手段。对明星而言，人设自身即是一种事业。曾经有人质疑综艺节目中薛之谦带有浓重的表演痕迹，认为他是不是太用力了。薛之谦坦率地说：“我不是有点太用力，是非常做作、用力。我那种幽默叫硬幽默，是硬着头皮在幽默。”“但是我无所谓，因为这些对我来说真的就是谋生的手段。”薛之谦、王宝强和翟欣欣的离婚案件之所以能引起公众关注，不过是因为

公众为其设定的光鲜靓丽的公众身份崩塌，代之出场的是本来的私人性身份。从某种意义上讲，人设的崩盘就是原形毕露、本我出场。

新媒体提供了一种强化人设形象的通用手段——照片。照片出现的地点、照片中的商品以及照片中展示的社交网络等，都可以成为形象生成的手段。郭敬明和薛之谦的微博中，照片里四处都是豪华场景、靓丽衣服、漂亮脸孔，拍照片的地点一会儿在东南亚，一会儿在日本。这种地点的漂移、场景的多元，正是列斐伏尔所言的空间生产：“空间是特定的社会生产出来的。必须将空间和社会互动系统的构成联系在一起思考。社会互动由一定时空中的社会实践构成，空间形塑社会互动亦即为社会互动所再生产。”说到底，新媒体是用图像进行意识形态生产，这种生产经过媒体传布最后在公众中生成形象。

除了地点转换，照片中精心搭配的衣服、光线、背景都辅佐形象的生成。“知性”“辣妈”“熟女”“玛丽苏”“傻白甜”“高富帅”“白富美”“绿茶婊”的标签化人设，其实就是一种形象识别的便利手段。以“绿茶婊”为例，这个网络词汇将两个词叠加起来，“绿茶”指女性长相清纯脱俗，暗含高雅之意；“婊”则指骨子里的媚俗主义，生活奢靡，思想拜金。“绿茶婊”专指表面上可怜楚楚、岁月静好、人畜无害，实则野心勃勃、工于心计、用不正当手段捞金的女性形象。与其说一个高雅的词汇和不文明用语拼在一起生成一种新形象，不如说是公众对于当前社会纯洁度加速风化腐朽的道德控诉。

人生有前台和后台之分，在一个日益只有前台、讲究感性的时代，讲究表象的时代，人设面具更加重要。偶像人通过媒介技术进行塑造和强化，图像的位格占据了全部。在信息化敞开的时代，凡走过必留有痕迹。人设如果只朝一个方向堆积，如果公众人物只为自己设定一种人设，人设的崩塌迟早会带来人格危机。

“美满”的破碎：看脸时代、购买亲密与婚姻秀场

导致明星们“人设崩塌”的事情有好多种，但情变、婚变无疑是其中最重要也是最引人注目、最为人津津乐道的。

王宝强离婚案、薛之谦离婚案、翟欣欣离婚案中，婚姻问题得到了前所未有的关注。王宝强离婚案的热度曾经一度超越了2016年的巴西奥运会。为什么公众对婚姻如此关注？这个时代的婚姻超越了《诗经》时代，超越了牛郎织女的神话时代，超越了“山无陵，江水为竭。冬雷震震，夏雨雪。天地合，乃敢与君绝”的诺言时代，消费主义和市场经济正在把婚姻变成了一种可操作的利益工业。

婚姻被工业化、标准化了。用一个更精确的词来讲，婚姻被市场“规划”了。根据民政部发布的《2016年社会服务发展统计公报》数据显示，2016年办理离婚手续的共有415.8万对，离婚率为3.0‰，2002年中国离婚率仅为0.90‰。14年来，离婚率暴涨了333%。打开百合网、珍爱网等婚恋网站，脸墙扑面而来。一张张妆容精致的脸经过光线的摄影角度的选择，被固定在屏幕上，男的帅气英俊，女的妩媚娇羞，各种款式的面相一应俱全。男性为了突出荷尔蒙气质，刻意蓄了胡子，梳了飞机头，穿了牛仔褂；女性照片为了突出淡雅气质，特意修了眉毛，化了淡妆，涂了

粉色口红。不论男女，每张照片都透着蒙娜丽莎式的微笑，一副彬彬有礼、有教养的模样。不论是故意搔首弄姿还是不经意间流露的散漫——毫无疑问，脸照都经过事先的设计和技术炮制，从某种层面上讲，脸照是替身，素颜照才是真身，真身不敢出场，替身代为出场。每一张照片乃至每一个微笑都是人设的组成部分。

婚姻广告用发明的新奇措辞和华丽词汇来标榜："真情在线，服务于高端精英人群，打造专业、诚信、高效的婚恋平台；专业服务团队，为您量身定制贴心、私密、一对一猎婚服务。"这段充斥着铜臭味的广告词中，婚姻被暗示成目标，它和服务挂钩、和成功挂钩。如果再点开网站，挑婚就变成了挑脸：漂亮可以暴殄天物，不漂亮就惨绝人寰。好看的面孔不仅意味着原始的生物性的吸引力，也意味着更多的资源青睐。如果过了"挑脸"这一关，第二关就是"挑标签了"：未婚、离异、丧偶，出生日期，工资，身高，年龄，职业，当爱情等同于婚姻、婚姻简化为标签、异性信息都被归为数字的时候，婚姻就从神的殿堂掉进了买卖市场。

何为婚姻？婚姻是姻缘，佛家讲"宁拆三座庙，不拆一桩婚"。王宝强的银幕形象是草根，草根是一种底层形象，这种形象映射了大部分普通人，他饰演的"许三多"承载了大多数普通人的理想。为何王宝强离婚能引起全中国的关注？为何法律最终惩罚了马蓉和宋喆？固然有法律的准绳，但人们更愿意把王宝强事件视为公众情绪的发泄口：如果一个人辛辛苦苦用勤劳致富，他的妻子却用钱和别人来逍遥感情，这种出卖行为是人性不能接受的。如果法律不保护公序良俗，那么所有人都将活在失去法律保护的焦虑当中。婚姻贵在一个“缘”上，而不是贵在“钱”上。姻缘代表的是亲密关系的建立，代表的是精神承诺。

现代社会，婚姻不再是私人领域，它渐渐演化地具有公共性。婚姻已成为社会、媒介、经济活动共同的塑造体。薇薇安娜·A. 泽利泽在《亲密关系的购买》一书中阐释了现代社会中婚姻的金钱逻辑：“先界定关系亲疏，然后用钱财表示出来。关系越亲密就越愿意花钱，花钱也会增进亲密。”曾经玫瑰用来比喻女性和爱情，叶芝诗中美好的玫瑰与夜莺成为情人节大众化的礼物。如果99朵不行，干脆来999朵，再摆个巨大的心形蜡烛，招呼一帮啦啦队吼几声“我爱你”，情人节再补发一个520元的红包，如果520不够，干脆转账1314元。爱的表达从含蓄变得越来越赤裸裸。爱情正在从纯粹的私人精神体验变得可触摸、可叫喊、可炫耀，精神性的浪漫变得体面化、成功化，如果没有鸽子蛋钻戒，没有香车宝马，没有惊天动地、声势浩大的求婚，婚就不能结。婚姻的表白变成了表演，即便没有十足的真情，也有华丽来救场。这就是“宁在宝马车上哭，也不在自行车上笑”的心理。

现代性的婚姻正在变成广告，婚姻成为手段而非目的。婚姻甚至变成秀场，变成敛财的手段。婚姻的祝词正变成陈词滥调：

古代婚姻有文学的默祷，有《西厢记》和诗歌词赋，现代婚姻从“洞房花烛夜”变成“蜜月巴厘岛”，从越剧《盘妻索妻·洞房悄悄静幽幽》“这姻缘百折千磨方成就”变成慕容晓晓的流行歌《爱情买卖》“爱情不是你想买，想买就能买，让我挣开、让我明白，放手你的爱”。

婚姻广告的出现，表明亲密关系可以购买，虽然婚姻买卖自古有之，但婚姻从未变得像现在一样膨胀——当婚姻被传媒塑造、婚姻被消费时，这种消费变得有了无限的可选择性，这种选择不是由灵魂决定的，而是由外在的广告、媒体、商业所灌输的无形标准所决定的。淘宝网上有过年回家寻租“女友”的服务，服务明码标价，同性恋群体有找异性结婚的“形式婚姻”——感情寻租时代，婚姻变味了，婚姻掏空了实质内容，变得徒有形式。

本雅明在《机械复制时代的艺术》一书中，曾经直陈复制术对艺术光晕的戕害：机械复制使得艺术品在空间传播上广为流传，艺术品的展示价值超越了膜拜价值，膜拜价值也开始走向衰微。在一个用脸刷屏的时代，脸才是最大的性器官。婚姻崇尚的膜拜价值正在前所未有地凸出和放大展示价值。婚恋网站上无数的脸让人看得眼花缭乱，如果曹雪芹活在新媒体时代，他一定会改写宝黛那句著名的爱情禅语“三千弱水，只取一瓢饮”了。新媒体带来曹雪芹无法解释的困惑：弱水太多，肉眼看不过来，需要用电子眼来看。

视觉传媒：私心理、道德锄奸与现代性文化

纵观王宝强、薛之谦等明星的离婚案，不管形象的塑造手段有多么现代，形象的瓦解手段却非常传统——当遭遇危机事件时，王宝强和薛之谦就借助自身的明星光环，发动舆论力量，进行道德锄奸。

新媒体创造了高度的私文化。当薛之谦的微博粉丝超过3500万时，明星薛之谦就变成了自媒体。明星自媒体像是强大的磁场，吸引了无数粉丝。根据鲍德里亚对消费心理学的分析，粉丝与偶像之间通过消费镜像和占有镜像的形式来获得一种虚拟的幸福感，明星一毫一发的改变都能牵动粉丝跳动的心率。当遭遇公关危机时，事件最先触动的是敏感的粉丝，尔后像蜘蛛网一样逐层席卷大众。

粉丝究竟是一种什么力量？文化研究学者麦特·希尔斯在《迷文化》一书中指出，粉丝对明星偶像的崇拜等同于宗教信仰，二者都召唤虔诚度。现代社会通过制造偶像、通过明星的号召力来呼唤粉丝，“迷文化”正是信仰缺失情形下信仰的亚产物。“男神”或“女神”的偶像崇拜代替了宗教意义上的神。“迷文化”与主流文化有着复杂的关系，在大众文化主导、商业力量推动的今天，“迷文化”和主导文化相互依存。粉丝的所谓“幸福感”即是通过明星经济完成的。消费成为维系粉丝情感、

进行身份塑造的必不可缺的环节。消费可以帮助粉丝获得自我身份。美国消费者市场推广专家皮埃尔·马蒂诺曾说："几乎所有商业行为背后的动因都是消费者的个人理想。在强调自我表达的时代，消费者选择某种产品，选择某种品牌，往往是因为这些东西可以帮助他们成为自己想要成为的人。"

明星借助于微博来发动舆论力量，也让人见识了粉丝力量的荒诞与狂热。薛之谦和李雨桐闹掰以后，薛之谦吧里就热闹了起来，有粉丝动员粉丝："还有没有谦友拉，我们该为谦谦做些什么了，12点我们去杀了李雨桐，然后我们也不自首了，直接在天安门自杀，还谦谦一个清白。"当李雨桐在微博上晒出与薛之谦的银行账单时，无意间露出了银行卡号，居然收到了粉丝的1583元汇款。粉丝的狂热与荒诞可见一斑。正如薇薇安娜·A. 泽利泽在《亲密关系的购买》中提到的那样："没有经济行为，很多亲密关系不会长久；而没有亲密关系，很多经济行动也没有意义。"恐吓也好，汇款也罢，其实都是粉丝标榜自我、提升与明星亲密关系的非理性举动。

2017年10月8日12点，明星鹿晗在微博上公布了与关晓彤的恋情，微博上立刻就炸开了锅，喜欢鹿晗的粉丝们有的表示自己"死心在一瞬间""鹿晗公开恋情，全球的少女都失恋了"。精明的淘宝商家立刻巧用热点，只要一搜鹿晗，就会立刻出现弹幕。舆论的兴趣是无定性化的，就像无规律的席卷肆虐的龙卷风一样。有网友戏称，当薛之谦陷入婚姻纠纷的泥潭时，鹿晗成了他的救星。加拿大学者纪克之在《现代世界之道》中认为，“大众传媒，尤其是视觉传媒，让道德的恶显得有吸引力”。传媒在制造焦点的“空洞”，在这个“空洞”中，善恶的概念都不再具有任何的真实意义了。

微信、微博时代，图像即构成意识形态。日常生活即构成了思想史，互联网和新媒体成为形象展示的窗口。保罗·福赛尔在《恶俗》一书中写道：“包装已经成为许多行业的制胜法宝，伪装、做作、炫耀、浅薄和矫揉造作大行其道。许多事物的表象胜于实质，为恶俗的制造创造了土壤。”现代性的文化通过景观化的包装招徕受众，微博热点每天都在更新。在360浏览器的热搜榜单上，地震和明星八卦都和当日有关，新闻报道产生的时间是等同的瞬间，十大热搜榜上的事件除了次序不同外，新闻价值是同等重要的。最悲惨的地震和最八卦的花边新闻同等重要，它们被切割成信息的碎片出售给受众。

碎片化的时间和信息让受众得到了即刻性的满足，正如波德莱尔所言：“现代性就是过渡、短暂、偶然。”新闻公布的翟欣欣与苏享茂的离婚记录中，特斯拉、钻戒、海南房产、1000万分手费，物质的充裕令人咋舌。充裕的物质是现代性的集中体现，这种拜物主义也将人置于一种高度的现代性风险之中。安东尼·吉登斯称现代性为“难以和任何已有的一致取得认同”。这种认同包含了如下方面：和习俗认同，和传统认同，和自我认同。

现代性是一种重新的分离。与他人分离，与集体分离，与传统社会中的亲密关系分离。分离制造了个体精神世界的孤岛，在以形象为中心的现代性中，政治、历史和环境被空心化了，个体一方面在欢欣鼓舞，另一方面也陷入了深深的焦虑循环中。经济理性与私心理的膨胀联合创造了现代人的生活、感情乃至幸福意识。马斯洛理论曾经把需求分成生理需求、安全需求、爱和归属感需求、尊重的需求、自我实现需求。这五种需求依次由低到高排列，媒介景观颠倒了马斯洛的需求金字塔。现在这种金字塔倒着来了，“自我实现”似乎成了第一需要。当人不再否定自我、不再承认自身的局限性时，彼岸世界就不存在了，存在的只有膨胀的现世。当信仰和宗教的位格缺失后，人的位格就占据了全部，现代性放大了人的位格，人只属于自己。

（李啸洋）

通情近礼方不亦乐乎

——广场舞场地之争

夫声乐之入人也深，其化人也速，故先王谨为之文。乐中平则民和而不流，乐肃庄则民齐而不乱……乐姚冶以险，则民流僈鄙贱矣。流僈则乱，鄙贱则争。

——《荀子·乐论》

乐在宗庙之中，君臣上下同听之，则莫不和敬；闺门之内，父子兄弟同听之，则莫不和亲；乡里族长之中，长少同听之，则莫不和顺。故乐者，审一而定和者也。

——《礼记·乐记》

美是生活，任何事物，凡是我们在那里面看得见依照我们的理解应当如此的生活，那就是美的；任何东西，凡是显示出生活或使我们想起生活的，那就是美的。

——车尔尼雪夫斯基

2017年5月31日傍晚，一群年轻人在河南洛阳王城公园的篮球场打球，正打着，一群大爷、大妈来到球场，二话不说，开始跳起广场舞。少年们自然不干，双方就有了争执。大爷、大妈说他们一直以来都是准时7点10分开始跳，8点半结束。而少年们说以前他们一般打球到7点，天差不多也黑了，就停止了，但是最近天热，想多打一会儿。于是，双方起了争执。

6月1日，虎扑步行街出现了一条帖子《河南大妈霸占篮球场并武力驱逐篮球少年》，帖子中有一段视频，正是记录前天傍晚的事情。从视频看，一群大爷、大妈对着其中一个年轻人大打出手，当然年轻人也反击，同时也有其他人拉架。争执引来了民警。事件发生后，公园关闭了篮球场，并为跳广场舞的中老年人另辟一处地方，但他们觉得场地有限。据6月20日央视新闻频道《法治封面》“法眼”看健身权之争节目报道，这批广场舞老人已经强行占领附近羽毛球场。10月初网报，海南师范大学篮球场每到晚上7点左右，一群大妈便出现，打开音响放音乐跳广场舞，并将正在打篮球的学生赶走。

广场舞，或称广场健身舞，是一种行进间的有氧健身操，是居民自发地以健身为目的在广场、院坝等开敞空间上进行的富有韵律的舞蹈，通常有高分贝、节奏感强的伴奏音乐，多为徒手健身，也有一小部分手持轻器械，近年来被批评严重扰民。广场舞在中国大陆无论南北皆十分普遍，参与者多为经历过“文革”的中老年人，因此也被视为是一种中国的社会现象，一些年轻人认为跳舞者是“坏人变老了”。在中国，跳广场舞的中老年妇女经广泛宣传被冠以“广场舞大妈”的名号。如今，广场舞已经走向世界，不断有报道，在莫斯科红场、巴黎卢浮宫外、纽约市公园都有中国大妈们自我陶醉的集体舞步，甚至引起当地警方的介入。

广场舞自然需要场地，事实上全国各地围绕广场舞场地引发的争执此起彼伏。目前中国社区内公共空间本来就较少，本来用于打篮球、羽毛球的场地或停车场等成为了跳舞场，矛盾冲突在所难免。不仅有场地之争，配着舞蹈的音乐也被很多附近居民视为噪音，由此也引发了一波又一波的针对噪音的驱逐广场舞运动。放狗搅局者有之，泼粪者有之，砸设备者有之，发明高科技“斗法者”亦有之。例如，温州市某一商住广场的600家住户集资26万元，专门购买了用来驱逐广场舞声音干扰的“高音炮”，即“远程”定向强声扩音系统。只要广场舞跳起来，这个“高音炮”就会循环播放“请遵守中华人民共和国环境污染防治法，立即停止违法行为”！当然，近年来，广场舞参与者也逐渐使用无线耳机以避免高音扰民。

【文化部等四部门合力引导广场舞健康开展】

2015年3月，国家体育总局推出广场舞12套舞曲的标准动作。2015年9月6日，据新华网报道，文化部、体育总局、民政部、住房城乡建设部联合印发通知，合力引导广场舞健康开展。通知要求为基层群众就近方便地提供广场舞活动场地，将广场舞活动纳入基层社会治理体系。该通知说，要以活跃基层群众文化生活、提高公民身体素质和道德素质、促进基层社会和谐稳定为根本，以扶持、引导、规范为重点，培育一批扎根基层、综合素质较高、专兼职结合的广场舞工作队伍，推出一批具有文化内涵、审美品位和健身功能，便于群众接受的广场舞作品，培育一批具有导向性、示范性的广场舞品牌活动，实现城乡基层广场舞活动健康、文明、有序地开展。

【悉尼市长希望将广场舞文化带回悉尼】

2016年是广州与悉尼市缔结姐妹城市30周年。澳大利亚的克劳馥·摩尔市长率团访问广州，与广州市相关部门探讨垃圾分类、环保节能、公共交通等城市管理方面的合作交流问题。在参观广州花城广场时，摩尔和随行人员对广场舞很赞赏，表示“要将它带回悉尼”。他认为，公共空间和公共广场是构建城市文化非常重要的部分，尤其要为它注入动力和活力，才能让社区更和谐，人们生活更为多姿多彩。

【尬舞江湖：网红为涨粉拼创意】

“尬舞网红一条街”位于河南郑州市人民公园与河水发黑的金水河之间的狭长河堤上。尬舞网红“红毛皇帝”“二强”“少林”各自把音箱搬到小广场的一角，各队成员们调试好手机上的直播软件后，站定在广场中央，等着伴奏响起。所有歌曲的节奏都是“嘭——嘭——嘭——嘭”的重低音，网红们跳得随心所欲，肢体扭动得怪异，正因为这样奇异又自赏的舞姿，这一切被网友们总结为“尬舞”。各团队为争取粉丝，自创种种不同形式的“打架舞”和“丧尸舞”，相互之间经常为了争抢粉丝的眼球而大打出手。

【公交司机未及时让路，被“暴走团”围殴】

8月18日晚，江苏南通一个近百人的“暴走团”在过马路时，因为一辆公交车没有及时让路，团里几名男子竟围殴公交车司机。他们从窗外向司机扔烟头、破坏车辆的雨刮器，还动手殴打致对方牙齿被打断一颗，嘴角缝了8针。

【西城大妈】

“西城大妈”是与“朝阳群众”齐名的北京群防群治队伍。在北京西城区，50平方千米的地域中活跃着大约7万余人的群防群治力量（其中5万余人都是实名注册的治安志愿者）。这些治安志愿者通常配备红袖标、红马甲或小红帽，由于其中年长女性占比超过70%，而被戏称为“西城大妈”。随着城市功能的疏解，不少老居民早已外迁到远郊区县，但是每次遇到重要日子，很多“西城大妈”还要回来值班站岗，既是志愿服务社区，也可以和老街坊聚聚。2015—2016年，有2000多名“西城大妈”举报各类违法犯罪线索，警方根据这些线索拘留了1425名嫌疑人。

纠结于事件双方的孰是孰非意义不大，裹挟敬老尊老的道德评说更近乎一种道德绑架，纠结于“坏人变老”还是“老人变

坏”的陈辞旧调亦甚无聊。

——广州市第六中学张清

在以和睦为导向的邻里关系被弱化后，原有的道德规范就不再具有公共范围的约束作用。

——武汉大学孙来斌、胡倩倩

制度和法治无论看起来建设得多么完备，都只能依赖于人心的建设才能发挥更有效的作用。真正的长治久安是道德对于人心的默化。

——知乎 小生

“抱膀子不嫌柱大”的看客们，对老年人也不能动不动就上纲上线，什么“倚老卖老”“老人变坏”“坏人变老”等。这是对老年人这个群体的侮辱和极不尊重，也是对中华传统美德的挑衅，同时也是在“秀”自己的道德素质的下线。

——中国网 段军

和谐、包容、发展，以时间换空间，假以时日，再看这次“老小孩儿”引起的场地之争，或许是一次对全民健身、全民参与的鞭策。毕竟，“没有全民健康，就没有全面小康”。

——央视网 林芷竹

近年来，广场舞这一深具中国特色的运动，在中国大地上可谓是遍地开花，而且在很多西方国家的一些广场似乎也有落地生根之势。这种主要流行于中老年群体，风靡于城市社区，集体育、娱乐、艺术于一体的活动，不仅仅是一项体育活动，更是一种非常独特的审美文化现象。而关于它所引起的争论可谓层出不穷，不绝于耳。2017年6月发生在洛阳的这场广场舞的场地之争，再一次将其推到舆论的风口浪尖。关于广场舞引发的矛盾，不仅仅是表现为具体因场地和噪音带来的实际争执，更牵带出了许多重大的社会问题，如关于城市公共空间规划不合理、公民的公共意识低下、社会道德下滑、人口老龄化、广场舞的审美趣味低俗等一系列问题。由这些争执引发的争论，肇始于媒体和大众，引起了政府对于广场舞的重视，也引发了人文社会科学领域的学者们更加理性的关注和思考。

对于2017年这场争执引发的争论，总结起来主要分为两方面：一方面是从客观来讲，即社会公共空间不能满足人们的日益增长的文化和精神需要；另一方面是主观的，即公民道德素质和公共意识需要提升。前者涉及社会治理问题，后者涉及文化建设问题，但归根结底还是人的问题。我们在把问题归到不同层面的时候，不能忘却了人情、人性这个根本的问题。不是把这个矛盾的解决甩给政府，把另一个矛盾的化解抛给人民就万事大吉了。

乐者，乐也

德国哲学家尼采曾说："每一个不曾起舞的日子，都是对生命的辜负。"这句话并非只是一个隐喻。我更愿意相信，在中国大地上，那些每天都起舞的人是一群真正热爱生活、不负生命的人。事实上，在中国传统文化里，人们的诗（歌词）、乐、舞活动是一体的，这被统称为乐。而现代人跳的广场舞，同样也是如此，是集诗（歌词）、音乐、舞蹈于一体的综合性审美-文化活动，同样也是乐。当然人们会说，广场舞是民间自发的一种俗乐，没有那么高的艺术性和精神性，但这并不妨碍它应该存在，也并不意味着它就不能获得提升和发展。

广场舞不因为它趣味低俗——何况这也未必——就不该存在，因为对快乐的追求是人的基本需要。中国哲人荀子早在几千年前就觉得，即便是俗乐也是为了满足人对快乐的需求，有存在的理由。他觉得生而为人都有追求快乐的需要，而这种要求总要表现为一种审美-艺术形式。他说："夫乐（yuè）者，乐（lè）也，人情之所必不免也。"人情总要追求快乐，追求快乐就要有乐（舞蹈、音乐）。快乐的边界在哪里，歌舞的边界也就延伸到哪里。也许快乐有不同的层次，但有多少种层次的快乐，就会有多少种层次的审美-艺术表现。有人情的地方，就有艺术和审美。如果有谁阻止了这种对于快乐的表达和追求，人心、人情就不得安顿，就会乱。他又说：“夫民有好恶之情，而无喜怒之应则乱。”什么是人的喜怒之应呢？在荀子看来没有比音乐、舞蹈更好的形式了。广场舞作为当下极其风靡的审美-文化现象，本来就有其人性的基础，不是轻易可以阻止和剥夺的。人们的喜怒哀乐之情在广场舞中找到了一种形式，人情由此得到感通和安放。

另一个方面，广场舞作为一种审美-艺术活动，给人带来的快乐并不是一种功利性的快感，因为它并不是指向对某一个具体事物的占有欲望的满足。这种愉悦打动人们的心灵，而不单纯是一种欲望满足的快感，尽管它渗透着一些这样的成分。正是因为这种快乐具有某种非功利性，它才可以吸纳越来越多的人参与进来。孔子曾说：“诗可以兴，可以群，可以观，可以怨。”这同样适用于舞蹈和音乐。由审美和艺术造就的快乐是一种可分享的快乐，并不是一种私人性的欲望的满足。当前，广场舞之所以能吸引越来越多的中老年人，乃至年轻人也参与进来，并非只是因为中国人越来越老龄化，而是广场舞给人带来的那种审美的欢愉的超越性。这种超越性可以弥合人与人之间的差异，可以得到人们普遍的悦纳。从目前中国的现实来看，广场舞的确主要流行于中老年人群之中，这里面有很多社会现实的原因，也有广场舞自身的艺术-审美价值的原因。但是作为一种民间自发的艺术-审美活动，它符合人的本性，同时顺应了时代的潮流，必然对越来越多的人形成一种美的召唤。事实上，广场舞作为一种审美-艺术活动，这种乐（yuè）不仅是悦耳悦目、悦意悦情，同时因为需要参与者的身体在场，这种快乐就更饱满而丰富，但其内核一定是一种非功利性的快乐。

当然，在其现实性上，人们的审美-艺术快乐不可能是完全无关欲望的。同样可以看到的是，当前广场舞作为一种审美-艺术形式，其所带来的快乐同样会指向人的感性欲望层面，其所蕴含的精神价值还有待提高。如果广场舞过分低俗，其艺术-审美价值将会大大减损。尽管这仍然给人带来一定的快乐，但是这种快乐因为失去限度，过分迎合和挑逗人性中情欲的层面，在个体层面无助于人的德性，在社会风尚层面无益于良俗，在社会伦理层面还有可能破坏其稳定与和谐。像洛阳市的这类广场舞争执事件中发生了实际的肢体冲突，双方都怒火中烧，不可谓不有辱斯文，有伤大雅。这绝不仅仅就可以归因为是场地不足或使用不当造成的。

礼失，故有争乱

这样的争执和冲突，并不只是一个事关社会治理的问题，还事关一个城市的精神、社会的良俗，乃至事关整个国家的文化。一言以蔽之，这关系世道人心。这次冲突和争执的确没造成流血受伤，似乎还不太严重，毕竟还没突破法律的红线。甚至有人说这都无关乎社会伦理失范和道德滑坡，只是由于城市的公共场地不足，导致人们的公共权利未能得到保障而已。然而，是不是只要扩大城市的公共空间，在法律和制度层面规范好人们的利益诉求就可以从根本上消除这样的争执？围绕着广场舞所引起的场地之争，乃至大打出手，从根本上折射的是当前中国社会礼让精神的匮乏。《吕氏春秋》有言："察兵之微：在心而未发，兵也；疾视，兵也；作色，兵也；傲言，兵也；援推，兵也；连反，兵也；侈斗，兵也；三军攻战，兵也。此八者皆兵也，微巨之争也。""兵"在这里就是"争"。显然，争抢、争执、争斗、争战本质上并没有差别，其根本在于人与人之间的对立。今日之微末的争执，很可能演化为明日巨大的战争。良俗失序，内心不合，当社会普遍缺乏一种礼让的风度、平和的精神与和谐的内心来面对差异和矛盾时，一旦条件成熟，小小的争执可能就会演变为争斗乃至流血事件。

我们今天的世相，正是苏东坡所谓的"匹夫见辱，拔剑而起，挺身而斗"。当代学者柯小刚说："现代生活强调效率、快速反应，缺少从容和缓，结果导致什么都很急，人与人、人与物、人与事容易发生短兵相接的摩擦，没有安全感，所有人与事物之间都是疏离乃至异化的状态。结果，效率并不高，反应也不快，沟通不畅，性情淤塞，大家都很不开心。"浮躁的社会里，人的自我变得异常强大，向外扩张，少了从容、缓和的内心。城市公共空间的建设，法治的保障，固然都是消除广场舞场地之争的重要方式，但更重要的是重建中国社会的礼让精神，要以文化的建设来促使人心内在德性的扩充，从根本上减弱人与人之间、人与世界之间的对立。对立的消除并不只是依靠法律的手段和制度的保障就可以实现。

孔子在2000多年前说：“道之以政，齐之以刑，民免而无耻；道之以德，齐之以礼，有耻且格。”政令刑罚固然可以在一定程度上、一段时间内减免社会的争执和争斗，保障人民的基本权利，但是更长久有效的方式却是德礼教化。当有一天人们因为争执、争斗而感到可耻时，才可能真正放下争执和对立。既然这样的争执是因为广场舞而起，那么，除了呼吁政府在城市建设上扩大公共空间，在法律上保障人们的权利利益外，是否有长远而可爱的方式，以培植社会的礼让精神，培养人的恭敬辞让之心，使意气之“争”丧失、风雅之“让”升腾。一种有效的方式，也许正是从广场舞本身着眼，即在满足人们对于广场舞的需要的同时，提升广场舞的审美和艺术水准，以审美促进向善，以艺术提升道德，以舞乐带动礼让。

乐者，通伦理者也

纵观时下的广场舞，当人们沉浸其中的时候，我们要问，广场舞是否有助于人们血气平和，让人在既能体会到审美的快乐和人生的幸福时，还培育他们的温良恭俭让的德性；能否以美导善，促进社会的良俗。或者反过来问，当下的广场舞是不是在过分迎合人的感性层面的东西，放纵人的喜怒哀乐的情绪表达，而使人们的性情失却中道，德性之善迷失在舞乐之美中。

这并不是无关紧要的思考，中国的哲人很早就深入地思考这个问题，即人们的艺术-审美活动能否培育人们的善心，能否移风易俗，美善和乐。荀子说："乐者，圣人之所乐也，而可以善民心。其感人深，其移风易俗。故先王导之以礼乐，而民和睦。"《礼记·乐记》也讲："致乐以治心，则易直子谅之心，油然生矣。"显然中国传统儒家认为乐是可以化导民俗，促进社会伦理和道德的，而且甚至没有比乐更好的方式来促使社会道德的建设和良俗的完善。当然并不是所有的乐都可以如此。"乐中平，则民和而不流；乐肃庄，则民齐而不乱……乐姚冶以险，则民流僈鄙贱矣。流僈则乱，鄙贱则争。"人们必须对乐有所择取，长期浸淫于那些过分放纵人的情欲的乐中，不仅无助于良俗，反而让人性情无常。人欲过分松动，对社会的和谐和稳定有着巨大的潜在威胁。相反，如果能长期感受真正的内蕴着精神性的音乐，社会的风俗也可以逐渐发生改变。

中国传统儒家认为，"乐在宗庙之中，君臣上下同听之，则莫不和敬；闺门之内，父子兄弟同听之，则莫不和亲；乡里族长之中，长少同听之，则莫不和顺。故乐者，审一而定和者也。"好的舞乐可以激发整个社会的礼让与和谐精神。当它在一定的范围中流行传播，对于跳广场舞的人而言是一种亲自参与其中的艺术陶冶，对于观看者而言也能从对广场舞的审美中领会舞乐的和谐，进而在潜移默化中培育自家的辞让之心。今天的社会当然不同于过去，但是中国传统美学给予我们一个重大的启示就是，艺术-审美对个体德性、社会伦理、风俗化导有着重要的影响。好的艺术和美的作品，可以治人心、移风易俗。这也是为什么在近代史上，以蔡元培为代表的知识分子强调以美育代宗教。美育与德育水乳交融。

无论在中国还是西方传统社会，艺术和审美教育对于整个国家的教育和教化都极其重要。在古希腊，公民经常接受各种艺术教育，如戏剧、音乐等，这种教育绝不只是一种所谓的娱乐和审美，它还牵涉个人德性、社会伦理乃至整个城邦的政治问题。而中国传统文化和社会尤其重视诗教、礼教和乐教之于道德伦理的建设作用。其中的诗、礼、乐作为一种艺术和审美的文化现象，内蕴着为当时社会所珍视的价值。由此反观我们当前社会，如果广场舞在给人带来审美愉悦的同时，更进一步增强其精神的内蕴，那么这将是一场潜移默化的全民美育。就当前的中国广场舞来讲，其发展有着自身的规律，无论歌曲、歌词还是舞蹈，其审美性和精神性都尚有欠缺。但是无论如何，它已经在潜移默化中塑造着人们的性情。

乐者，尽善尽美

当下人们对于艺术-审美的态度是将美和善割裂开来，认为审美就是一种娱乐、一种心情的放松，不需要有这么多的道德包袱。不仅如此，人们似乎觉得，如果审美和艺术中有了道德的内容则会破坏艺术带给人的快乐。甚至在一定程度上，艺术会成为一种说教。正是要不断地撇清美与善、艺术与道德的关系，当下流行的艺术-审美活动常常就只是一味迎合人的感性欲望，而忘却了我们古老的传统，即艺术的宗教载道和人文化成的功能。

事实上，美与善、艺术与道德本来是可以很好地相融在一起的，一切为我们的社会所珍视的价值都可以熔铸在审美-艺术活动中，人们在体会到审美的愉悦时，同样可以在无形中悦纳社会的良善价值。而这种内蕴道德的追求，渗透美好风尚的艺术同样可以来自于民间社会。广场舞并不只能是低俗的，而同样可以感动人之善心，同样可以让人在舞乐中体会到和谐与爱。生而为人，并不是生硬地被动服从道德的原则，也不是肆意地释放自己的情欲，而是在舞乐中既能获得感性的欢乐，又能接受道德的理念。

当宋词伴着歌曲和舞蹈出现在宋代市民社会时，其主题只有美女与爱情，文人雅士更不会触碰这些。不得不承认，这些伴着舞蹈而被唱出来的歌曲，一开始主要是迎合着人们的感性欢愉，而被正人君子所不齿。但是，社会无法阻挡其大潮，逐渐地有一些如柳永、欧阳修、苏东坡这样的艺术家加入到宋词的写作中，宋词的艺术性获得了极大的提升。在给人带来愉悦的同时，宋词也内蕴着更多的为社会所珍视的价值，更彰显一个时代的良心和风骨。到了南宋，宋词更是可以承载家国情怀。

广场舞是在当下市民社会发展起来的，作为一种艺术形式，它或许尚显粗糙。身为广场舞的参与者，在其中所享受的更多的是感性的快乐、社交的满足，但是这并不意味着它只能停留在这个层面上，而是可以进行改善和提升，使之尽善尽美。可以想见的是，如果广场舞的审美性和文化内涵获得提升，那么它所扭转的将会是一个时代的风俗。人的情操是可以陶冶的、气质是可以变化的、民俗是可以化导的、道德是可以提升的，而这需要艺术-审美活动。在今天广场舞已经风靡全国，为许多人所喜闻乐见之时，我们需要思考的是如何使其改善人们的精神气质，改善社会的风俗和道德，培育社会的礼让精神。

由广场舞引发的种种争执和冲突，其根本原因并不仅仅是场地的不足以及由此产生的利益冲突。并不总是要用行政和法治的手段应对这一个又一个争端，化解那一波又一波冲突，而是要从更深远的角度去思考如何防微杜渐，防患于未然。推而广之，广场舞场地之争只是这个时代戾气之重、争斗之多的一个侧面，整个时代和社会需要一种本而非标的化解。一言以蔽之，我们要建设的并不仅仅是更多的场地，而要建设的是人心。建设人心就该因势利导，随顺人情。《周易》说："观乎人文，以化成天下。"广场舞作为一种新出现的"人文"，在2017年的全运会上展现了它的华彩，人们要以审美和艺术的眼光来对待它、提升它，要展现美、创造美。广场舞既是体育，更是美育，但关键是"育"。

（易冬冬）

在虚拟与现实之间的理想与疯狂

——比特币何去何从

骑士制度的时代已经过去了，随之而来的是诡辩者、经济学家和计算机的时代。

——埃德蒙·伯克（转引自萨缪尔森《经济学》）

金子！黄黄的、发光的、宝贵的金子！……这东西，只这一点点儿，就可以使黑的变成白的，丑的变成美的，错的变成对的，卑贱变成尊贵，老人变成少年，懦夫变成勇士。

——莎士比亚《雅典的泰门》

数字化生存有四个强有力的特质：分散权力、全球化、追求和谐和赋予权力。

——尼葛洛庞帝《数字化生存》

2017年9月，关于比特币的消息频频闪现在媒体及国人的视线里。9月15日，北京市监管机构约谈辖区内的比特币交易平台，要求各交易场所最晚应于2017年9月15日24点前发布公告，明确停止所有虚拟货币交易的最终时间，并宣布立即停止新用户注册；9月27日，国内最著名的比特币交易所“比特币中国”关闭数字资产和人民币充值功能，又于9月30日关闭所有交易功能；9月29日，继中国之后，韩国计划全面禁止比特币交易，比特币价格顿时跌破4100美元……然而，比特币成了不死的“小强”。2017年12月中旬，价格一度突破2万美元。

所谓比特币（Bitcoin），是一种数字虚拟货币，特点是可以极度分割（最小可分割至0.00000001）、匿名交易、交易可追溯、交易加密安全性高、只能在数字世界使用，且没有专门的发行机构、不属于任何国家和金融机构、不受地域限制。比特币的问世，迄今不过8年，价格翻了520万倍，2017年8月17日比特币价格突破30000元，这意味着深圳一套小居室抵不上100个比特币，一辆奔驰S500顶配也抵不上100个比特币。如今央行出手，关闭交易，有人哀叹，一切归零！也许事情没那么简单，且看以下比特币的发展大事记。

2008年11月1日，化名“中本聪”（Satoshi Nakamoto）的神秘人在网上的一个密码学讨论组里贴出一份研究报告《比特币：一种点对点的电子现金系统》，首次提出了比特币的概念。比特币就此问世。

2009年1月，中本聪挖出第一批比特币，计50枚。

2010年5月，比特币首次用于现实世界交易：佛罗里达程序员Laszlo Hanyecz用1万枚比特币购买了价值25美元的比萨优惠券，然后用券买了两块比萨外卖。

2010年7月17日，第一个比特币交易平台MT.GOX（国内玩家称为“门头沟”）成立，后发展成为比特币最大交易平台。

2011年2月9日，比特币价格首次达到1美元，引发世人关注，新用户大增。

2011年6月9日，中国第一家比特币交易所“比特币中国”成立。随后，中国很快发展成为世界最大交易市场，拥有占世界80%以上的交易量。

2011年6月19日，有黑客盗用了用户的MT.GOX证书，6万用户数据被泄漏，黑客还生成了大量0.01美元订单，自己买入市价为17.51美元的比特币。MT.GOX被迫关闭交易7天，修复漏洞。

2012年12月6日，首家在欧盟法律框架下运作的比特币交易所——法国比特币中央交易所诞生，成为世界首家官方认可的比特币交易所。

2013年5月3日，央视《经济半小时》向中国观众首次介绍比特币。

2013年5月28日，美国国土安全部以涉嫌洗钱和无证经营资金汇划业务为由取缔了位于哥斯达黎加的汇兑公司Liberty Reserve的虚拟货币服务，美国检察官称这是史上最大的国际洗钱诉讼案，洗钱规模达60亿美元，包括中国在内的大量用户血本无归。

2013年8月19日，德国成为全球第一个正式认可比特币合法身份的国家。

2013年10月，美国联邦调查局（FBI）查抄毒品买卖网站“丝路”（Silk Road），逮捕该网站29岁的创始人罗斯·乌尔布莱特（Ross Ulbricht），没收2.6万比特币。这是至今规模最大的比特币查抄行动。

2013年10月29日，加拿大温哥华激活全球第一部比特币自动提款机。

2013年11月29日，比特币在MT.GOX的交易价格创下1242美元的历史新高，当时黄金价格为一盎司1241.98美元，比特币价格首超黄金。

2013年12月5日，中国央行联合五部委下发通知监管比特币，比特币暴跌，一度跌穿500美元。

2014年2月，作为世界上最大的比特币交易所之一的MT.GOX突然宣布停止交易，价值近4.5亿美元的资产化为乌有。

2017年4月1日，日本正式承认比特币为法定支付方式，不但可以在日本合法使用比特币进行支付和汇款，还免征销售税。

2017年8月，比特币“分叉”，一部分用户分裂出来，创造了一个叫作“比特币现金BCC”的新版本。

【“鬼城”鄂尔多斯成比特币挖矿者天堂】

鄂尔多斯曾因煤矿而出名，但煤价暴跌后，它的煤炭神话一去不复返，遗留下一座座被抛弃了的煤炭加工厂和萧条的工业园区。但是煤老板们没有想到，他们留下的大片闲置的工业用地、便宜的煤和稳定的电价使这座缺乏生机的城市成了比特币挖矿者的天堂。鄂尔多斯的矿池一个小时要烧掉40兆瓦电，相当于12000个家庭同期的用电量。在鄂尔多斯政府给予他们30%的优惠之后，他们每年仍需向鄂尔多斯政府缴纳上亿元的电费。在某种程度上，这也算支撑了当地衰败的煤炭业。对于“矿工”而言，工作虽然枯燥，但不艰苦，工资待遇也比一般工人高。

【电脑病毒WannaCry全球勒索比特币】

2017年5月12日，WannaCry蠕虫病毒在全球范围大爆发，感染了大量的计算机。该蠕虫感染计算机后会导致电脑大量文件被加密。受害者的电脑被黑客锁定后，病毒会提示支付价值相当于300美元（约合人民币2069元）的比特币才可解锁。2017年5月13日晚间，一名英国研究员无意间发现了WannaCry的隐藏开关（Kill Switch）域名，意外遏制了病毒的进一步大规模扩散。据统计，150多个国家和地区超过30万台电脑用户也遭到了勒索病毒的攻击、感染，造成损失达80亿美元。中国部分Windows操作系统用户遭受感染，校园网用户首当其冲，受害严重，大量实验室数据和毕业设计被锁定加密。

【亚欧币1年骗了40亿】

2017年9月，海南海口警方破获一起传销案。与以往不同，这起传销案涉及的是近来火热的虚拟数字货币。犯罪嫌疑人口中的这种虚拟货币叫作“亚欧币”，他们声称只要花五毛钱买入，不到一年时间就能涨到五倍多。也就是说，投入100万就可以涨到500多万。同时还吹嘘说这种“亚欧币”能在很多地方流通，而且介绍其他人一起来投，还能获得返利。结果一年骗了40亿元人民币，导致4.7万人血本无归。

【人民币正式成为第五种世界货币】

2017年10月1日，人民币正式被纳入国际货币基金组织（IMF）特别提款权（SDR）货币篮子，成为继美元、欧元、日元、英镑之后入篮的第五种世界货币。目前，中国在SDR货币篮子中占到10.92%的权重，高于日元和英镑，低于美元和欧元。具体排名依次为：美元（41.73%）、欧元（30.9%）、人民币（10.92%）、日元（8.33%）和英镑（8.09%）。货币权重是结合发行人所在国出口和其他国家将该货币作为外汇储备持有的金额而得出，虽然尚不能说明人民币已经成为仅次于美元和欧元的世界性结算和储备货币，但是随着人民币国际化进程的加速，一些机构预计人民币有望在2020年前成为真正的世界第三大货币。

我确定在20年里，比特币的交易数要么非常巨大，要么完全没有。

——中本聪（2009年）

去中心化在全球包括金融在内的各种管制越来越严格的背景下，一定是逆大势而行的。简单说，比特币是动了各国政府的奶酪。

——新浪微博 德先生及赛先生

比特币是一种全新的东西。比特币和互联网一样，都有着全新的底层技术、运行原理和上层应用，历史上从未有过类似的东西。给普通民众讲清楚比特币是什么，就像给20世纪80年代的民众讲清楚互联网是什么一样困难。

——知乎 江卓尔

比特币最初为极客推崇，背后其实是一种技术崇拜。后来有很多无政府主义者喜欢，这是一种去中心的文化。等到又有很多中国大妈买，背后是国人强烈的投机主义。

——知乎 比特币兵王

土星的卫星是绝对不可能通货膨胀的。比特币也是这样。

——知乎 温酒

中本聪的“货币概念震撼”

中本聪，比特币之父，极其神秘的人物。他从未公布身份，只在网络上匿名发布信息，至今无人知晓他是谁。虽然媒体几度爆料，说他是某某人，最后证实皆属谣传。但是，就是这样一个迷雾中的人物，发明比特币至今不过8年，却骤然刷新并永远改变了人类几千年的货币概念。

如同共享单车对自行车业的冲击、支付宝对银行业的冲击一样，比特币也属于以互联网为基础发展起来的“数字化狂潮”的一种，是对现行货币体系的冲击。它的“货币概念震撼”主要体现在以下方面：

一是去中心化。我们很容易把比特币简单理解为类似腾讯Q币的虚拟币，其实两者有很大不同，腾讯Q币是有中心管理者的，比特币却没有。它的网络由全体比特币用户共同控制，除非大部分用户同意，否则谁都无法改变或停止比特币的运行。按照运作规则，任何比特币账户的任何交易信息都会被通知并记录到所有账户上，而无须再由专门的中心结算。从运行上来看，比特币“是一个互联网上的去中心化账本”，而保障此种去中心化运行的技术被称为“区块链”。

二是去国家化。按中本聪的设计，不管你是谁，也不管你在世界上的哪个地方，只要你能联网，下载相关程序，进行演算，到一定程度就能获得比特币。并且，只要你知道某个比特币钱包的代码，就可以相互转账（比特币经常被当作洗钱的工具，这是重要原因）。也就是说，比特币的生成也好，交易也好，都绕开了国家。这似乎意味着交易完全可以成为私人的、无政府的事——只要互联网和比特币算法在，比特币就在。

三是发行数量有限。按中本聪的算法设定，最终产生的比特币数量不会超过2100万枚，并且随着时间的流逝，货币发行量会越来越少。物以稀为贵，这似乎意味着比特币很难贬值。

三者的要害，或者说中本聪创造比特币的目的，是“去国家化”，我们甚至可以称之为“无政府主义者的货币”。

最早的货币形成于民间，为以物易物的“商品货币”，或为贝壳，或为布帛，甚至烟草、皮革、橄榄油、奴隶、钻石、烟草等物品都充当过货币。国家诞生以后，努力控制货币，“货币国家化”逐渐发展成为今日人们熟悉的货币形态。

在比特币横空出世之前，由国家掌控的货币大致经历了两个发展阶段：第一个阶段还是商品货币，主要以金属（如金、银、铁、铜等）为主。此种货币本身就有一定价值，虽然主要由国家铸造，但民间也经常私铸，国家很难垄断。比如在清朝，从宋代到元代再到明代的钱币始终在流通。第二个阶段是纸币。纸币的发明意味着人们从此意识到货币最重要的本质不是本身要有“价值”，而是要有“信用”。纸币本身无价值，但只要发行者有信用，人们就肯承认它、使用它。当今世界，最有信用的纸币发行者自然是国家。其实，国家发行纸币的历史很久，以我国为例，宋代就开始了，但货币市场的主流仍是金属货币，明末白银流入更是形成了以白银和铜钱为主的“银钱体系”。人类社会直到进入工业社会以后，才转变为以国家垄断纸币发行为主。这意味着国家对货币控制能力的升级，与中央集权在工业化中不断“改土归流”、势力大张的政治进程是相匹配的。

当今世界，对于“货币国家垄断化”这样一种现象，我们很熟悉，甚至认为理所当然，但倒退200年则并非完全如此。比如，200年前的美国，货币就是“非国家化”的。当时在美国，只要你有能力开设私人银行，就可以发行货币，最多时据说流通着约8000种货币。但如何推销自己的货币，让你的货币获得顾客的信任，那就看你的实力了，国家不负责帮你推销。这些私人银行如果破产，它们的货币就变为废纸，持有者的毕生血汗钱就会化为乌有……换言之，美联储之前的美国是“货币非国家化”的实验场。不仅如此，美国朝野都反对设立中央银行，认为那是欧洲人搞“货币战争”，控制美国的“阴谋”。后来由于实在不方便，美国两次组建了中央银行，最后都被反对者取缔（1841年，美国第二央行被总统杰克逊撤了，此公视为毕生政绩，临终刻其墓志铭为“我灭了央行”）。但“货币国家垄断化”是人类社会发展的必然趋势，顽固如美国，此种实践最后因经济危机及经济发展之需要还是放弃了。1913年美联储的创设实际上意味着美国货币之国家化，虽说美联储特意分布于12处，意图淡化中央集权的色彩。

不过，“货币非国家化”的理念仍为欧美经济学界念念不忘，甚至成为一种政治正确的“执念”。20世纪最著名的倡导者是英国经济学家哈耶克，他写了一本《货币的非国家化》，主张“货币非国家化”，即废除中央银行制度，允许私人发行竞争性的货币，以取代政府发行性的垄断货币。

比特币再次激活了此种经济学理念。

如前所述，比特币不由特定机构发行，发行方式是依据一套密码编码、通过复杂算法产生，只要通过任意一台接入互联网的计算机实现在全球范围内的流通，任何人都可以挖掘、购买、出售或收取比特币，无须国家参与。打个比方，各国货币是“中央集权的货币”，比特币则是“草根民主的货币”。因此，它的诞生成了欧美经济学界关注的一桩事关“理论证伪”的学案，至于它是否被利用于经济诈骗，则是次要问题。

比特币真能绕开国家吗

理解比特币与国家之关系，首先要理解“铸币税”。

所谓铸币税，简单地讲就是发行货币获得的收益。铸币税是国家财政的重要来源，如果一个国家使用非本国法定货币，那就意味着放弃了大量财富。美元的国家化，给美国带来了无比丰厚的利益。美国之所以发动第二次海湾战争，消灭萨达姆政权，据说一个很重要的原因就是萨达姆宣称要放弃用美元结算石油，从而危及美元地位，以至招来杀身之祸。

国家掌控纸币以后，不但控制住了国家财权，进一步加强了中央集权，而且导致铸币税暴增。在金属货币时期，货币本身就有价值，所以让货币贬值，国家还有所收敛，最多也只是货币里偷偷掺入铁之类的贱金属，制造“隐形贬值”。纸币则不同，其本身完全没有价值，国家可以肆无忌惮地超发，国民党滥发金圆券，导致恶性通货膨胀，就是典型例子。在欧美世界，民间防止国家货币超发、保护自己财产的一个办法是私人持有黄金。所以，打压黄金是欧美政府的一个习惯性举措。在罗斯福新政时期，美国为了应对经济危机，甚至强迫国民上缴黄金，把私人持有黄金定为非法，私藏黄金者将被判最高10年监禁和10万美元罚金。支持国家管控的经济学家宣称“黄金乃野蛮时代之产物”。尽管历经欧美各国打压，但每当经济形势动荡之时，金价都会上涨，对各国货币形成一定制衡能力。对此，欧美经济学界有一句名言：“我们不能完全相信国家，因此我们要持有黄金。”由此可见，货币概念不全是“头脑风暴”的产物，也是各种势力为了获得自己或者他人财富的控制权而彼此博弈的一个结果，更准确地说，“货币”之所以成为一时一地的“货币”，归根到底是天

（科技）、地（环境）、人（势力）的合力所为。

如今，比特币已成为足以比肩各国货币的货币，俨然是一个庞然大物，像黄金一样开始侵蚀各国的铸币权，对各国货币产生了一定制衡作用，两者难免会有一定的对立关系。这迫使各大国从自己国家的利益出发，一方面对其谨慎观察，另一方面积极吸纳比特币植根的区块链技术。这是未来科技竞争的重大领域，而比特币是区块链技术在数字货币领域应用得最好的虚拟货币，也引发了各国研发机构的关注。目前，各国对比特币的态度存在一定差异，美国和中国将其视作大宗商品，欧盟、澳大利亚和日本则承认其是合法货币。

但是，比特币真如舆论宣传的那样能完全绕开国家吗？答案是否定的。

在理论上，如果用比特币转账，无须经由服务器之类的中央节点。如果在比特币之间进行交易，也不需要交易所这类机构。问题是比特币吸纳了这样庞大的财富，必然要从虚拟世界进入现实社会，而几百亿美元出入现实领域绝不可能悄无声息、毫无波澜。你要想把比特币换成现实世界的货币，就不能只通过比特币自身的交易系统来实现，而必须进入比特币交易所。这些比特币交易所不在虚拟世界，而在国家监管的现实社会。也就是说，比特币只是在发行与部分交易环节中绕开国家，但出入现实世界是不可能绕开国家的。所以毫不奇怪，各国对比特币的政策有什么风吹草动，都会致其暴跌。2013年，美国对比特币交易所的指控以及中国政府对比特币的管理，都曾导致比特币的价格暴跌（俗称“矿难”）。

而且，比特币发展到如此庞大的程度后，靠什么维护自己的财富？谁来保证交易中不出现问题？我们知道，维护美元的强有力的后盾是美国政府，而美国政府的强有力的后盾是美国的武力。没有美国军队的保驾护航，美元是不可能维持它的世界货币信用的。那么，比特币不属于具体的国家，谁来为它保驾护航？我们知道，共享单车的运营商是企业，但共享单车的停放管理需要国家的支持。各国虽然限制共享单车的投放量，却未取缔它，是因为共享单车提高了城市的生产效率。同理，比特币如要获得各国政府的支持，要么向各国证明它能创造更大的经济效应，要么向各国让渡一定的利益，并且各国获得的收益必须超过自身的铸币税损失。这应该是可以推测到的前景。

天下没有白吃的午餐，这话对于比特币的未来也是适用的。

极客文化的光辉　现实人性的污浊

我们必须知道，中本聪不是无源之水，他之所以创造比特币，有其技术和文化渊源，那就是当代社会的极客文化。所谓“极客”，是美国俚语“geek”的音译。随着互联网文化的兴起，“极客”被用于形容那些对计算机和网络技术有狂热兴趣，并投入大量时间钻研，以创新、技术和时尚为生命意义的人。美国影视《黑客帝国》及《生活大爆炸》的走红使这样一批人群及其文化也逐渐广为人知。实际上，他们是互联网时代的理想主义者，主张保护个人隐私和公民权利，先后创造了BT下载、维基解密等网络新生事物分享给公众，比特币只是他们的一个新创造而已。具体到比特币，早在互联网产生之初，就有一批科学家致力创造独立的数字货币，建立了一个进行密码货币设计的组织，被称为“密码朋克”，中本聪正是成员之一。

但在肯定比特币创造者的理想主义的同时，我们也不能不注意到，极客们的这个创造物太理想主义也太无政府主义，给当代社会带来的不全是福音，还有阴影。特别是此种“无政府主义”的乌托邦，因为过于追求逃避政府监管，最后也招来洗钱、走私、贩毒这类毫不浪漫的污垢。光与影俱来，这恐怕是创造比特币的理想主义者们意想不到的。

对于中国人，比特币带来的污浊首先体现在“挖矿”。通常说的“挖矿”，意指矿工在某个矿区内努力挖掘，最终挖到矿石。比特币网络的“挖矿”，意思差不多，我们把“挖掘”理解为“计算”就可以了，挖掘比特币者则被称为“矿工”。随着价格飙升，比特币的诱惑力与日俱增，越来越多的人投身于“上网挖矿”这样一种潮流，短短8年，从无到有，无声壮大，乃至汹涌澎湃，波及全球。利字当头，最初的个体挖矿也迅速演变为商业化的集团行为。

按照比特币的算法，全网平均每10分钟产出一个区块，每个区块包含一定的比特币（最初为50枚，每4年左右减半一次），而一个区块只可能被某个幸运儿挖走，直接拥有里面的比特币，其他人则一无所获。这就导致挖矿人数越多，挖到比特币的可能性越小，简直如同中彩票。更重要的是，在比特币世界中，作为“开采能力”的计算能力，简称“算力”，是决定性力量，算力越高，挖到比特币的可能性也就越大。而要想算力高于竞争者，就必须依赖更好的服务器系统。这就迫使挖矿者必须组队开采，投入大量资金，雇佣大量人员挖矿，“矿池”（Mining pool）由此诞生。

所谓矿池，简单地说，就是一些专门抱团或者组队挖比特币的服务器，个体的挖矿者实际上已被淘汰出局，或者变为雇员。当前，75%的“矿池”和“矿工”都在中国。据美国媒体报道，中国最大的比特币挖矿公司“比特币大陆”在鄂尔多斯拥有一个占全网算力达4%左右的大型矿池。矿池雇用了50名员工，拥有25000台机器，一年365天、24小时全面运转，机体不停发热，几乎每个小时都有机器出现故障。报道还指出，鄂尔多斯的“矿工”，“大多是20多岁的未婚青年”，几乎都出生在小城镇和农村，文化程度也不高。打工、学做生意是他们普遍的出路。到了秋收，有些矿工还要跟老板请上两天“长假”，回家帮父母做农活，“中本聪所构想的那个‘算力民主’的世界，在当代社会环境下也没有演变成新的东西”。

而且，按照比特币的规则，假如一家矿池的算力达到某个矿区的50%以上，就足以垄断开采权，可使掌握剩余49%算力的矿池颗粒无收，只能退出竞争。甚至，如果这家矿池自己（或者通过联合其他大矿池）掌握了全网50%以上的算力，就具有排挤其余矿池，令其倒闭，垄断分配权的能力。而一旦没有竞争对手以后，它即可自行进行收益分配，对“矿工”收取高额手续费。由此可见，随着比特币“采矿业”的日趋集团化，从“草根民主”变成“集团垄断”也就为时不远了。即使是在“草根民主货币”的光晕背后，资本与权势仍然在比特币世界起着重要作用。

而在国际上，最使比特币臭名昭著的是它很快成为潜藏在互联网深处的专门提供各种非法物品和服务（贩毒、杀手、拐卖等）的网络黑市（俗称“暗网”，deep web）最得力的洗钱工具。

对比特币的一个指责，是它很容易成为不法分子的洗钱工具，这一点没冤枉比特币。比特币的地址是匿名的，又有去中心化和全球化的特点，执法部门只能监控比特币交易所，无法查得比特币地址的所有者，也无法查封和冻结比特币地址的资金。只要非法资金不进入交易所，执法部门就毫无办法。所以毫不奇怪，比特币很快成了洗钱的最佳选择，暗网因为比特币的出现，获得了逃脱世界各国政府监控的洗钱工具，趋向猖獗，势力大张，在一定程度上恶化了社会秩序。

2013年10月，美国联邦调查局查抄了著名毒品买卖网站“丝路”，逮捕了该网站29岁的创始人罗斯·乌尔布莱特。该网站交

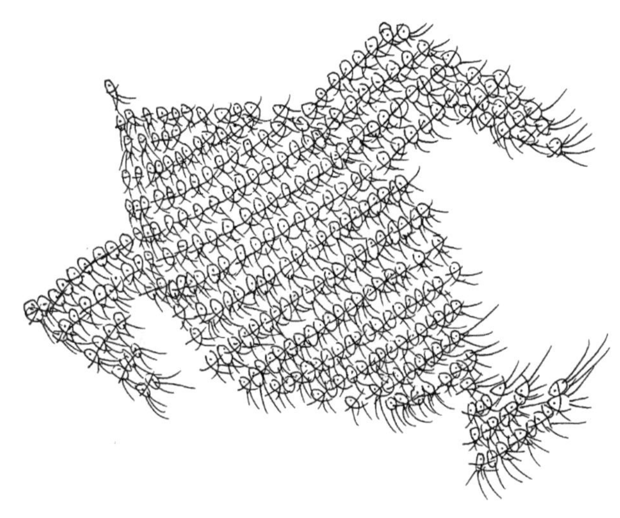

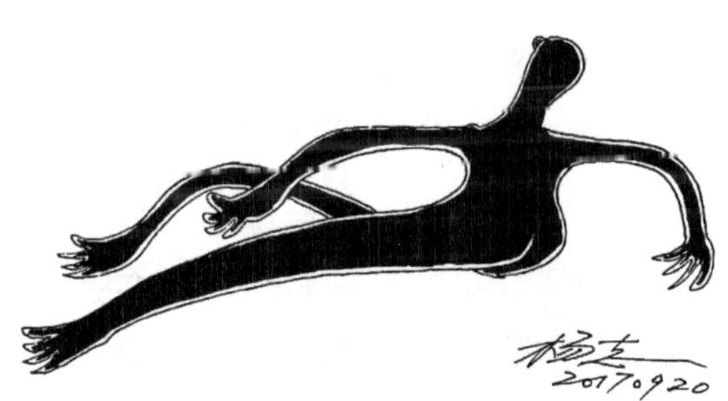

“黑雨滴一样的鸟群，/从黄昏飞入黑夜。/黑夜一无所有，/为何给我安慰。”（海子诗）

易时采用的货币就是比特币，汇率与美元挂钩。联邦调查局还指控乌尔布莱特聘用职业杀手谋杀了一位“丝路”网站用户。具有讽刺意味的是，乌尔布莱特在个人主页上曾这么冠冕堂皇地宣称：“我想运用经济理论作为手段来废除人类之间的强制与敌意。就像奴隶制如今已消除，我相信暴力、强制以及所有人类施加于他人的武力行为都将终结。政府与机构是实施武力最广泛与系统的主体，所以这正是我现在努力的方向。……为此，我正在创建一个经济仿真体，它给人们带来不必生活在武力与强制体系下的第一手体验。”

理想主义居然成了犯罪者的托词，这样的后果大概是比特币支持者（包括中本聪本人）也意想不到的吧?

虚拟货币的未来

天下熙熙，皆为利来；天下攘攘，皆为利往。比特币之所以发展壮大，归根到底，不是源于人们对“去中心化”的渴望，而是源于人们对财富的渴望。但是，这种“无政府主义”的货币形态，既吸引欲望，却无国家监管，它在未来可能遭遇的毁灭性打击，未必是来自世界各国政府，倒更可能来自虚拟货币的复杂“内部关系”。

首先，可能来自比特币内部产生的“内乱”。比特币吸引交易者的重要理由之一是，按照中本聪的算法，比特币发行的货币量不会超过2100万枚，其产出是递减性的，每4年产出减半，等到2140年挖出最后一枚比特币，比特币的流通数量就不再增加，再考虑到持币者丢失的情况（比如忘掉了密码），实际上会逐渐减少。也就是说，比特币不像各国货币那样会存在货币超发而导致的贬值问题。但事实并非如此，比特币的任何规则都是可以改变的，发行量不超过2100万的上限也是如此。只不过修改者必须说服大部分比特币用户。而且，在比特币世界内部的矛盾无法协调解决的时候，也很有可能导致货币的分裂，行内叫“分叉”。2017年8月，比特币就发生了“分叉”，一些用户分裂出来，创造了一个叫作“比特币现金BCC”的新版本。这到底是比特币的新分支，还是另一种“山寨币”？目前，业内对此还论调不一，但比特币现金BCC目前发展势头不错，在比特币交易所里交易频繁。此种内部分裂，增加了比特币的货币供应量，一旦频繁发生，就会变成恶性通胀，破坏比特币的信用，威胁到货币本身的稳定性。这就让我们看到，完全绕开国家监管的虚拟货币，其内部是存在激烈的难以协调的利益之争的，如果一步不慎，很有可能导致信用破灭，自毁前程。

其次，可能来自其他虚拟货币（即“山寨币”）的竞争。比特币产生后，大量采用类似技术模式制造的虚拟货币也纷纷涌现，俗称“山寨币”（Copycat coin）。大多数山寨币问世没多久便告夭折，不像比特币那样风起云涌，但其中也有几家，比如莱特币LTC、未来币NXT、无限币IFC等在交易市场上抗跌性能较强，国际市场口碑较好，对比特币有一定竞争能力。目前，任何山寨币都无法动摇比特币的龙头地位，比如紧随其后的莱特币，其市值只有比特币的3%。但是，随着区块链技术的发展，谁敢断言山寨币就不能超越比特币，取而代之呢？在经济史上，山寨者借助技术创新而“篡权夺位”之事例是屡见不鲜的，日本石英钟摧毁瑞士机械表、苹果智能手机击垮诺基亚等都是典型事例。这种情况一旦发生，比特币的结局就有可能是一夜之间成为明日黄花，其市值则灰飞烟灭，化为乌有，持币者将损失惨重。

比特币的网络是全球性的，只要不是全球封禁，就会有生存空间。但未来的比特币是否能经受各国的监管，顶住内部的分裂压力，压制山寨币的竞争，是继续存在下去还是土崩瓦解，化作人类记忆的尘埃？我们还需拭目以待。但可以确信，比特币带来的“货币概念震撼”以及对区块链技术的发展，如互联网和智能手机一样，已经永远改变了经济史乃至人类史。

（杨志、王鸿莉）

耻辱中绝无慰藉

——107篇国际论文被同时撤稿

知识分子是一小群才智出众、道德高超的哲学家–国王，他们构成人类的良心。他们本质上不追求实践的目的，只希望在艺术的、科学的或形而上沉思的活动中获得快乐，简言之，他们只在拥有非现实的善。他们总是说：“我的王国不是这个世界。”

——朱里安·本达《知识分子的背叛》

你们都是最优秀的分子，如果最优秀的分子丧失了自己的力量，那用什么去感召呢？如果出类拔萃的人都腐化了，那还到哪里去寻找道德善良呢？

——费希特《论学者的使命》

2017年4月20日，世界最大的学术出版机构之一的施普林格自然出版集团发表撤稿声明，《肿瘤生物学》（*Tumor Biology*）上中国学者发表的107篇论文被撤稿。施普林格自然出版集团的声明指出，经过彻底调查，已经找到足够确凿的证据，确信这107篇论文在同行评审过程中存在造假行为。虽然撤稿论文的同行评审专家姓名真实，但是电子邮件的地址却是假冒的。《肿瘤生物学》杂志的编辑以为被评审的论文发送给了真正的评审专家，但是在与真正的评审专家进行沟通之后，确认该评审专家并没有收到论文，更没有对论文做出过评审。这次的撤稿名单长达数页，详细列出了撤稿的论文题目和作者姓名。撤稿的论文涉及时间从2012年至2016年，其中2015年以前提交的论文超过了80%。

近年来，中国科技工作者在国际学术期刊发表的论文，不但数量大幅增长，而且质量也不断提高，这是有目共睹的事实。但论文造假、论文撤稿等事件由来已久，层出不穷。比如，2015年，中国学术界就接连经受了三次撤稿风波。2015年3月，英国BMC出版社撤回43篇论文，其中41篇来自中国。2015年8月，德国施普林格出版集团宣布撤回旗下10本学术期刊已发表的来自中国的64篇论文。2015年10月，爱思唯尔出版社撤销旗下5种杂志中来自中国的9篇论文。

当然，不容否认的是，这次施普林格撤稿规模之大前所未有，创下了正规学术期刊单次撤稿数量之最，被撤稿的作者全部来自中国，其中不乏来自上海交大、浙江大学等名校和在著名三甲医院一线工作的医疗卫生科技工作者。目前调查结果显示，被撤稿的论文实际数量是106篇，并不是107篇，其中有1篇是重复的；被撤稿的论文共涉及作者521人，其中486人存在不同程度的过错，11人没有过错，其他尚待查实的有24人。

尽管近年特别是2017年中国科技成果呈现井喷趋势，让世界震惊的领先成果目不暇接，但是这次施普林格撤稿事件还是成为2017年中国科技界最吸引眼球的新闻事件之一，不仅是中国科技界的关注热点，也成了国际新闻，引起多方关注。无疑，施普林格自然出版集团和期刊编辑存在内控机制不完善、审核把关不严格等问题，难辞其咎。但是，这个事件也折射出中国科技界在学术规范和学术诚信方面存在一些亟待解决的深层次的老问题。

【同行评审及造假】

同行评审（Peer Review）是把学术作品交给同一领域的其他

专家学者进行评审，使学术作品符合一般的科学与学科领域的标准，这是国际流行的期刊审查程序。简而言之，当期刊编辑收到作者的学术作品以后，由于期刊编辑可能并不了解该学术领域，期刊编辑就需要寻找相关领域的专家来评审该学术作品，并提出该学术作品是否发表的意见。同行评审造假就是学术作品的作者虽然写上了评审专家的真实姓名，但是虚构了评审专家的电子邮箱，导致了论文作者“运动员”“裁判员”一肩挑。编辑把学术作品发到虚假的电子邮箱，当然会收到“百分百认可”的同行评审意见，以致于让不合格的学术作品能够发表。

【“辟尔唐人”事件】

达尔文的坚定追随者、英国科学家赫胥黎曾经指出，人类不能直接从猿进化而来。1911年，英国业余地质学家和考古学家查尔斯·道森在辟尔唐地区沙砾层中发现了一个上部像人、下颚像猿的头盖骨化石。查尔斯·道森认为这个头盖骨很可能是类人猿的化石。1912年12月28日，大英博物馆古地质部负责人史密斯·伍德沃德爵士在英国地质学会上宣布，英国发现了类人猿化石，并将这个头盖骨命名为“辟尔唐人”头盖骨。1953年，“辟尔唐人”头盖骨被证实是伪造的人猿头骨。这场骗局被认为是科学史上最具破坏性的欺骗。当真相大白于天下之后，“辟尔唐人”伪造事件成为了轰动世界的“英国丑闻”。大英博物馆也将这一所谓的“国宝”化石撤下了展位。

【日本钢铁企业10年数据造假】

日本制造向来是与“高品质”“精益求精”“工匠精神”匹配的。然而，2017年10月，日本第三大钢铁企业神户制钢所承认长期篡改部分铝、铜制品性能数据，将以次充好的产品供应给客户，部分违规行为从10年前就已经开始。日本舆论一片哗然，认为近年日本知名企业造假丑闻频出，降低了“日本制造”的信誉。

【“慧眼”成功发射并助力发现引力波】

在太空闪耀的“中国星”并不只有“墨子号”。2017年6月15日，中国在酒泉卫星发射中心成功发射了中国第一颗X射线空间天文卫星“慧眼”。通过“慧眼”，我们可以更加深入地观察宇宙样貌、探索宇宙奥秘，意味着中国告别了在空间高能天体物理领域没有自主观测数据的时代。2017年10月16日22点，多国科学家联合宣布发现“双中子星引力波事件及电磁对应体”。“慧眼”在引力波事件发生时成功监测了引力波源所在的天区，对其伽马射线电磁对应体（简称“引力波闪”）在高能区（MeV，百万电子伏特）的辐射性质给出了严格的限制，为全面理解该引力波事件和引力波闪的物理机制做出了重要贡献。

不会看病的医生当上教授，是体制的误导；而会看病的医生当不上教授，则是社会的悲哀。

——《济南时报》爱问医联微信公众号

论文造假之所以屡禁不止，除了个别科技人员自破底线外，还有更大的看不见的推手——“以论文论英雄”的评价制度。如果不改变这个“指挥棒”，论文造假就很难杜绝。

——李晗冰微信公众号

中国科研作假的成本几乎为零，利润最高的能上亿，零成本亿万利润的事谁不干谁傻瓜呀，地球人都知道。

——知乎 李镜诚

国内的论文真该好好查一查。

——腾讯网友香

如果非要拿房地产和科研比，房地产并没什么泡沫。

——知乎 知乎用户

我国科技成就值得大书特书

新中国成立以来特别是改革开放以来，中国人背负着太多历史欠账要完成。“多少事，从来急。”其中之一就是如何回答李约瑟之问：为什么中国在16世纪以前科技领先于世界，而16世纪以后遽然衰落。对这样似乎是历史文化问题的关注恰恰反映出现实的焦虑，焦虑于中国科技落后于人。焦虑使人自强不息、艰苦奋斗，创造不少的奇迹，但也产生了一种急功近利、浮躁的“大跃进”心理。比如，科学研究被附加了一些其他的东西，一些科研院所过度追求论文发表的数量以博取名气，我们周边不时出现了一些论文撤稿、论文造假事件等。尽管中国的科技部、教育部及中国科协等有关部门和人民团体针对这些问题已经出台了一些规定，但是这些规定很多时候还只是印在纸上、挂在墙上、说在嘴上，效果并不尽如人意。严重的问题一经孕育，时间便是量变到质变的见证，迟早会出现总的爆发。

但是，即便如此，我们首先也得看到，长期以来，绝大多数中国科技工作者坚守高尚的精神境界和良好的道德操守，板凳甘坐十年冷，埋头搞科研，不断取得重大突破性研究成果，发表论文的数量和质量都稳居世界前列，使中国人自豪感倍增。科技进步是中国崛起的动力支撑，是中国真正从站起来、富起来到强起来的关键。总体上说，广大科技工作者并没有辜负这个时代和这个时代的使命。正如习近平总书记在“科技三会”上发表重要讲话时指出：“经过新中国成立以来特别是改革开放以来不懈努力，我国科技发展取得举世瞩目的伟大成就，科技整体能力持续提升，一些重要领域方向跻身世界先进行列，某些前沿方向开始进入并行、领跑阶段，正处于从量的积累向质的飞跃、点的突破向系统能力提升的重要时期。”

今天，中国依然是世界第一科技人力资源大国，科技人力资源总量已经达到8000多万人。他们中的绝大多数具有胸怀祖国、以身许国、敢为人先、坚毅执着 、淡泊名利、无私奉献、求真诚信、严谨治学的崇高精神，涌现了李保国、黄大年、南仁东等优秀科技工作者。中国虽然出现了极个别科技工作者违反科研诚信要求、违背科学精神，出现了科研造假或者论文被撤等不良事件，但并不能否定中国整个科技工作者队伍，否定广大科技工作者做出的突出贡献。在全面深化改革的大背景下，中国科技体制改革也在不断深入，特别是科研评价机制不断完善，学术生态环境不断改善，类似此次的撤稿论文事件一定会越来越少。

以论文论英雄还是把论文写在大地上

在一般意义上，毫无疑问，论文和影响因子非常重要。但是，其重要性不能无限夸大，更不能不顾行业领域、性质，“万般皆下品，唯有论文高”。比如，对进行临床医学研究的医务人员而言，简单地把论文数量和影响作为标准的评价方式就难以对他们的实际贡献做出全面公正的评价。再如，对博物馆和科学中心一线的讲解员、辅导员而言，单纯用论文来衡量工作贡献也有失公允。博物馆和科学中心的一线讲解员、辅导员主要在展厅为观众答疑解惑，为观众提供各种服务，其特殊的工作性质，嘈杂的工作环境，导致很难有精力搞科学研究，更难以在国外发表学术论文。

相比中国而言，西方发达国家医疗资源比较充足、医生时间也相对充裕。中国医疗资源现在还比较紧张，内科医生和外科医生的临床任务都非常重，尤其是在优质医院，很多医生可以说忙得四脚朝天、脚不着地。在医患关系很紧张的时候，中国临床医生光看病就忙得身心俱疲，还要承受着巨大的精神压力，当然没有足够的时间与精力潜心研究和撰写学术论文。

这次撤稿主要集中在医疗领域，扭曲的考评体系是最主要的推动力。中国医生现行的评价体系给大规模造假提供了特殊的动机。医生的工作很忙碌，现实很残酷。很多医院对医生的考核评价并不看医术，而是看承担的课题、看发表的论文。医生评职称的时候，往往“做1000台手术不如发一篇SCI论文”。不少医院的年终岁尾的绩效考核、津贴奖金，国家相关部门的项目课题申报和结题验收、奖励评审、人才评价、硕士和博士点申请、院士评选、学科评估，乃至五花八门的医院排名中论文都成为衡量的重要评价指标。这就导致了以治病救人、救死扶伤为第一要务的临床医生也不可避免地被套上了申请课题、发表论文的“金箍”。医生也食人间烟火。设定了标准，人们就会有目标导向，在一个多少有些去道德化、重视结果而不计较手段的时代，医生为了晋升，不得不绞尽脑汁甚至不择手段地发表各种各样的论文，在一定程度上真可谓“逼良为娼”。

中国的论文撤稿事件为什么会“野火烧不尽，春风吹又生”？为什么出台了这么多规章制度，学术不端、论文造假还是屡禁不止？说一千道一万，根本原因就是我们把论文数量和影响因子作为人才评价的最重要指标。打破这种状况的根本方法就在于改变科研的价值取向、评价体系，以我们正在做的事情为中心，切切实实地服务于人们对美好生活的期盼。正如习近平总书记指出的，“科学研究既要追求知识和真理，也要服务于经济社会发展和广大人民群众。广大科技工作者要把论文写在祖国的大地上，把科技成果应用在实现现代化的伟大事业中”。

像正确对待GDP一样正确对待论文

应该说，取得科研成果以后，就应该主动撰写并发表论文，就应该广而告之，尽早让论文面世。这是因为论文不仅是科研成果的集中体现和重要载体，也是科学共同体交流的重要平台，有利于确定科学发现优先权。因此，发表论文可以及时共享最新的科研成果，让科学共同体少走或者不走弯路。

但是，任何事情都是过犹不及。中国目前论文导向几乎到了无孔不入的程度。在这样的指挥棒下，评审专家和被评估方都过度重视论文的数量和影响因子以及被引用数量，没有实事求是地评价其对科学发展的实质影响和对经济社会发展的实际贡献，以至于出现了“学历再高，能力再强，没有论文一票否决”的奇怪现象。这种奇怪现象一而再、再而三地出现，导致了很多人已经见怪不怪了。

殷鉴不远，历历在目。为了防止论文撤稿、论文造假等学术不端事件的再次发生，我们必须坚持分类考核的科研评价机制，建立综合考评制度，把解决国家重大需求的实际贡献作为核心标准，坚决改变单纯以论文、著作为主的科研成果评价方式。

我们既要看到科研论文的重要作用，又不能以科研论文至上，不能把科研论文当成唯一的标准。比如，对从事基础研究的科技工作者而言，可以让论文回归其科学本质，以其发表论文的质量和数量为主设置指标，从而实现我国科技论文数量与质量的均衡发展；对从事关键技术和装备开发、产品设计的科技工作者而言，应该按专利、产品、标准等的数量、质量和效益为主设置指标，不能以论文论成败；对于从事科研转化的科技工作者而言，应该按其推广品种、转化成果、转让技术与专利所带来的经济效益为主设置指标。对于科研辅助和管理服务人员而言，由科研人员或其他服务对象对其提供服务的质量、数量、态度等方面进行考核。

一言以蔽之，我们过去需要论文，现在和将来仍然需要论文，我们更需要一流的学术大师。分类考核的科研评价机制全面落地后，在前沿探索、短板攻坚、转化创业、普及服务方面做出突出贡献的科技工作者都应当而且可以得到社会的承认，都应该有施展才华的舞台，都会获得人生出彩的机会。

问责一次胜过教育千遍

在某种程度上理解论文造假的原因，只是为了改善而为科技工作者创造更好的工作条件，而绝不是要为论文造假开脱。相反，不仅错了就是错了，而且应该严肃、严厉处理，决不能高高举起、轻轻落下，大事化小、小事化了。

确实，相当长的时间以来，中国预防和惩治学术不端行为的制度建设还比较滞后，需要尽快完善相关的制度。比如，我国有关部门虽然明文规定禁止抄袭，并制定了一系列相关的惩罚条例，但是何为抄袭、何为剽窃、何为合理的借鉴、如何按照学术规范引用其他学者的观点等，在法律法规和有关制度中并没有做出明确规定。每当发生论文不规范甚至造假、剽窃时，相关部门都会郑重其事地宣称“对学术不端要零容忍”，但通常是雷声大雨点小，雨过地皮湿，甚至一而再、再而三地搞“下不为例”。

他山之石，可以攻玉。国外一些惩治学术不端行为的做法值得我们借鉴。美国在防止抄袭方面专门制定了手册。《芝加哥手册》和《韦伯美国标准写作手册》是美国学术界人士共同遵守的学术写作指南，这两本书对学术写作的各个细节做出了严格规定。日本建立了一套防范机制，从论文抄袭、篡改、盗用和研究经费不当使用抓起，预防学术不端行为。法国注重营造严谨治学氛围，并在国家健康与医学研究所成立了科学廉洁委员会。瑞典也成立了一个常设机构，专门处理学术造假事件。韩国对学术造假者，在撤销其职务以后，还会受到法律起诉。大多数发达国家学者的造假行为一旦被确认，不管其名望有多高、潜力有多大，造假者都会受到严厉惩处，其学术生涯也会随之终止。比如，日本的小保方晴子因为论文造假而被除名，韩国的黄禹锡因为学术造假锒铛入狱，等等。

乱世用重典，积重需猛药。遏制论文腐败，消除论文造假，就必须让造假者得不偿失，就必须让造假者付出最大的代价，包括职务、职称、收入、待遇、名誉等，让其感到学术造假的切肤之痛，追悔莫及。必须让造假者“喊疼”，必须让造假者一次受处理，终生自觉讲诚信。

各方面都要反思和改进

这次施普林格撤稿事件的原因是多方面的，各相关方都有自己要承担的责任。这次事件在中国乃至在世界上都具有一定的代表性，应该引起各方面、全方位的反思，真正有所改进，才能尽可能减少此类事情的发生。

首先，要反思的当然是涉事作者。对于科技工作者而言，数据成果不能造假、不能抄袭剽窃他人的学术成果，不能委托代写代发论文，这都是最基本的常识，应该内化于心、外化于行。真正把科研视为生命、冷板凳一坐十年、埋头搞研究的科技工作者是不屑于研究造假的，更不屑于论文造假，也不会追求所谓的“著作等身”。涉事作者大多数都是缺少自律，以至于想浑水摸鱼，打着自己的如意算盘，追求自己的小利益。比如，对于论文被撤稿，有的论文作者大呼冤枉，好像蒙受了不白之冤，指责这是“第三方”代发论文搞假同行评审，自己的论文并没有造假。此类作者是揣着明白装糊涂，应该知道委托他人代发论文本身就是不对的。对于发表论文，作者必须负全责，必须文责自负，不能以其他借口推卸责任。“人必自辱而后人辱之”，任何价值、尊严都是自己创造的，任何恶果、苦酒都是自己栽种和酿造的。

其次，确实要联合打击所谓的“第三方机构”。国内外一些利欲熏心的“第三方机构”，唯利是图，打着“语言润色”“咨询服务”“编辑修改”的幌子，为急需发表学术论文的科技工作者代写、代投，甚至伪造同行评审，提供所谓的“一条龙”服务。这些“第三方机构”瞒天过海，公开造假，不但获取了巨大的经济利益，也败坏了社会风气。目前对这些帮凶、教唆犯的处罚都过轻，应该加大惩罚力度。

最后，出版集团和期刊编辑的内控机制也要更加完善、审核把关要更加严格。2015年撤稿事件发生以后，施普林格自然出版集团并没有吸取教训，并没有采取措施防止类似事件发生。施普林格自然出版集团和期刊编辑长期存在内控机制不完善、审核把关不严格，对评审专家信息、评审专家评审意见审核不严格等问题，对撤稿事件也负有不可推卸的责任。亡羊补牢，未为迟也。施普林格自然出版集团应该完善内控机制，加强对期刊的管理。施普林格自然出版集团的编辑人员要有工匠精神，应该乐于并善于为作者做好“嫁衣”。总之，施普林格自然出版集团应该防患于未然，把有问题的论文消灭在没有发表之前，而不是发表之后一撤了之。与此同理，国内的出版社、期刊社也应该从严要求、从严把关。

科学研究是神圣的事业，真实诚信是科学研究的基本准则。论文造假的危害不仅导致低水平研究重复、垃圾论文成堆，也损害了中国科技界在世界上的良好声誉，更为严重的是消解了求真求实的科学精神、破坏了公平竞争的学术规则，侵蚀着我们建设世界科技强国的基石。但是，沉舟侧畔千帆过，病树前头万木春。希望中国科技部、教育部、卫计委及中国科协等相关部门正视问题、对症下药、标本兼治，在评价标准、评价方式、评价程序等关键环节拿出管用的硬招、实招，治好学术森林中的“病树”，拔掉学术森林中的“死树”，真正杜绝学术不端行为。中国完全有能力、有信心在学术领域实现“惩前毖后、治病救人”的宗旨，彻底铲除学术不端行为，以科技梦助推中国梦，努力建设世界科技强国。

（王洪鹏）

灭毒瘤下猛药还需根治

——天津“决战”非法传销

私欲既怀了胎，就生出罪来。

——《圣经·雅各书》

请告诉我谁不是奴隶。有的人是“色欲”的奴隶，有的人是“贪婪”的奴隶，有的人是“野心”的奴隶，所有的人又都是“恐惧”的奴隶。

——塞内加《致鲁西流书集》

群体盲从意识会淹没个体的理性，个体一旦将自己归入该群体，其原本独立的理性就会被群体的无知疯狂所淹没。

——古斯塔夫·勒庞《乌合之众》

2017年7月14日，985高校东北大学的毕业生李文星在天津静海区被发现溺水死亡，年仅23岁。据查，李文星死亡的背后是一个运作长达11年、规模庞大的老牌传销“蝶贝蕾”。两个月前，“蝶贝蕾”成员利用手机和邮箱在“BOSS直聘”网上冒用“北京科蓝软件系统有限公司”之名，发布虚假招聘信息，诱骗李文星深陷传销。

李文星之死引发社会广泛关注，反映强烈，成为天津重拳打击传销的导火索。8月6日，天津市委、市政府在静海召开紧急会议，做出部署，迅速开展一场打击取缔非法传销的专项行动，决战20天，彻底清除天津市非法传销活动，打掉非法传销团伙，打不净则不罢手、不收兵。

天津市委常委、政法委书记赵飞亲临传销重灾区静海督战，“凌晨行动”迅速展开。静海区每天出动6000余人打击传销，两天内排查出租房屋6557处，排查其他点位2997处，断水断电11处，张贴标语1281幅，入户宣传19900户，发放宣传材料13000份，累计收容教育127名传销人员。到8月21日静海区已基本实现无传销区的目标。武清等其他各区也同时开展了大规模的打击传销的专项行动。

天津的“决战20天”是公权力机关发动的一场闪电突击式全方位的“人民战争”。这场传销歼灭战的特点：第一，综合治理。天津市公安局会同综治、市场监管等部门联合建立了天津市“打传”督导工作小组，实现多部门综合治理、齐抓共管。第二，专群结合。一方面，公安局经侦总队组建了打击传销犯罪专业队，用“专业队伍打击职业犯罪”；另一方面，深入基层，广泛动员人民群众，群防群治。落实区级领导包乡镇、乡镇干部包村街、村街干部包户包人制度，强化全民参与，在乡镇成立打击传销的队伍，发布举报奖励办法，公布举报电话，鼓励广大群众参与揭发、举报传销犯罪，将反传销工作延伸至基层。第三，连续打击。不断强化打击传销犯罪力度，采取情报先导、法制保障、专业打击相结合的打击模式，连续开展系列专项行动，实现对传销违法犯罪的持续打击。第四，加大防范宣传力度，通过“声屏报网全覆盖、线上线下齐发力”的防范宣传模式，积极助推打击传销犯罪工作深入开展，努力营造打击传销的社会氛围。

很快，天津、河北和北京三地形成联动机制，将传销剿灭行动扩展到京津冀地区。随即，传销剿灭战的级别和范围再次升级。8月，国家工商总局、教育部、公安部、人力资源和社会保障部四部门联合印发通知，宣布从8月15日开始开展为期3个月的传销诈骗专项整治行动，严厉打击借创业就业和招聘为名诱骗求职者参与传销组织的违法行为。江苏、河南、浙江、江西、贵州、湖北等全国多地均开展了打击传销违法犯罪的专项执法行动，初步形成了全国一盘棋，形成了对流动性强的传销活动的联动治理和信息共享机制。

【庞氏骗局】

这是对金融领域投资诈骗的称呼，这种骗术是20世纪在美国的意大利裔投机商查尔斯·庞兹“发明”的。庞氏骗局在中国又称“拆东墙补西墙”“空手套白狼”。简言之，就是利用新投资人的钱来向老投资者支付利息和短期回报，以制造赚钱的假象，进而骗取更多的投资。1919年，查尔斯·庞兹开始策划一个阴谋，他引诱人们向一个事实上子虚乌有的企业投资，许诺投资者将在3个月内得到40%的利润回报。然后，狡猾的庞兹把新投资者的钱作为快速盈利付给最初投资的人，以诱使更多的人上当。由于前期投资的人回报丰厚，庞兹成功地在7个月内吸引了3万名投资者，这场阴谋持续了一年之久，被利益冲昏头脑的人们才清醒过来，后人称之为“庞氏骗局”。

【南派传销和北派传销】

拳分南北，传销也分为南派和北派。北派传销是传统的传销方式，虚构产品或假冒的公司以低劣的产品做道具，通过诱骗、控制人身、聚众封闭洗脑的方式进行传销，主要分布在中国北方地区，多针对年轻人，尤其是刚毕业的大学生。控制人身自由是北派传销的标志性特色。南派传销起源并多分布于中国南方，产品内容往往是资本运作、连锁经营、商会商务运作等概念，经常打着“国家支持”“纯资本运作”“民间互助理财”等旗号，以考察项目、包工程、旅游探亲为名，把人骗到外地，进行一系列“洗脑工程”。诱骗对象呈多元化，重在精神控制，传销人员来去自由。目前，我国南、北派传销相互渗透、融合，除了西藏外，几乎每个省市都有南、北派传销的分布。

【“五行币”传销获利2亿】

2017年9月29日，湖南省桂阳县检察院以涉嫌组织、领导传销活动罪批准逮捕“五行币”组织领导人宋密秋。2012年11月以来，宋密秋虚构其乃“神童、在北海舰队海军陆战队服役、世界首富张健”等身份及经历，以“云数贸”“云讯通”等模式，非法组织开展传销活动，涉案金额过亿。之后宋密秋逃往国外。

2016年12月，宋密秋化身为爱国的传奇人物“张健”在泰国启动“五行币”传销组织，打着“爱国、慈善、高额回报”等幌子，通过“拉人头”的方式，以投资“虚拟货币”“五行币”可获“金币奖励”“动态收益”等为诱饵，引诱国内众多人员疯狂参与。在不到半年时间，有近40万人加入“五行币”组织，该组织获利2亿余元。

当时觉着干这行儿挣得多、来钱快，可以一夜暴富，谁不愿意？

——“1040工程”传销组织高某（经理级别）

这是一个备受煎熬的过程，自己不断地在理智与情感之间动摇、在干与不干之间摇摆。但还是要把钱挣到手，我不能空着手回去。

——农村大学生方某（传销人员）

与其说“金钱”是传销的动力，不如说人的“缺失”才是真正的驱力。传销的人就是在反复骗人、拉人的过程中熟知了人性的弱点，在你毫无防备时有组织、有预谋地攻陷了你的意志力。

——知乎网网友评论

不改变一些人指望天上掉馅饼而想要不劳而获，及懒惰、贪婪、自私的生活态度，传销永远只能野火烧不尽，春风吹又生。

——微信公众号法律读库·七月雪

触手可及的成功越来越建立在对于人性弱点的察知和利用上，人们的贪嗔痴、恐惧、软弱、焦虑、愤怒和攀比心，甚至都不需要提供真正的解决方案，只需要唤醒、回应和催化它们就好。成功不再是依靠“创造好的事物”，而是“放大人性弱点”。

—— 法影斑斓微信公众号 黄琳娜

传销，可怕的社会毒瘤

自20世纪80年代传销进入国门，近30年来传销组织数量呈几何级增长，泛滥全国。近年来，传销这一“经济邪教”不断升级换代，一个传销组织的涉及人数动辄上万，甚至数百万，涉案金额上亿元的屡见不鲜。直销百科网对2016年被公安机关侦破、影响较大的传销案件做了数据统计，其总体涉案金额超585.92亿元人民币，涉案人数超4126万，遍及全国23个地区。传销年年有，一年胜一年，日益猖獗的传销传染性强，成为养恶的渊薮，流毒深远。

1. 传销是家庭之恸

每个人都不是一座孤岛，自成一体。陷入传销队伍的农民、退休人员、退伍军人、大学生等每一个生命个体都是社会基本单位——家庭中不可或缺的一员。一人深陷传销，带给家庭的往往是物质和精神的双重打击。传销是极少数人敛财的把戏，绝大多数参与者都会血本无归，甚至倾家荡产。一个大学生往往是一个家庭的希望，对于农村家庭而言，更是几十年的心血铸就的改变家庭甚或家族命运的唯一希望！大学生被诱骗陷入传销泥潭，深陷迷途，不能自拔，甚至丧失生命，如李文星之死对其家庭的摧毁性打击不言而喻。“母亲发展不来下线，只好把儿子骗来，儿子为了发展下线，又把父亲骗来”，近年来全家被骗的传销案例越来越多，导致夫妻陌路、父子反目、兄弟相残，甚至家破人亡，埋下社会不稳定的隐患。

2. 传销是经济之悲

传销是资本和劳动力资源的巨大浪费。譬如，诱骗大学生李文星的传销组织 “蝶贝蕾”11年前被公安部查处时就发现其涉案者多达50余万人，涉案金额20亿元。21世纪以降，打着虚拟货币、资本运作旗号的微传销层出不穷，动辄吸入亿元资本。以求职的年轻人尤其是大学生为目标的传销组织死灰复燃，引无数年轻学子入瓮。传销导致的资本和人力资源错配不利于解决资源有限、需求无限的稀缺性问题，不利于满足人民美好的物质文化需求。

与合法的直销不同，传销没有真正的有价值的产品，其快速致富的秘诀是通过“发展下线”“拉人头”等方式攫取会费，用后来者的会费填补先来者的财富欲望之壑。传销的这种 “我骗你，你骗他”消耗的是宝贵的信任资源。在庞大的陌生人社会，市场经济能用“看不见的手”比较灵敏、快捷、准确地传递市场信息，较好地解决资源配置问题，基石是诚信。传销骗术横行，虚假的市场信息泛滥，引发劣币驱逐良币，消耗的是宝贵的信任资源，危害市场健康有序运行。

3. 传销是道德之殇

名目繁多、层出不穷的传销组织通过集中上课、网络平台轰炸等方式编造谎言给众多传销人员，以宣扬诈骗敛财的套路。经过“洗脑”，传销成员深陷暴富的幻想之中，价值观、人生观发生扭曲，丧失了君子爱财取之有道的财富观，不以欺骗为耻，把“拉人头”的黑手伸向同乡、同学、同室、同宗、同事，导致人与人、人与社会间的信任度严重下降，极大地破坏了社会诚信道德体系。传销组织通过控制人身、洗脑等方式俘获年轻人，在普通人身上所激发出来的这种“平庸之恶”使传统的义利观崩溃。

屡剿不灭，难在何处

传销在我国如沉疴缠身，政府对其打击治理也从未停歇，且力度不断增强。以传销猖獗的天津为例，10年前天津就建立了打击传销工作联席会议制度，并多次开展专项行动。在“传销重灾区”的静海，据当地警方介绍，仅2015—2016年当地累计刑拘传销人员近400人，而针对李文星的传销组织“蝶贝蕾”的专项行动此前也已连续开展7次。但多年来，五花八门的传销屡禁不绝、屡剿不灭，愈发猖獗。为什么？

“软弱”的法律，艰难的执法。刑法“心太软”，对传销的惩罚对象和威慑力有限。2009年我国的刑法修正案（七）规定传销可定罪为组织、领导传销罪，归入诈骗罪。但刑法上的传销组织认定条件较高，要求有经营活动之名而无经营活动之实；参与传销活动的人员在30人以上（特定情况减半）且层级达3层以上；只惩罚组织、领导者，一般参与者不构成犯罪，只需接受行政处罚和教育。相比普通诈骗犯罪骗取3万元以上就可能判刑三年以上，组织、领导传销罪需要骗取资金250万元以上或者参与人数达120人以上才能认定为情节严重，从而判刑5年以上，实践中仅有20%的组织和领导传销活动的人员被判刑5年以上。

执法难点多。基层总结传销执法有五大难点：工商执法罚款难、公安抓获头目难、取证困难、移送司法机关难、法院定罪难。其中，取证最难。现实中传销多采取上、下线单线联系，而上、下线之间大多以信赖关系收取钱物，不开具相关收款凭证，执法机关在调查取证中经常出现证据链条中断和无法收集用以佐证的相关书证等情况，致使案件难以顺利侦结，大多以行政处罚了事。传销行为往往伴随暴力型和非法拘禁型犯罪，可能涉嫌的罪名有非法拘禁罪、绑架罪、故意伤害罪、故意杀人罪等，由于传销成员往往善用“反侦查手段”逃脱惩处，加之组织中一些人已被洗脑，根本不愿意配合警方取证，上述暴力型行为往往只能以非法拘禁这一轻罪来定罪。

简言之，传销行为的违法成本低，致使大量传销人员有恃无恐。

1. 治标不治本的运动式剿灭

数十年来，各地打击传销的政府行动从未中断。包括20天的天津决战、3个月的全国行动在内的政府行动多为针对传销泛滥的运动式执法、会战式清扫。短期的闪电式突击战可以在短时间内令传销犯罪分子闻风丧胆，起到很大的震慑作用。

当前的传销组织分散性、隐蔽性强，和所在地的租户、出租车司机、执法人员存在着或多或少的利益瓜葛，对打击行动的信息了解迅速，警觉性高，频繁转移阵地，演变为警察和传销人员的猫鼠游戏。与此同时，传销组织往往涉及多地域、多领域，流动性强，传销骨干人员往往采取“打一枪换一个地方”的方法，在全国各地流窜作案，地方的公安和工商等部门联手打击也只能抓获当地的头目，对摧毁整个传销集团则无能为力。由于刑法对传销的入罪量刑门槛高、取证难，真正被法律制裁者是极少数。大量的传销分子在“风声鹤唳”中跑路潜逃，蛰伏起来，风声一过，则卷土重来。这些打击传销的专项行动类似“割韭菜”，重在惩治，短期效应好，但缺少预防治理，长期效果差，治标不治本。

2. 被市场过度洗礼后溃散的传统价值观

在这个消费主义时代，追求货币价值成为大多数人默认的生活目标。财富榜单上的企业家成为社会成功人物的典型群体，如马云、马化腾。这个时代的成功人物的原型已经从传统社会的道德楷模转变为财富精英，物欲的、庸俗化的造富能力成为个体成功的标签。“当世界的纷繁图景呈现在中国人民面前时，当各种潮流、各种人生哲学车水马龙地在视野前掠过时”，“挣钱，挣大钱”成为更多人内心的呼喊。正如马克·吐温在《镀金时代》中所说国人一门心思“筹谋宏图大业，进行各种投机钻营……为了暴富而欲火中烧”。美国人何伟在《寻路中国》中这样描述：“新发现差不多每天都有。其中最重要的发现就是中国人普遍具有这种感觉：一切都在快速地变化着，没有几个人敢自夸自己的知识够用，人们随时都会面临新的情况，需要去琢磨透彻。总会有新的形势需要琢磨，人们来不及辨明方向。而成功的人之所以成功，就因为他们先做后想。……长远计划没有任何意义：人们的目标就是有钱今天赚，有利今天获。不然，你就只有被下一次变革的浪潮所淹没。你会有种感觉，一群人正跟在后面，紧追不舍。”机会主义的暴富心态蔓延，“能捞一票是一票”的想法变得“正常”。传销的特点是来钱快，迎合了国人内心按捺不住的浮躁、焦虑的“成功”欲望。

乡土中国中深藏的基于血缘、亲缘、学缘、地缘的信任文化为传销组织的发展提供了便利条件。北派传销诱骗人入伙的方法之一是“杀熟”。亲人朋友、老乡同学的邀约在注重人情关系的中国很少受到质疑，交易成本低。传销组织洗脑的秘诀之一就是组建中国式的等级森严的“互助友爱”的大家庭，用不是亲情胜似亲情进行信任背书，异化扭曲被骗者的价值观、财富观、道德观。

3. 脱缰的人性弱点

250年前，西方经济学鼻祖亚当·斯密在《国富论》中这样写道：“我们期望的晚餐并非来自屠夫、酿酒师或是面包师的恩惠，而是来自他们对自身利益的特别关注。”人皆有利己心，“夫安利者就之，危害者去之，此人之情也”。传销险途，从不缺来客。欲望，特别是强烈的欲望，是受骗的根源。1040工程说“投资69800元，两年赚到1040万元”、五行币传销蛊惑“买五行币即是爱国”、善心汇传销扯出了“精准扶贫”的公益大旗、“蝶贝蕾”提供了诱人的工作机会……在传销的世界里，你期待的需求将得到快捷而充分的满足，从生存到尊重，到爱，再到自我实现。

“孤立的个人很清楚，在孤身一人时，他不能焚烧宫殿或洗劫商店，即使受到这样做的诱惑，他也很容易抵制这种诱惑。但是，在成为群体的一员时，他就会意识到人数赋予他的力量，这足以让他生出杀人劫掠的念头，并且会立刻屈从于这种诱惑。出乎预料的障碍会被狂暴地摧毁。”国家支持项目、数字货币、未来发展大势、成功范例展示，在传销组织线上和线下的疯狂宣传和洗脑中，网络群体中个体的理性坍塌，欲望获得压倒性胜利，盲从产生。

在传销窝点的重灾区，以利益为纽带，形成了所谓传销产业链。天津静海的村庄里，两间简陋平房“租给外人就500块钱，但是传销组织去租就是高价，3400块钱一个月”，出租车司机觉得拉传销人员的活儿挣钱，找反传销组织捞人需要上万元。在利益的捆绑下，传销组织潜伏在城乡接合部等处，和当地民众互不干扰，“和平”相处。被困的学子、远方的人们，也许与我有关，到底比不上手头实实在在的利益。

滋生传销的社会土壤

伴随着中国财富的爆炸性增长，贫富差距、社会不公、阶层固化、城市生活成本高、就业难、教育鸿沟等发展中的问题日趋严峻，成为传销野蛮生长的社会土壤。20世纪80年代，一个叫潘

“为了理想，请做一个现实主义者”

晓的青年追问“人生的路，为什么越走越窄”，近几年，越来越多的大学生发现毕业季就是失业季。十六载寒窗苦读，一朝工作便成蚁族和屌丝，怎么努力也赶不上飞涨的房价，怎么努力也追不上“富二代”。农民、失业下岗人员等怀着对成功和财富的极度渴望，但是凭借个人奋斗逆袭的机会却很小。于是，非法途径的传销成为“社会失落者”的致命诱惑。2014年的调查发现，在集中“上课”、吃大锅饭、睡地铺的北派低端异地传销组织里大学生特别多，尤其是没有毕业的大学生，有时占到该组织人数的70%～80%。

互联网的蓬勃发展给传销的升级换代、传染性扩散、躲闪潜伏提供了巨大的温床。庞氏骗局是一场击鼓传花的资本骗局，隐藏着真实的快速致富的可能性。据报道，最早一批加入善心汇的刘某，投入3万元拿到了“服务中心”资格，一年后他发展了一个30多万人的团队，赚了1200多万。互联网监管和资本运作的复杂性使得传销骗局暴露的可能性降低。于是，明知山有虎，偏向虎山行，近来传销队伍中的知识分子、政府官员、金融从业人员增多，呈高智商化倾向，这是原因之一。

在对传销的治理中，缺少明确的长效治理制度和明确的责任部门，也给传销的滋生留下了空间。按照2005年的《禁止传销条例》，工商部门和公安机关是查处传销的主要职能部门，但查处传销往往还涉及商务、教育、民政、劳动保障、电信、税务等其他有关部门和单位，真实的问题是各个部门之间职责不清。

斩草除根，路在何方

铲除传销毒瘤是一场立体战和持久战。从根本上解决传销，一要物质上给人以保障和希望，二要精神上有信仰。要以专项整治为契机，建立健全长效治理机制，政府与社会相互合作，才能遏制传销毒瘤潜匿生长，走出“打而不绝”的困境。

1. 教育启蒙，剿灭传销所涉重点人群的原始性无知

所谓“原始性无知”是指未经启蒙的自然、蒙昧状态，是与一定历史时期人类达到的文明（有知）程度相对而言的。传销组织者“闻道”在先，利用其对人性及其心理、资本运作等方面的有知状态和信息不对称进行诈骗。传销的背后是相关群体的原始性无知。要使更多的人摆脱对传销的无知状态，就需要通过教育体系和广泛的宣传，譬如，在中学和大学的公共政治课程中应该加入反传销内容，社区教育应该导入反传销教育。以此加强对老人、家庭妇女、农民、大学生等传销“围猎目标”的认知引导，提高其对社会现象、传销行为的认知水平，尤其是对传销本质、传销手法、传销恶果的清醒认识，使其从对传销原始性的无知中摆脱出来，不轻易被传销组织诱骗洗脑。

2. 发展驱动，破解传销所涉重点人群的生存困境

提供就业机会和致富门路是传销诱骗的手法之一。要紧扣就业这一最大的民生，通过政策支持、财政转移支付、大规模职

业培训、福利补贴、社会保障等具体措施促进高校毕业生等青年群体、下岗失业人员、农民工等多渠道就业、创业，完善相关公共服务体系，谋其生存之利，解其民生之忧，使这些传销组织的“围猎目标”有通过辛勤劳动实现自身发展的机会，个人的获得感、幸福感、安全感充实、有保障、可持续。

3. 完善反传销法律，重拳出击，协同治理

传销的目的动机、实施方式与普通诈骗没有根本区别，其社会危害性却远大于普通诈骗。所以，应及时修改刑法相关条例，将传销定为普通诈骗，并在定罪量刑的程序和证据上做适当调整，解决取证难问题，以法治思维重拳出击，加强刑法的震慑力。

在执法主体上，公安部门、工商管理部门、税收部门、教育部门等要形成有效的协同会商共治机制，分清职责。对于传销组织，要防微杜渐，露头就打。

要通过举报奖励、村镇责任落实等方式，发动群众参与到反传销的战斗中，让传销组织在人民战争的海洋中无处可逃。

4. 加强和创新对城乡接合部等传销重灾区的社会治理

城乡接合部、城市周边的农村因为紧邻中心城市，对于诱骗大学生就业等具有一定的欺骗性，常常是各类传销组织的聚居地。这些地区一方面望得见城市的繁华生活，另一方面却处于经济发展水平低的现实洼地，廉价出租房是当地居民重要的经济收入来源。随着经济的高速发展，城市居民消费升级，中心城市对

近郊农村的辐射效应大大增强。政府应拆除违章建筑，加强环境整治，推动生态补偿，因地制宜地发展环城绿化、有机农业、郊野旅游、乡村旅游等，使当地居民有效对接中心城市的辐射和溢出效应，通过合法渠道获得更多收益，降低对房租的依赖性，从根本上铲除传销赖以生存的地缘条件。

（邰美秋）

快感生产和消费VS自我放大与迷失

——《王者荣耀》游戏引发批评潮

游戏创造秩序，游戏就是秩序。

——约翰·赫伊津哈《游戏的人》

游戏是人性的集合器。

——陈娴颖《游戏链接生活：动漫游戏的3.0时代》

有限的游戏，目的在于赢得胜利；无限的游戏，却旨在让游戏永远进行下去。有限的游戏在边界内玩，无限的游戏玩的就是边界。

——詹姆斯·卡斯

《有限与无限的游戏：一个哲学家眼中的竞技世界》

2017年，《王者荣耀》这款由腾讯游戏开发运行的手机游戏彻底火了！它的“火”既在于其取得的骄人业绩，更在于其引发的社会批评一时处于舆论高峰。

《王者荣耀》是一款现象级手游。游戏中的玩法以竞技对战为主，玩家间除了可以进行多种方式的对战，也可以参加游戏冒险，进行任务闯关。该游戏操作简便，上手快，适合打发碎片化的时间。数据显示，该游戏注册用户超过2亿，日活跃用户5000万。2016年《王者荣耀》收入为68亿元，占2016年手机游戏总收入的17.7%。2017年上半年，关注《王者荣耀》的用户年龄中11～20岁的用户比例高达54%，“00后”用户超过20%。换言之，平均每四场比赛中至少有一个队友是12岁以下的低龄用户。

与此同时，2017年媒体相继报出了小学生沉迷于《王者荣耀》的负面新闻。比如，《杭州日报》报道，一位13岁的小学生因玩《王者荣耀》和父亲发生了争吵，随后直接从4楼跳了下去摔断了腿；中国青年网报道，贵阳市民贺某把手机给14岁的儿子用了一个月后，手机绑定的银行卡存款少了13万，原来儿子通过120余笔交易购买了3款手机游戏道具。中国经济网报道，11月中旬福建一个15岁少年与同伴因玩《王者荣耀》而发生口角，竟然将同伴残忍杀害。

2017年3月，《人民日报》官方微博发布了题为《荆轲是女的？小学生玩〈王者荣耀〉还能学好历史吗？》的文章，对手机游戏《王者荣耀》曲解历史、误导小学生进行了追问。诸葛亮、李白、赵云、孙悟空、墨子、庄周、狄仁杰、貂蝉等耳熟能详的人物都出现在了游戏当中，游戏设定这些角色跨越时空进行混战。诗仙李白变成了刺客，荆轲是女的，名医扁鹊是用毒高手。游戏从形象到内容都与历史和传说完全不符，历史精神被架空。有家长表示，小学三年级的孩子特别喜欢这款游戏，而这些小学生还没有学习过真正的中国历史，让游戏先入为主，会造成孩子对历史的错误解读。

7月3日，人民网刊登题为《人民网一评〈王者荣耀〉：是娱乐大众还是“陷害”人生》的文章，文章批评《王者荣耀》向社会不断释放负能量，质疑其到底是娱乐大众还是“陷害”人生。7月4日，人民网刊登《人民网二评〈王者荣耀〉：加强“社交游戏”监管刻不容缓》一文，呼吁对社交游戏的监管。文中指出应建立多方位的监管机制，“游戏制作方的源头设限、政府部门的审核监管、家庭成员的陪伴监护等，一个不能少”。7月6日，人民网刊登题为《人民网三评〈王者荣耀〉：过好“移动生活”》的文章，倡导健康娱乐。之后《人民日报》也发表多篇相关文章讨论手机游戏的问题。这么高的规格、这么密集地批判一款手机游戏，这在全世界也是空前的。

2017年7月2日，腾讯方面发出游戏“限时令”：7月4日起12周岁以下（含12周岁）未成年人每天限玩《王者荣耀》1小时，并计划上线晚上9时以后禁止登录功能；12周岁以上未成年人每天限玩2小时。成年人在连续进行3小时游戏后会被强制要求下线休息15分钟。

【14岁男孩打赏《王者荣耀》女主播16万】

《钱江晚报》报道，一名14岁男孩，开学读初三。暑假时和同学进了一个游戏玩家QQ群，QQ群里有人拉他们去“触手TV”直播平台，说是看高手怎么玩游戏。男孩认识了触手TV主播“大乃敌”，他给自己取了个网名叫“独宠大乃敌”，在接下来的两个多月里打赏女主播16.6万元。孩子的父亲说，他们是四川南充人，10年前就到广东某服装厂打工。缝一条牛仔裤裤头赚几毛钱，夫妻俩一天能缝上千条。这16万元是夫妻俩10年的所有积蓄。

【学生网吧打游戏猝死】

1月10日，学生小陈和同学小夏相约来到苏州常熟旅游，进入了一家网吧上网玩英雄联盟和CF，并从当天下午4点半一直玩到第二天下午3点半。游戏过后，小陈突然晕倒在了洗手池旁。网吧店长说，根据监控显示，小陈很突然地笔直往后一倒，可能是心脏骤停或者猝死。网吧店长立即拨打了120和110电话，并尝试和店员对小陈进行急救。随后小陈被赶到的警车送到医院，然而最终还是没有抢救过来。小陈的母亲周女士认为，如果网吧管理员能够及时提醒劝离，儿子就不会因为疲劳过度发生这样的悲剧。网吧店长说，网吧不会不做生意，劝客户回去休息，没有这样的规定。

【“打游戏”也能上大学】

2016年9月，“电子竞技运动与管理”专业被教育部批准为高等职业教育增补专业。2017年，武汉光谷职业学院获批在该校“互联网+学院”开设此专业，成为湖北省首个将电子竞技纳入正式专业的高校，并于今年开始招生。第一年招生，学校只投放了50个招生名额，没想到报名人数远远超过计划，最后招了100多人。校长介绍，培养电竞运动人才只是专业任务之一，通过培养电竞产业相关从业人员来组织、引领游戏产业发展。据统计，未来几年，全国高级电竞运动管理人才缺口在20万～30万之间，而相关人才储备不足。电竞专业实践性很强，课程设置上学生实践课约占总课时的60%，而实践场地就是各大电竞赛场。

【驻疆陆军部队全面禁止官兵玩网络充值游戏】

《王者荣耀》是当下军营最火、最流行的一款英雄联盟高仿游戏，凭借着上手难度低、单局时间短、随时随地可玩、区分段位的特点，受到全国各年龄群体的追捧，也曾让部分军人沉迷其中。为有效防范和抵御官兵沉溺《王者荣耀》等网络游戏带来的不利影响，不断引导官兵追求积极向上的文化活动，驻疆陆军部队紧急封杀，全面禁止玩《王者荣耀》等网络充值游戏，切实遏阻官兵沉溺手游的不良嗜好，将官兵的“荣耀”需求从网络手游吸引到训练场、图书室、排球场、篮球场等现实舞台，让每名官兵都在军营特色文化活动中找到更加精彩的自我，自觉摒弃网游。

《王者荣耀》游戏团队的百倍月薪奖金是不是吃人血馒头？

——知乎网友 佚名

努力有用的话还要天才干什么？

——《王者荣耀》李白台词

天不容我，我必逆天。

——《王者荣耀》项羽台词

那个世界是我的避风港和天堂。

——布雷特·沃克

游戏玩家内心深处第一的需要其实是想获得其他人的尊重，要获得荣耀。

——史玉柱在公司内部的演讲

《王者荣耀》始终是物，使用权和决定权在我们自己手里，现在，我觉得不能再继续用这个“物”了。我想回到曾经饱含生命力、极富灵气的样子，而不是玩农药（荣耀）时在沙发或床上眼胀手疼一团死气。

——知乎 夏惊鸿

男生当年玩dota和lol而不理女友的时候，玩游戏就是玩物丧志臭屌丝。现在终于把女生们也拖下水啦，玩游戏突然成了社交必需品、感情联络器。

——知乎 沈劲风

游戏产业：快感生产和消费

《王者荣耀》究竟有什么样的魔力？这款风靡的全民游戏，到底是文化产业的荣耀还是社会的毒药？谈论这个问题前，有必要讨论一下游戏生产的背景。目前，中国游戏成为超越电影产业的庞大文化业。2015年我国影视市场规模约为1650亿元，2016年中国游戏产业规模达1655.7亿元，也就是说游戏产业的市场规模大约等同于电视剧加电影的市场规模。庞大的资本涌入了这个行业，游戏行业拥有庞大的用户基数。2015年，国家新闻出版广电总局公布中国游戏产业收入达到1407亿元，成为超过美国的全球第一大市场。2016年中国游戏用户规模达到5.66亿人，游戏产业规模实现1655.7亿元。其中，移动游戏市场占有率为49.5%，成为游戏市场中份额最大、增速最快的细分市场。有专家指出，电子竞技和游戏产业将带动相关产业的快速发展，也将成为未来的热门职业。

智能手机的普及不仅改变了游戏产品本身，也改变了游戏行业的产业链。手机游戏是现代社会新兴的经济门类，代表了新的文化动向，是文化产业链上重要的一环。部分国内高校将游戏纳入教育规划序列，开设电竞专业、游戏设计等与游戏行业相关的专业。游戏的概念不再是不务正业和消遣娱乐的代名词，它成为一种现代社会的新类型职业。与其他文化产业不同，游戏的生产不仅是纯粹的商业生产，它在生产意义的同时也在生产快感。

游戏产业是如何生产快感的呢？瑞士语言学家索绪尔指出语言符号的两个特征，即能指和所指。能指是指语言的声音形象，所指则指语言符号对应的意义。游戏行业通过幻觉营造，放大了符号的能指，让能指直接通向快感生产。不管是药物性毒品还是电子海洛因，成瘾心理往往都与快感有关。伴随着3D影像、全息技术等融入游戏制作中，游戏中瑰丽的雷光电火、厮杀时激越的声音以及千奇百怪的怪兽营造出一个超现实的虚拟世界。

游戏用虚拟世界构造出一个感官世界。游戏打开了感官的新边界，释放人性中的不可能性。美国研究者詹姆斯·卡斯在

《有限与无限的游戏：一个哲学家眼中的竞技世界》一书中写道："有限的游戏，目的在于赢得胜利；无限的游戏，却旨在让游戏永远进行下去。有限的游戏在边界内玩，无限的游戏玩的就是边界。"游戏成瘾就是希望"旨在让游戏永远进行下去"，感官的瞬间快感也能同时"持续下去"。成瘾具备以下几个特征：依赖、强迫、明知有害而故意为之。在思维上，成瘾就是感性最终战胜理性，感官沉浸大于一切，用感官思考，是弗洛伊德所言的"口唇期"，那是个纯粹的感官世界，人性、道德、约束统统都被抛至脑后。有人说，打游戏"使我快乐"。与其说游戏生产快乐，不如说游戏生产了感官，生产了"亢奋"，这种来自于技术的虚拟亢奋与来自多巴胺和荷尔蒙的感官愉悦相近。

老子在《道德经》中有言："持而盈之，不如其已；揣而锐之，不可长保。"执持盈满，就是让感官盛满快感。然而，人类身体感官的存在是为了维持基本的生物性机能，而不是用来极度追求快感。沦落于纯粹的感官世界，文明的位格就会降格。在几起沉湎于《王者荣耀》游戏的案例中，小学生跳楼、偷钱而与父母关系破裂，游戏成为新的矛盾制造者。在一个纯粹的感官享乐的世界里，不可能有人性，更遑论道德。虽然《王者荣耀》官方公布了"最严"健康系统，如"未成年人限制每天登陆时长""强化实名认证""未成年人消费限额"等管控措施，但谁来遏制企业任性的权力与无限延伸的经济之手？游戏和技术本身不是恶，但如果没有政府监管，没有企业自律，没有家长监督，

“王者荣耀”就会变成“王者毒药”。只有政府行政监管、企业技术监管、家长的肉眼监管全部到位，监管才会真正生效。在商品经济时代，企业更应该有生民意识，而不是网民意识，应该有责任良知，而不只是经济良知——《王者荣耀》是游戏界里的“流量明星”，如果没有社会责任，很快会变成“流星”。

当互联网企业挺进世界500强时，当互联网企业野心勃勃切分世界经济的大蛋糕时，当市场开发部都美其名曰“市场开发”“受众细分”的时候，请放慢经济行进的步伐，不要消费孩子，不要吵醒纯真的童年，不要用游戏工业催熟童年，不要让童年在游戏的荼毒中消逝，不然几十年后的孩子们回忆起童年时，没有宏厚的历史，没有亲切的自然，只剩几枚叮当作响的游戏币和虚拟功勋章了。

镜像化自我：游戏动机与“本我”释放

2013年，一条题为“‘90后’玩110分钟DOTA猝死，尸体在侧旁人照打游戏”的新闻令人痛心。这条新闻说的是年仅23岁的小陈在通宵打了一晚游戏后猝死在网吧里，游戏中的小陈身着豪华装备，所向披靡。游戏胜利了，可他的人生结束了。当办案警察在网吧里进进出出时，玩家们的眼珠子依旧死死盯着屏幕，没人关注死亡这件事，大家依然马不停蹄地点着手中的鼠标。小陈仿佛是游戏里被弃用的道具一般，被抬到了灵车上。

网络游戏到底有什么力量，使我们对同类的死亡漠不关心？这大概要从网络游戏的黏性和游戏动机说起了。

“黏”是一种什么状态呢？情侣热恋的时候，人们常说“黏在一起”，黏是一种胶着的状态、一种相融的状态、一种吸附的状态，就吸盘一样，潮湿而富有黏力。对游戏而言，“黏”在游戏的拼杀中是长时间将注意力灌注到机器上，长时间保持高度兴奋的刺激状态。

美国心理学和精神病学专家史蒂文·瑞斯曾归纳出人性中的16种基本动机：权力、好奇心、独立性、地位、社会关系、复仇、荣誉、理想主义、锻炼身体、浪漫、家人、组织、饮食、接受、宁静、存储。这16种动机对应的内在感受分别是效力、好奇、自由、自我重要感、乐趣、自我证明、忠诚、怜悯、活力、欲望、爱、稳定、免受饥饿感、自信心、轻松、拥有权。根据这16种基本动机，陈京炜总结和归纳出一些游戏玩家的基本需求：控制、社交、表演、成长、求生、爱与性、探索与冒险、攻击与破坏、竞争与挑战，等等。

在诸多游戏的设计当中，游戏的成就动机和权力动机最为引人注目。对应到游戏当中，成就动机是自我认同和自我实现的重要源头。成就动机中最重要的两种引导力量是“希望”和“失望”，这两种心理彼此促进、抵消，衍生出信心、满意、焦虑、沮丧、绝望等诸种情绪。如何获得成就感，协作、成就与竞争等社会性思维就介入其中。在游戏规则的制约下，最终的游戏结果是量化的、可视的，游戏也将成就感机制化，即成就系统通过设定新的任务以激发玩家的成就动机，最后通过榜单、奖赏、勋章等进行成就展示。这种展示又和炫耀、认可、膜拜相互关联，产生一种精神性满足。权力动机的根本意图就是影响或支配他人，手段则可以多种多样，比如追求权位或热衷于参加社会活动，其最终目的都是通过放大社会性来满足私欲。当然，权力动机产生出责任感、使命感，这些“感”的达成满足了精神欲求。

返回游戏当中，权力动机和成就动机的实现需要技术辅佐来实现。日本学者渡边修司和中村彰宪认为游戏是符号群，这些符号群集出新的表象，符号通过空间的关联，通过玩家的动作和新的符号群、新的空间拓延使得时间的预想也发生了变化。游戏符号的整体性、空间的关联性、时间的预想性、人际交互产生的表象，都是身体官能的拓展。何为身体拓展？当游戏中玩家以控制角色为中心时，角色就成为玩家身体的一部分。有一种游戏中，玩家头戴显示器，显示器里配备了传感器，当玩家头部向左运动时，游戏画面中的视角也随之向左运动。可以说，游戏中的身体变成了触觉器官。身体从现实向虚拟的转换，增加了临场感。这种临场感是仿生物学的，它与注意力系统、刺激系统、神经系统叠合在了一起，而后被游戏激活。游戏研究者和设计师简·麦格尼格尔认为，游戏引导了人的心理状态和胜利状态，从而产生各种情感和体验。游戏的这种极端的情感激活，正是让很多年轻人沉迷、热血沸腾的根本原因。

虚拟现实（Virtual Reality，简称VR）是一种新型的计算机技术，它通过三维动态视景和用户交互，使用户沉浸到该环境中。在叙事类型的游戏中，玩家的情感和想法以及对事件的反应可以影响故事走向。主动沉浸使玩家和角色容易产生共鸣。在弗洛伊德看来，本我是被文明被压抑的，因为本我和潜意识相关联，本我是欲望和冲动的根源。本我按照快乐原则行事，是一口盛放欲望的大锅。游戏的沉浸体验，使得本我彻底释放。游戏正是人性和欲望的泄洪阀。

新权力：放大的第一人称与延伸的主体

游戏机制设计通常包含以下元素：得分、等级、挑战、奖品、榜单、赠礼。与这种机制设计对应的则是人类欲求中的基本因素：奖赏、地位、成就、个人表现、竞争与利他。

网络游戏借助媒介的虚拟特征，通过与受众互动，为受众提供了一个逃离现实处境的虚拟空间。人性中的一切都在这个虚拟空间中得以展开，现实中的一整套体系被搬迁到虚拟空间中，通过角色赋予和游戏互动得以释放，情感与欲望、财富与地位、自由与奴役等都可以通过游戏过程予以展开。网络游戏既是乌托邦，又是异托邦：现实中无法满足的理想、无法发泄的情绪，可以通过网络游戏得到即刻性满足；网络游戏通过符号构建出一整套世界，这种世界观同样可以投射价值，现实中的荣誉、金钱、美女、情绪、善恶，在游戏里以虚拟的形式存在着。

日本学者渡边修司和中村彰宪曾经整理出了游戏的6个特征：明确的游戏规则 、可变因素与可量化的游戏目标、以结果为准的价值判断、玩家的努力、玩家与结果之间的相互关联、游戏结果的可交涉性。在这些特征归结起来就是规则、价值、社交，其实这正是现实世界的重要特征，只不过游戏对主体进行了虚拟的延伸。

网络游戏前所未有地将玩家的第一人称放大。人机互动可以使现实中的身体隐身，让虚拟的主角出场。没有主角，何来主体？玩家通过操控角色，通过虚拟的人物视野，身临其境地体验游戏。这就使得游戏的主动性和真实感大大增强。第一人称视角是一种上帝视角，玩家可以通过全景式地掌控全局来获得身份感。以《魔兽世界》的叙事为例，这款游戏的叙事主题就是拓荒、为混沌的世界重建秩序。游戏场景中有辽阔的大海、巍峨的高山、原始的生物，玩家恍若置身于大禹生活的洪荒时代，通过与邪恶世界和邪恶力量（巫术种族和吸血恶魔族）的决斗，通过冒险、漫游，从队友那里购买武器和装备来增强自己的战斗力，游戏可以满足玩家对于自己的英雄想象。和阅读小说不同，玩家自己就是自己奇迹的制造者，自己是自己的代入者，在英雄想象满足的层面上，游戏玩家自己就是上古时代的英雄化身。游戏玩家这种开天辟地、破宇宙天荒的能力，在现实中是不可想象的。

现在的游戏已经超越了纯粹的娱乐，它的功能越来越复合，诉求也越来越复杂。网络游戏在种类上从单一到多元，体验上从娱乐到互动，媒介特征上从半封闭到泛社交。经常会遇到这种情况：一个现实中性格内向、见了异性面红耳赤的宅男，在虚拟的游戏世界里则是叱咤风云的超级英雄，他在《魔兽争霸》的游戏圈中有着至高无上的权力，拥有黑帮老大和摇滚明星一样的地位。游戏过程中，玩家自身的力量、灵敏度、智力又融入进来，这些元素充分调动了人的生物本能，也充分调动了人的社会属性。

游戏不是儿戏，游戏是一种媒介和图像符号，是一种世界观。网络游戏是文化、娱乐、媒体、社交所共同塑造的结果。网络游戏作为一种新型文化工业，也有商品的生产、流通与消费过程。在这种商业行为过程中，伴随着文化意义的生成。微信、QQ等社交软件成为用户获取游戏资料的重要渠道，游戏的社交属性越来越明显。2016年，第一季《中国诗词大会》在央视热播，随着节目口碑在微信朋友圈中持续发酵，其定制研发的同名手机互动游戏吸引了大众的广泛参与，互动人次超过3800万。

网络游戏的世界是个冲动的世界，逼真的体验总能让人欲罢不能。但是不要忘记，游戏和iPhone一样永远在升级，游戏升级时就会为玩家提供新道具。玩家为了满足自我欲求，就需要不停地进行购买。通过消费来获得权力，游戏世界这种虚拟的权力在不停地循环、刺激玩家。玩家越是依赖于这种满足，越是沉湎这种自私化的沉迷体验，就越是难以走出这个设定的死循环。马克思曾言“生产决定消费”，在玩家这里，消费决定了满足，这种消费带着强迫症，它的价值取决于市场，取决于内心的欲望。

在大数据时代，游戏公司“定制”了受众的兴趣爱好：皮肤可以根据喜好来购买，道具可以根据喜好来购买，角色也可以根据喜好来购买。这种喜好是私人化的、自我的、市场化的。游戏市场的花样不断翻新，市场在制造无止境的消费欲望，消费者又拿这种制造出来的欲望满足自我，进行自我表达。游戏系统重塑了情绪、思想、感受，游戏市场控制了自我意识，也控制了对成功与失败的价值考量。

网络游戏是主体的延伸，通过道具购买、玩家互动、沉浸体验，通过技术和商业手段，通过游戏对感情和价值观的触角式吸附，反过来又增强了玩家的主体性。毫无疑问，网络游戏制造了新权力。现实世界中，声望与权力是一种稀缺的资源。但是在游戏世界里，游戏者的声望和权力是可以通过消费和购买来获得的。尼采在《人性的，太人性的》中说：“所有人都分成奴隶和自由人，任何时候都是这样。因为谁要是自己2/3的时间不归自己所有，那他就是一个奴隶。”现代人对于虚拟的依赖程度前所未有，智能手机和微信制造了“低头族”、VR制造了“头盔族”。二次元制造了“弹幕族”，虚拟引发了新型人际关系、道德恐慌、价值空洞以及与真实世界的边界模糊与混同等，人们对这些的思考都还只是开始。

（李啸洋）

东边日出西边雨？

——美国退出多个国际组织

只要富裕生活在影响我的行动，我的判断岂能不任我自由！事实上，我的观点是随着我的财富之多寡而改变的，而在有利于我的一切事件中，我才真正发现了我以前所没有的决定性论据。

——托克维尔《论美国的民主》

辞卑而益备者，进也；辞强而进驱者，退也；轻车先出居其侧者，陈也；无约而请和者，谋也；奔走而陈兵车者，期也；半进半退者，诱也。

——孙武《孙子兵法》

自2017年1月唐纳德·特朗普就任美国总统以来，美国已先

后宣布退出跨太平洋伙伴关系协定（TPP）、《巴黎协定》、联合国教科文组织，至今仍叫嚣着退出北美自贸协定、人权理事会甚至伊核协议等。这些年来美国陆陆续续曾经退出过一些国际组织，包括联合国国际法庭以及联合国工业发展组织等，但在短时间内退出如此之多、重要性如此之大的诸多国际机构，可谓开创了美国历史从未有过的纪录。今年是特朗普总统执政元年，一年来美国在主动放弃多边协定方面也是“硕果累累”。下面我们不妨一一观之。

1月23日，特朗普仅上任两日后即宣布美国退出TPP，这是他签署的第一个行政命令，以此兑现在竞选期间做出的承诺，他在事后对记者说：“我们所做的，对于美国工人来说是件大好事。”显然，对特朗普而言，像TPP这类的多边贸易协定并不符合美国的最佳利益，他也曾多次抨击TPP将“摧毁”美国制造业，并承诺当选后不会签署大型区域贸易协定。可以看出，特朗普更倾向推动双边贸易协定谈判，以增加美国劳工和制造商的竞争力，从而确保美国能以一对一的方式从交易中获得切实可靠的利益。

6月1日，特朗普在白宫玫瑰园宣布退出《巴黎协定》，同时表示美国并不排除协商新的条款以确保重新加入的可能性，但前提条件必须是“对美国公平”。特朗普抨击了《巴黎协定》要求发达国家每年筹资1000亿美元支援发展中国家，认定这一协定通过绿色气候基金将财富转移到了其他国家，但为了加快经济增速，美国需要一切形式的能源。然而《巴黎协定》乃是由194个国家签署并经147个国家批准的历史性条约，并不能根据单方要求重新谈判。因此联合国秘书长古特雷斯通过发言人表示这“是一件令人极其失望的事”。

10月12日，美国国务院宣布决定退出联合国教科文组织，但寻求以永久观察员的身份继续参与教科文组织的重要活动，包括世界遗产保护、推进全球教育科技合作等。此次理由包括这一联合国专门机构对以色列持续存在“偏见”。作为以色列的铁杆盟友，美国对教科文组织素有不满，并曾经有过退出行为。而以色列则称赞美国的决定并宣布也在着手准备退出事宜。作为教科文组织总部所在地，法国对此深表“遗憾”，一些拉美媒体更直言美国此举是对全球多边主义的严重损害。11月2日，美国宣布退出《采掘业透明度行动计划》（EITI）。

美国连续“退群”，这是一种很中国的说法，美国退出的一些“群”本身就是美国建的，甚至长期担任“群主”，然而平均每隔4个月特朗普政府就会退出一个“群”（国际性组织）。依照特朗普的以往风格以及美国当下现实环境，这种退出不仅没有造成过多负面影响，反而开创了行事高效之先河，基于如此的再一再二，不难想到有再三再四，我们拭目以待。

【英国公投退出欧盟】

2016年6月23日，英国举行了决定英国是否继续留在欧盟的全民公投，超过4600万人具备公投的资格。此次投票共持续15小时，公投计票工作于第二天全部结束。最终的计票结果显示，支持脱欧的选民票数为17176006票，占总投票数的52%；支持留欧的选民票数为15952444票，占总数的48%，表明英国将脱离欧盟。2017年3月16日，英国女王伊丽莎白二世批准了“脱欧”法案，授权首相特雷莎·梅正式启动脱欧程序。

【美国威胁退出伊核协议】

2015年7月，伊朗与伊核问题六国（美国、英国、法国、俄罗斯、中国和德国）达成有关伊核问题的“联合全面行动计划”。根据该协议，伊朗承诺限制其核计划，国际社会将解除对伊制裁，国际原子能机构负责督查伊朗履行协议的情况。这份历经10年艰苦谈判达成的协议被广泛视为国际核不扩散领域的里程碑式的成果。然而美国总统特朗普于2017年10月13日在白宫宣布拒绝向国会证实伊朗遵守伊核问题全面协议，并公布针对伊朗的新战略，表示将与国会合作处理伊核协议中存在的“多项缺陷”。特朗普还扬言，如果政府不能与国会及美国盟友达成新的解决方案，美国也做好了退出伊核协议并恢复对伊制裁的准备。

【美国承认耶路撒冷为以色列首都】

2017年12月6日，美国总统特朗普宣布，美国承认耶路撒冷为以色列首都，并将把美驻特拉维夫大使馆搬迁至耶路撒冷。这是美国总统首次做出类似表态。一石激起千层浪，遭到包括英法等美国传统盟友在内的大多数国家反对。2017年12月21日，联合国大会以压倒性多数票谴责美国，并认定美国改变耶路撒冷地位的决定无效。

美接连退出各种国际组织，形象越来越无赖。

——新浪微博 局座召忠

当今国际，无利不起早，“天下熙熙，皆为利来；天下攘攘，皆为利往”！不当老大，哪里有利？当了老大，也需稍稍让利，不然哪个小弟肯捧你当老大？当老大的，谁不想自家得利最大、让利最小？特别今天的老美，金融危机至今，虽说家大业大，但用钱的地方也太多，日子过得着实有点紧，这就需要小弟们让利了，但众小弟给老大抬轿也很辛苦，仅老大让的那点利，众小弟都嫌太少，如何肯再让利？所以老大“退群”目的不是不想当老大，是为了拿捏要挟众小弟：没有我这老大出钱出力，看你们这些小弟怎么玩？只是以前美国也“退过群”，一众小弟也照玩！所以美国早晚还要“再回群”，要挟不了世界！

——凤凰网北京网友

充满了“特氏”风格，不引人瞩目不叫“特朗普”。

——搜狐网 甜美可爱多

美国真穷呀，这些年我们向联合国教科文组织“申遗”的费用都比他们的会费高！

——网易陕西网友

成也“多边”，败也“多边”

纵观一年来美国“争先恐后地退出世界舞台”，表面看上去是“只想做一名安静的美男子”，即“两耳不闻国际事，一心只把自家顾”，但实际上一以贯之的主线则是对多边关系的否定。然而从历史角度来看，美国的霸权地位正是靠多边关系而促成的，这是自二战以降美国的惯用玩法。当看到有利可图或想要达到某种目的时，美国人坚信人多力量大的原则，既可以实现拉着同盟国家达到利益共赢的目的，也可以达到强迫自己的小弟们同担风险的效果，总之就是台面下利用强大经济实力以及军事威慑，台面上堂而皇之地戴着人类发展的“帽子”，从社会以及道德的制高点俯视现实问题的解决方式，以美国的义不容辞透视出美国的“利”不容辞，巧妙地将自身利益夹杂其中，从而实现自己的“小目标”。所以成立组织、大搞帮派、暗渡陈仓等手段已成其心照不宣之套路，大哥吃肉，小弟喝汤，美国派众兄弟们亦是乐此不疲。

所以美国往往能够从旧的话语权基础当中不断构建出新的话语权，并且屡试不爽。但是，当这一套路随着国际形势的发展而开始碰壁，并且美国人发觉自己的声音在国际组织中越来越容易被淹没在不同国家的喧嚣中，而这种喧嚣正是其核心价值观所倡导的民主，切实体会到了自己的主导地位正在下降，而且还要付出大量会费供外人花销，在其看来是做着“赔了夫人又折兵”的买卖，以实用主义作为国家精神的美国人当然要另寻出路，或者至少首先要对这一路径加以回绝。“国际三十六计”就像一场游戏，特朗普要自己掌握遥控器——退群、关机。由此便导致了一年来美国从国际组织中的频繁出走，但这样的结果是否意味着美国甘愿放弃世界领导地位，或者说得更严重些，世界是否已经发生权力转移，美国会由此在国际舞台上从主角逐渐变成配角而走向衰落吗?

特朗普：美国公司掌门人

特朗普行事风格一向博人眼球，在商界打拼多年，涉足行业广泛，自己还曾亲自担任真人秀节目主持人与选美大赛主席，上过《花花公子》封面，虽然中间经历过低潮，但总体上可以说是有惊无险。从对其个人的经历中可以看出两点：一方面，特朗普是个不循规蹈矩、敢于尝试不同领域的人，更重要的另一方面是他在这些领域内似乎做得都还不错！从根本上来说，站在这一切背后的是作为商人的特朗普，而且还是一位成功的商人。饱受家族商业环境的熏陶，加上沃顿商学院的教育，想让他从事其他职业都难。自上任以来，特朗普总统正在将他的商业头脑有效地转换到国家执政理念当中，或者说他就是在以把握公司的方式去管理国家。

现在，整个美国就是特朗普的公司，全体民众可以说都是他的职员，虽然其中有相当一部分员工对这位老板并不满意。作为公司掌门人，从资产阶级理性角度来说，没有什么比利益更重要，因为利益是切实可见的，是最实实在在的，其能够成为进行扩大再生产的资本。与此相比，那些国际形象、大国地位等，用极端的话说，在特朗普眼中不过浮云而已。他的唯一目的就在于给美国公司谋取利益，给公司职员增加福利，赢得民众支持以争取下一届连任，从而稳坐“美国公司”第一把交椅。只要员工待遇不断改善，即使有些不满，那也是“放下筷子骂娘，端起碗来吃肉”！

马克思认为资产阶级对利益的追逐在于榨取剩余价值，最终降低了工人的工资。但特朗普当然不会降低工资，更不敢轻易变动员工们的既有福利，因为这样会使得他们将这位老板赶下台，那么其他的办法就是要避免不必要的开支。所以，高额的国际组织会费当然首当其冲，这种看不见实际效益的投入在特朗普政府看来绝对是失败的投资，不管之前如何，本届政府一律罢免，所以退出联合国教科文组织似乎志在必行。据美国媒体推算，如果美国像过去那样继续缺席该机构19年，并且在“欠费清零”的情况下重新加入该机构，可总共省下超过20亿美元。因而借巴勒斯坦的噱头退出教科文组织着实是一笔有利的买卖，另外，不仅趁机可拉拢以色列，还可表明美国在这一方面的强硬态度，真可谓一举三得。

国家利益最大化：美国实用主义

以詹姆斯为代表的美国实用主义的最大特征就是要解决形而上学的问题。回到美国退出国际组织问题上来，相关国际组织能够发挥出的效力，甚至国际组织机构本身都可以被看作是抽象的、形而上学之物，它在指导美国自身方面已没有实际作用，理应被淘汰。美国实用主义不仅是一种真理观，还是一种方法论，即衡量有用与无用的标准，这种量化过程最明显的形式从国家层面来说就是经济效益，不论短期还是长期，都会落脚在国家利益最大化上。所以，“没有永远的朋友和敌人，只有永远的利益”不仅适合英国，也适用于美国，甚至适用于全世界所有国家——当然在其现实性上美国是最典型的。

关于美国退出《巴黎协定》，其实这一关乎全球气候变化的问题最早可以追溯到2001年美国拒绝批准《京都议定书》。美国人口仅占全球人口的3%～4%，而排放的二氧化碳却占全球排放量的25%以上，成为全球温室气体排放量最大的国家。美国也曾签署《京都议定书》，但布什政府以“减少温室气体排放将会影响美国经济发展”和“发展中国家也应该承担减排和限排温室气体的义务”为借口而否决了它。

同样，特朗普因为《巴黎协定》将损害美国经济而选择退出，并声称如果遵照此协定，那么至协定的终止时间2040年，美国经济将损失近3万亿美元、减少超过650万个工业岗位和310万个制造业岗位。我们不排除民主党内能源业背景人物的影响，但至少这一理由本身在美国还是具有说服力的。比起环境变化，现实的美国人还是会选择经济利益和工作岗位。

外交是内政的延续

自小布什总统发动伊拉克战争以来，美国经历了911事件、金融危机等，国防建设、经济刺激、境外军费以及国内安保开支达到了前所未有的高度，基础设施建设、人民生活水平本身反而得不到足够的关注。因而特朗普重在改变民生，就像他在就职演讲时说，“长久以来，华盛顿的一小群人攫取了利益果实，代价却要由人民来承受。华盛顿欣欣向荣，人民却没有分享到财富。政客们塞满了腰包，工作机会却越来越少，无数工厂关门”。

因此，特朗普的竞选口号是“美国优先”（AMERICA FIRST），本质意义也就是“美国人优先”，即要为美国人创造有利条件，进而保证且提高生活质量。这一理念包含两方面内容：第一，既然美国人要优先，那么也就意味着其他国家的人次之，因为“先”作为关系概念必然对应着“后”；第二，优先于

何处？也就是怎样体现出这种“优先”呢？特朗普给出的答案是增加就业机会、将生产还给美国以及美国利益至上。虽然特朗普打着此般关乎民生的旗号不能排除其竞选的功利性，但这一角度确实切中了要害。如果这种优先理念没有引起强烈反响且深入人心，恐怕单以特朗普个人和竞选中被暴出的污点是不会使其成功当选的。可见，美国的内部政治正在从国际主义转向美国主义，或者说国际主义倾向正在被削弱，华盛顿的视线越来越多地转向国内，再加上共和党人的经济利益因素，这在整体上是符合美国人当今价值理念的。

所以，如果国际秩序不符合美国内部政治取向，甚至与其发生冲突，美国会毫不犹豫地采取行动，退出相应国际组织也就无可厚非。因此，特朗普上任后的第一件事就是退出TPP，这不仅在于要履行曾经的诺言，因其在竞选中反复抨击过这一协定对美国经济的打击，更是力求符合美国内部的政治诉求。不仅如此，保护主义与民粹主义倾向在当今世界愈演愈烈，英国脱欧成功、玛丽·勒庞在法国大选中的表现等，这种右翼思想也难免会影响到美国内部的政治。

因而特朗普在就职演讲中毫不避讳地公布了他的美国主义方针：“每一个关于贸易、关于税收、关于移民、关于外交的决定，都会为了美国工人和美国家庭的利益而做出。我们要保护我们的国界不受其他国家的破坏，他们生产了本属于我们的商品，偷走了本来要投资在我们国土上的公司，毁掉了我们的工作机会。只有保护，才能有真正的富强。我会拼尽每一口气，为你们奋战到底。”

美国的freestyle

虽然我们从不同视角具体分析了美国一年来退出相关国际组织的背景与原因，但它们在整体上表现出了一个关键特征，那就是美国正在自主地调整其国际战略。走自己的路，让别人说去吧，跳出自己的freestyle！

正如前文提到的，美国一直善于走多边主义路线，将多个国家聚在一起，一场会议下来基本解决问题，效率高、成果好、见效快，省时省力。但这种高效的前提是基于自己本有的强大话语权，因而，多边主义不仅将美国的主导地位变得名正言顺，即把有利于自己的思想公约化，更重要的是能够高效地延续这样的话语权，保证主导地位。而对这种主导地位的撼动并不是多边主义本身所造成的，归根结底是经济基础的原因，才造成了上层建筑结构的变化。美国霸权的形成可以追溯到第二次世界大战，就当时全世界范围而言，可以说美国是本土唯一没有被战争侵扰而保留了最完整工业体系的国家。依靠着强大的经济基础和金融管控，美国一跃成为世界霸主。与此类似的还有日本，虽然战后作为被占领国而百废待兴，但经济发展环境相对宽松，加上原有的技术和教育基础，在短时间内得以迅速复兴。在这里，市场的地位不容忽视，日本复兴的重要原因在于它的市场包括了整个亚洲甚至打入了美国，而美国的霸权在于其市场占据了整个世界。但随着经济的发展，新兴国家抢占了市场份额，欧盟中的18个国家甚至统一使用欧元等，这一切都在一定程度上削弱了美国的经济地位，从而进一步影响了美国的上层建筑体系。所以，国际上一家独大的场景既然无法支撑，美国现在自然要依据形势及时调整战略。

从根本上说，达成或者解除多边关系毕竟只是手段，而不是目的。因此，美国退出国际组织也只是在调整它的国际战略手段，而不是变更美国利益至上的根本目的。既然节约成本式的整体化约型多边关系不奏效，或许转向对双边关系的各个击破反而更好上手，这极有可能成为美国今后一段时间新的国际战略手段。一对多难以成行，大对小总会解决问题。这就凸显出了更加理性的美国，它并没有受到在既定国际关系当中建立起的霸主形象的约束，也未被自己倡导的世界道德所绑架，转而更清晰地看清了形势并做出了回应。全球化自欧洲大航海时代起历经二战而走到了今天，它本身的形式发生着变化，美国依照这种新时期的变化形式而调整出的应对方法，不仅没有体现出它的衰退与不负责任，反而映衬出了它的进步和理性，这是我们应当认识与警醒的。

从时下的情况分析，美国似乎已经认定了这种敢于退出的新式手段，但这种隐退是严格基于理性考量的，绝不是一般人理解的“没谱”“特不靠谱”。如果美国要退出世界贸易组织，肯定要比退出教科文组织慎重得多！然而退出绝不代表退化，退出正是为了前进。只有辩证地看待这一问题，才会清楚美国以退为进的新策略。卸下所谓“大国”的包袱才是真正的大国，是以本国民众作为本体的国家，这恰恰是一种更成熟的表现，美国没有“应当”，只有实际。拿得起，放得下，方能凤凰涅槃。

面对美国“见利忘义”的新国际政策，最扎心的恐怕还是日本。在处理国际问题中向来以美国为导向的日本，跟随大哥已有半个多世纪，2017年却也只能强忍泪水眼看着大哥撒手TPP不管。作为国际上美国的头号跟班，日本着实被美国摆了一道，或者说并不被特朗普买账。特朗普总统刚上任一个星期，安倍晋三便朝贡似地奔向美国，希望拉美国回到协议当中，但特朗普为了美国劳动者当即签下永久退出TPP条约。可见美国的态度从年初开始便昭然若揭。“我本将心向明月，奈何明月照沟渠。”不过现在安倍心里应该平和了许多，因为美国连续的“退群”可以看出并不是只针对日本。

伴随着美国的“退群”，中国正大踏步挺进国际舞台，稳扎稳打，取得了不小的成绩，影响力也越来越大。与美国相反，强化联合国外交既是中国多边外交的战略之一，也是树立国家形象、结交牢固盟友、拓宽经济领域、加强文化交流的有效平台。近年来中国对国际事务的参与，为本国的发展提供了良好的契机。倡导“一带一路”、积极组建亚洲基础设施投资银行等，在战略层面不仅为中国经济环境带来了良好的发展势头，更为参与的国家的人民带去了实际效益，达到了真正互利共赢的效果。中国在国际事务中表现出积极“入世”的活跃形象。

但美国一年来表现的“出世”却一反以往“负责任的大国”形象，这也是由其背后的经济结构、国家利益导向所对象化的结果。“入世”并不代表青云直上，“出世”也显示不出廉颇老矣，它们都不过是受本国当前经济发展状况影响而做出的政策调整。借用恩格斯的话说，这虽然不是唯一原因，却是主要原因。美国的退出并不代表中国就会填补之，对中国而言，这在一定程度上是机遇，但更大程度上却是挑战。中国所面对的不仅是贸易伙伴，也将是一个更强大、更现实也更理性的对手。当然，这一博弈过程及其结果并不是非此即彼的决定论，中国梦与美国梦都将一直在路上。

荡起“友谊小船”的双桨

一年来，美国有条不紊地退出了不同的多边协议领域，这在一定程度上显示出了其外交倾向与国际战略，特朗普政府的权力重心已初现端倪。与此相对，中国还是一如既往地尽全力发挥多边主义的强大效力，谋求自身发展，推进与世界的联系。

然而，从以上分析出的中美两国的对立性发展本身并不能被看作是两个国家之间的对立，不过是在寻求适合本国发展的现实路径而已。以还原论的方式将中美两国视作意识形态上的敌对国家，如果从居安思危角度力求未雨绸缪，当然可以做好此方面的准备，但若是基于当下环境做出历史性判断而煽动仇恨情绪，则大可不必如此。马克思强调，恰恰是社会存在决定社会意识，而不是社会意识决定社会存在，中美在过去的确发生过冲突与摩擦，但这种历史意识对当下现实的分析只具有指导作用，不能做出对现实本身的判断。既然没有无缘无故的爱，也没有无缘无故的恨，那么因恨称恨为哪般呢？

中美两国在本质上并不存在绝对冲突，两国在国际关系中亦非你退我必进、你走我必留，而且相互的国际地位与影响力也不是此消彼长的过程。当今时代，不能将中美两国的公平竞争理解为国际冲突，把差异性理念看作是相互间对立。历史不断证明，中美两国合则世界共利，分则世界共伤。两国都经历过战争，甚至经历过彼此之间的战争，其中不论输赢，都是对两国人民的伤害。习近平总书记说："太平洋足够大，容得下中美两国。"2017年11月，特朗普成功访华，中美达成了很多共识，也让许多为中美关系可能紧张而绷紧神经的国家松了一口气。其实，我们需要做的就是客观认清中美两国的利益关系，不苟且、不盲从，共同推动"友谊小船"不断前行。

得道多助，失道寡助

"道"在老子那里作为一种抽象的世界本体，在孟子看来则是现实的仁义与道义，从神学角度看可以是上帝最合理的安排，按照康德的说法即无目的的合目的性，也能够根据黑格尔辩证的必然性加以表达。但无论怎样，这说明在东、西方之间，以及整个世界内部存在着一种普世认同法则，这首先意味着中美不仅在经济方面，在文化方面同样可以凝结共识。更重要的是，在完全跳出两国范畴而以旁观者姿态来看，甚至在整个世界外围分析，其整体上依然遵照着"得道多助，失道寡助"的方式运行。国家自身的发展、国家之间的交往是存在道义的，符合道义自会有人响应，失去道义当然遭到冷落。但是，依照当前情况分析，绝不能说美国因为退出国际组织就是在“失道”，而中国积极倡导多边主义就是在“得道”。我们需要做的，不仅是要在横向上进行更宽泛与细致的分析，也要在纵向上历经时间的检验。这里倡导的不是目的论，而是一种方法论，要“keep a distance from reality”，即与现实保持距离，以此方能看清现实整体以及现实本身，从而正确看待中国与美国各自的状态与相互间的关系。

（齐闯）

上帝能否创造一块自己推不动的石头

——AlphaGo击败柯洁

这种被自动化机器或是被一段看不见的算法挑战、超越甚至取代的感觉，正在成为我们社会的一个标准组成部分……每个职业都终将感受到这一压力，否则就意味着人类停止发展。

——卡斯帕罗夫

《深度思考：人工智能的终结与人类创造力的开始》

那是不是最高本体的光芒，人们将它描绘得如此辉煌？那是不是圣灵保存在我们身上？精神同我们的官能同生同长，同样萎黄：哎呀！它一样要死亡。

——伏尔泰（转引自拉美特里《人是机器》）

2017年5月23—27日，在“中国乌镇围棋峰会”上，由谷歌（Google）旗下DeepMind公司戴密斯·哈萨比斯领衔的团队开发的人工智能程序阿尔法围棋（AlphaGo，俗称“阿尔法狗”）与人类世界排名第一的我国围棋棋手柯洁展开了一场激烈的“人机对战”。遗憾的是，尽管赛前豪言“我会抱必胜心态、必死信念。我一定要击败阿尔法狗”的柯洁表现十分出色，但5月23日、25日、27日，阿尔法狗却三胜柯洁。柯洁如同一个背负着人类尊严的骑士，决绝地冲向一个几乎不可战胜的对手，充满了悲剧色彩。之后在一次与湖北襄阳小棋友的互动中，一个小朋友问柯洁什么时候找AlphaGo报仇，柯洁笑道：“我现在其实已经有点年纪大了，打败AlphaGo的任务就交给你了，少年！”在他看来，阿尔法狗已经不可逾越。他曾经说：“从棋上我很难感受到它有什么情感在里面，所以对它的感觉就是高山仰止，一座不可逾越的高山在那里。它的棋的思路已经远远超越了我们人类能够理解的范畴。”

2017年5月27日，在柯洁与阿尔法围棋的人机大战之后，阿尔法围棋团队宣布阿尔法围棋将不再参加围棋比赛。

2017年7月18日，教育部、国家语委在北京发布《中国语言生活状况报告（2017）》，阿尔法围棋入选2016年度中国媒体十大新词。

2017年10月18日，DeepMind公司公布了最强版AlphaGo，代号AlphaGo Zero。它的独门秘籍是从零基础开始学习，“自学成才”，而且短短3天就成为顶级高手。在对阵2016年曾战胜韩国棋手李世石的AlphaGo时，AlphaGo Zero取得了100：0的压倒性战绩。DeepMind公司将关于AlphaGo Zero的相关研究以论文的形式刊发在了10月18日的《自然》杂志上。

其实，所谓人机大战20年前就真实发生过。1997 年 5 月 11 日清晨，一台名为“深蓝”的IBM超级电脑将棋盘上的一个兵走到 C4 位置，人类有史以来最伟大的国际象棋大师卡斯帕罗夫不得不沮丧地承认自己输了。这场举世瞩目的人机大战以计算机取胜而落下帷幕。

2015年10月，阿尔法围棋以5：0完胜欧洲围棋冠军、职业二段选手樊麾。

2016年3月挑战世界围棋冠军、职业九段选手李世石。根据日程安排，5盘棋分别于3月9日、10日、12日、13日和15日举行，即使一方率先取得3胜，也会下满5盘。最后AlphaGo以4：1结束了这场“战争”。

2016年3月27日，AlphaGo确认挑战《星际争霸2》。2016年12月29日晚起，一个注册为“master”、标注为韩国九段的“网络棋手”接连“踢馆”弈城网和野狐网。2016年12月

29日晚起到2017年1月4日晚，master对战人类顶尖高手的战绩是60胜0负。最后一盘前，大师透露，“他”就是阿尔法围棋（AlphaGo）。

这几场在人类与机器之间展开的较量深深触痛了人类的神经乃至灵魂，引发了世界范围内关于人工智能的争论。美国好莱坞一系列关于未来机器人统治世界的科幻则起到了推波助澜的作用。有人认为这场比赛使人类失去了尊严，是人类的失败；有人宣扬人工智能威胁论，忧惧未来人类的智慧会被机器超越，从而带来灾难性的后果（2017年10月25日，沙特授予机器人“索菲亚”国家公民身份，在接受主持人采访时，索菲亚向人类说出了“人不犯我，我不犯人”！）；也有人认为对人工智能的恐惧是杞人忧天，就其目前的发展水平而言，真正强大的智能体还是一个遥不可及的梦想；更乐观的人则表示这实际上是人类的伟大胜利，人不断认识自我、超越自我，发明出延伸人类能力的外在工具以使生活更加美好。

计算机从问世至今才不过70年的时间，可是却给人类社会带来了翻天覆地的变化，使人类步入了一个新的历史时代，社会的平均发展速度越来越快，呈指数型爆炸式的增长。它不仅带来了生产力的迅速发展和生产方式的巨大变革，更促成了人类生活方式和社会结构的革命性转型，计算机已渗透到人类社会的每一个领域。而由计算机衍生出来的关于人工智能的研究也将自己的触角伸向人类社会的方方面面，在给人类带来深刻影响的同时，也同样引起了诸多争议。而之所以会出现这样的争议，是因为它直接指向人类的本质特征——智慧。我们知道，人们将自己从动物中分离出来，确立自己至高无上地位的原因就在于人类拥有独一无二的智慧，人可以思考并且意识到自己的思考，可以用语言进行交流，并因此创造出灿烂的文明。历史上也曾几度将人类从自以为是的宇宙中心拉下来，从哥白尼的“日心说”到达尔文的“进化论”，现在人类进一步认识到宇宙的浩渺。但是无论如何，智慧却始终是人类洋洋得意的骄傲，而人工智能的出现却仿佛要再一次击碎人类的自尊，也就不奇怪人们关于它如潮的反对意见了。

【图灵测试】

1950年，人工智能的先驱阿兰·图灵发表了著名的论文《计算机器与智能》，这篇文章首先提出关于人工智能的传统问题：机器是否能思考？他以游戏的形式对这一模糊的问题重新进行了表述，将其称之为“模仿游戏”（后被称为“图灵测试”）。这个游戏由三个人参与，一男A、一女B为被询问者，还有一个询问者C在与A、B分开的房子里，C提出问题并根据A、B的回答判断谁是男性、谁是女性，假定X实际上是A，那么他的目标就是努力让C做出错误判断，而B的目标则是帮助提问者。图灵进而提出，将游戏中的A用一台机器代替，会出现什么情况？他认为如果机器能在30%的测试中欺骗了询问者，那么它就算通过了测试，可以被认为是具有智能的。

【马云设“达摩院”】

2017年10月11日，阿里巴巴在杭州云栖大会上宣布成立“达摩院”，进行基础科学和颠覆式技术创新研究。阿里巴巴同时承诺，3年内将投入超1000亿元人民币，覆盖量子计算、机器学习、基础算法、网络安全、视觉计算、自然语言处理、下一代人机交互、芯片技术、传感器技术、嵌入式系统等基础科研领域。

【人工智能开始从事创造性工作】

在音乐领域，索尼的巴黎计算机科学实验室研究人员编写的“DeepBach”（深度巴赫）的神经网络，通过学习352部巴赫的作品之后几乎能创造出以假乱真的巴赫曲目。在编剧领域，人工智能崭露头角。纽约大学人工智能研究人员开发出了一个人工智能程序名为“Benjamin”，研发人员向其输入了几十本科幻电影剧本，程序完成对现有剧本的深度学习后创造出了一个9分钟短片。同时，让人惊讶的是“Benjamin”还根据剧本的情节创作了相应的背景音乐。

【普京警告“超人类战士”比核弹还可怕】

2017年10月初，俄罗斯总统普京说，未来属于人工智能（AI），谁在这项技术上取得领先地位，谁就能主导世界。10月21日，他就人类科技新突破提出警告。他说，在不久的将来，按照人类意愿创造的人将会成真。所创造的可以是数学家、音乐家，也可以是一个完全没有恐惧、悲伤和痛感的军人。普京指出，这将带来比原子弹更可怕的后果，他警告世界各国领袖，必须商议订立法规，监管这种“超人类战士”的创造。普京强调，新技术应有效和广泛地应用，但无论做什么事都有正反效果。人们要做的应能为人类带来好处，因此人类不应忘记道德伦理，因为缺少道德伦理，将导致人类灭亡。

当20年前计算机在国际象棋领域达到了世界冠军的水平时，正赶上我是国际象棋世界冠军。这是我的幸运，也是我的诅咒。

——卡斯帕罗夫

《深度思考：人工智能的终结与人类创造力的开始》

“人工智能”这个词组现在要慎用，否则的话，你在谈论的很可能是科幻而不是科学。

——知乎 阿尔法

这狗这么会算计，会不会哪天开始算计人类？那时人类怕只有拔电源的份了吧？

——网易 学前班思想政治老师

多少年以后一个孩子在高楼大厦的废墟里问母亲，为什么我们的生活会变成这样，母亲说：这一切都要从2017年开始说起……

——凤凰网 父母有房的北京人

在卡斯帕罗夫与深蓝对战20年后，2017年AlphaGo大战柯洁再次点燃了人工智能领域的一把烈火。由于媒体今非昔比的发达，人机对战的吸引力也非昨日可比，这场人机大战仅中国用户的观战人次就达上亿，各大论坛就此展开了激烈的讨论，微博、朋友圈、知乎等仿佛一夜之间所有的人都是“围棋高手”，都是人工智能专家。褪去这个时代惯有炒作的喧哗，这种热潮的背后恰恰是人们对人工智能机器的复杂心态：深深的担忧与期待。

从机器迈向人：还只是开端

早在遥远的古希腊时代，伟大的哲学家亚里士多德就曾经说过，“如果机器能干很多活，岂不能让人类解放出来”。事实上，古今中外的实干家们从很早就开始了人类的“机器梦”。中国古代的西周时期，一位手工师傅偃师就造出了伶人，用于歌舞娱乐；春秋时期的鲁班、后汉三国时期的诸葛亮都是创造机器人的先行者。在希腊神话中，人们创造出了巨型青铜战士塔罗斯来防御海盗和入侵者，其魁梧的造型让海盗们惊恐不已，但是塔罗斯却只是一个空壳，勇猛的外表下却“没有心”。公元前2世纪，亚历山大时代的古希腊人就已经开始创造一种机器人，叫作“自动机”，可以借助水、空气等开门甚至可以唱歌。后来日本、法国、英国等国的机器人都有不同程度的发展，尽管和现代意义上的人工智能机器有着很大的不同，但是这却是古代人类在发展智能路上的重要探索，同时也是人们对于人工智能领域从未停止追求脚步的有力佐证。

古代工匠们追求的是一种“自动化的工具”，也就是说，如何运用机器的力量达到省力的目的，这在以人力为主要劳动力的古代是至关重要的。后来工匠们慢慢开始不满足于简单的“会动”层面了，而是开始琢磨“这些没有头脑的东西能不能思考呢”？其实，在近代科学技术迅速发展的时候，科学家、哲学家们从另一个角度提出了一个问题，即寻找人与机器相通的地方。法国哲学家拉美特里专门写了一本经典著作《人是机器》，认为人本质上是机器，只是比一般的机器更精细、精致罢了。他甚至说：“人体是一架会自己发动自己的机器，一架永动机的活生生的模型。它由体温推动，由食料支持。没有食料，心灵便渐渐瘫痪下去，突然疯狂地挣扎一下，终于躺下，死去。这是一支蜡烛，烛光在熄灭的刹那，又会疯狂地跳动一下。可是你喂一喂那个躯体吧，把各种富于活力的养料，把各种烈酒，从它的各个管子里倒下去吧；这一来，和这些食物一样丰富开朗的心灵，便马上勇气百倍了，本来一杯白水吃得他要临阵逃跑的那个兵士，这会儿变得剽悍非凡，和着战鼓的声音，迎着死亡，勇往直前了。

这就叫作冷水浇得安静下来的血，又被热水所沸腾。”

现代机器人制造的努力一直是以“人”为标杆，潜在的哲学前提其实是，机器的本质是人，甚至是超人（superman）。

现代人工智能的发展并非一帆风顺，人们在前进的道路上遇到过重重阻碍。20世纪之前，科学家们将视角集中在“让机器思考起来”，但不可否认的是，人类之所以与其他生物体之间有着巨大的差别就是在于人类的本质特征——智慧，而要创造出可以思考的机器人的难度不言而喻。20世纪中后期，人工智能已经从一阶逻辑的计算层面进入机器学习，用统计学和概率论语言来描述世界。到21世纪的今天，人工智能开始进入更为高级的阶段，也就是如何进行深度学习。在人工智能的第三次浪潮中，达到了许多我们曾经认为不可能实现的成就，如同声传译、人脸识别、图像分类等，而深度学习扮演的角色就是运用深度神经网络、循环神经网络、卷积神经网络等模型深度强化学习。

从技术上而言，深度学习的意思就是深度表征，以AlphaGo为例，就是在前期训练过程中模仿人类，在自我对弈中不断进化，在实战时模拟对局而实时进化，由此取得围棋上的胜利。深度学习的成功主要依据三大支柱——大数据、大模型、大计算，但是同时，深度学习也面临着很多的问题，如智能体如何从无标注的数据中进行学习、大模型不方便在移动设备上使用以及大计算需要昂贵的时间物质成本。而实际上，突破深度学习的困境正是人工智能未来发展的重要方向。AlphaGo Zero已经不再需要人类数据，而通过自我博弈来极速提升能力，但这一切还只是开端。

人工智能是当前社会发展中最具竞争优势的力量，是不可阻挡的时代潮流。在2017年阿里云栖大会上，阿里巴巴宣布成立全球研究院“达摩院”，负责基础科学和颠覆式技术创新；而NetApp则继续与阿里云合作，在大数据背景下简化混合云数据管理。马云和刘强东等商业巨头不止一次地在演讲中提到，未来的世界是属于大数据和人工智能的，他们也不断在各个领域大手笔地投资智能机器，企图在未来发展中抢占先机。

人工智能的弱与强

1946年，世界上第一台计算机在美国诞生，并迅速被应用于军事，而在此之前计算机的“前身”则是被用于数学计算。随着时间的推移，计算机研究深入发展，到20世纪末，人类社会步入信息时代，生产方式和生活方式发生了革命性的变化，计算机、互联网已经渗透到人类社会的方方面面。人工智能作为计算机科学中一个极具学理和实用价值的新兴学科，虽然还不够成熟，没有一个绝对优势的研究进路来领导整个人工智能的发展，但是人工智能的应用却已经在这个变革的时代占据着极为重要的一席之地。长久以来，关于人工智能的争论一直在激烈地持续，但大都集中于“机器智能是否可能实现”“机器智能是否会超过人工智能”这一类比较空泛、抽象的问题。其实深入剖析这些问题的本质和形而上学层面的内涵，我们会发现只要厘清人工智能创造的初衷与现在发展方向的关系，就可以较为清楚地明白人工智能从来都只是工具而已。

何为智能？这个问题并不是像自然科学那般有着明确的可验证性，相反，这个概念具有极大的包容性，这也是为什么对于人工智能总是争论不休的原因之一。在学界，人工智能被认为是以对人类思维的研究为理论基础的，对于“人工智能”概念的回答其实决定了对于人工智能研究、运用的方向性。人工智能是由机器或软件所表现出来的智能，也指一门研究如何制造出能够表现智能行为的计算机的学术领域。人工智能的对象是大脑的思维活动，理论基础是对人类思维的模拟，目标则是工程学应用性的。在人工智能界，AI主要分为弱AI和强AI。一般而言，弱AI认为机器不可能具有真正的智能，只是能在某一特定领域模仿人类智能，强AI则认为计算机不仅仅是人们用来研究人类思维的一种工具，被恰当设计程序的计算机本身就具有智能。目前，弱AI已经取得了很大的成就，并广泛应用于我们日常生活的方方面面。比如，音乐软件根据你听过的歌来推荐歌单，网络购物平台根据你买过的商品进行商品推荐，输入法会记录你的输入历史、更新网络流行语，从而更方便输入，iPhone手机能够和你聊天的Siri，垃圾邮件过滤软件，以及应用最广泛的智能识别系统和专家系统，等等。真正遭受怀疑的其实是强AI的智能性，也因此在发展中步履维艰。

马云在谈到人类与人工智能的关系时曾说：“人有智慧，机器有智能，动物有本能，这三者是有着根本性的不同的；而不论机器在未来如何发展，都永远不会超过人类。”刘强东也在京东集团的商业演讲中谈到，“未来的发展中，机器会取代80%的蓝领工作”，并且京东已经建成了全球首个全流程无人仓，率先在机器化智能发展方面迈出了第一步。能够看到的是，两位大佬一个强调人类智慧和机器的区别，另一个特意指出是“蓝领工作”，也就是技术方面的工作，这可见人工智能的工具性认知被他们提到了重要的地位。弱AI的“领域性发展”并非坏事，相反，特定领域的智能化程度越高，相应的工作效率也会越高。

关于未来的人工智能，我们到底在担心什么

《圣经·旧约·创世记》第11章有个人们熟悉的故事：被上帝逐出伊甸园的人类联合起来兴建希望能通往天堂的巴别塔，为了阻止人类的计划，上帝让人类说不同的语言，使人类相互之间不能沟通，人类计划因此而失败。这个故事向来用于说明人类之间语言沟通之难，许多误解、矛盾源于语言。但是，这里还隐含着这样一层意思：上帝害怕自己创造的人类，对自己的创造物没有把握。同样，人类为了改变世界，哪怕纯粹出于好玩，总愿意创造一些世界上本没有的东西，这些东西是人的力量的见证，但

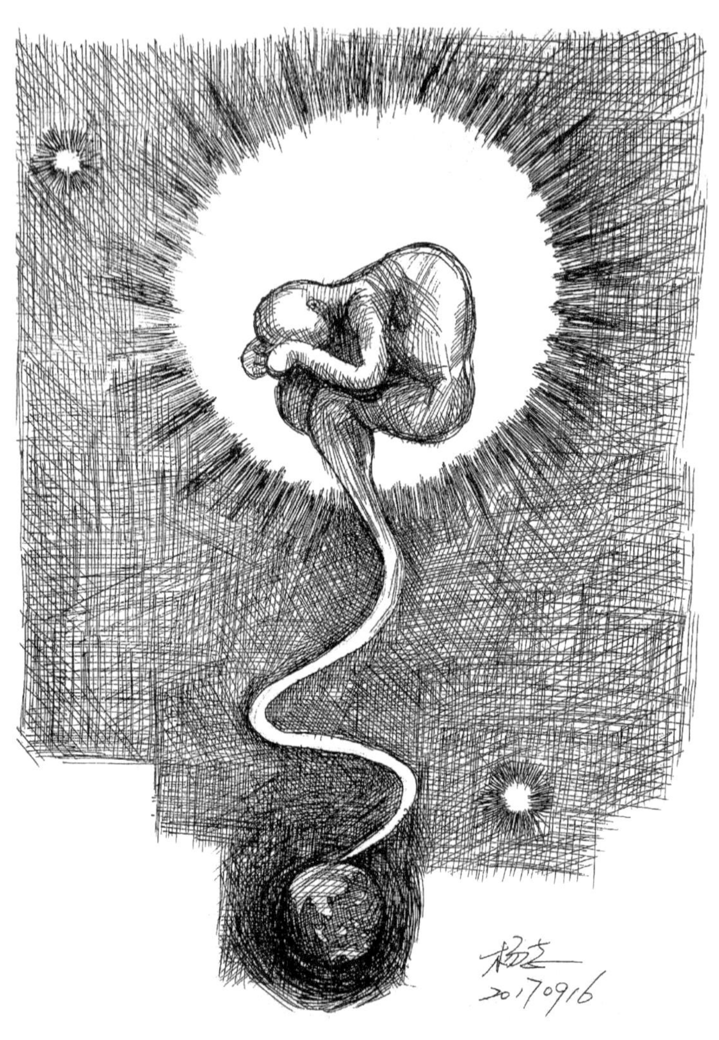

“于是我的心胸/被火焰之手撕开/陈腐的灵魂/搁弃在河畔/我乃有对于人类再生之确信 ”（艾青诗）

在人类引以为傲的同时，总是隐隐地担忧，担心和害怕自己的创造物，害怕它们强大而超越人类，成为对抗人类的力量。

在知乎和果壳网等大量的论坛中，无数的学者和感兴趣的人在讨论人工智能。有人将人工智能的发展看作是技术奇点，但是对于人类的发展到底是好还是坏，谁也给不出答案。但是至少在短时间内，强AI的发展是不容乐观的。实际上，在现在的情况下，研究者们对于AI的研究更多提到的是“深度学习”，而非人工智能，因为对于到底什么是智能，没有人能够给出一个确切的定义。对于智能界定的模糊一定程度上就决定了智能的发展会受到掣肘，在没有方向的道路上前行势必不会太顺利。

而对于那些对人工智能发展持“悲观论”甚至是威胁论的人们来说，人工智能领域的继续发展是十分可怕的。2017年的美剧《西部世界》吸引了无数人的眼球，除了出人意料的剧情之外，剧情中心锁定在了机器人这一热点之上。情节的一再反转让我们看到被福特制造出来的机器人奋起反抗，第一季在机器人觉醒中戛然而止。下一季，战斗力和智慧力都爆表的机器人会占领小镇，继而统治人类吗？谁都不知道。这部剧直指最尖锐的问题中心：我们会被人工智能统治吗？人类从远古时代一步步走来，先后经历钻木取火、以石器为工具的时期，慢慢地征服并利用大自然。人类作为最具有智慧的灵长类动物，在自然界有着不可撼动的地位。但是，人类制造出来的人工智能机器却在一步一步挑战权威，且不说AlphaGo的战绩，即便是特定发展领域的弱AI，也是在很多方面轻易就可以取代人类的地位。而以AlphaGo为代表的人工智能机器人，在进入深入学习阶段以后，自我学习的能力惊人，像“永动机”一般的学习能力让自诩智慧顶端的人类瑟瑟发抖。

就目前而言，霍金、比尔·盖茨和马斯克等人时时刻刻让我们警惕人工智能的发展，他们对于人工智能的担忧也主要集中在可控性和失业方面，当然伦理的问题也不可忽略。强AI要求程序有自己的思维，能够理解外部并自发做出决策甚至行动，其表现就像人一样，甚至比人的反应更为杰出。同时，这些能够自行思考的人工生命随时都有背叛人类的可能，而这一点恰恰是不可预知的。但是就目前而言，不管你如何调戏Siri，它的回答如何可爱与新潮，这些都是程序员写上去的，你只不过是在和一台会说话的机器聊天而已。

人工智能自诞生至今已经有了一段历史，如今我们处在人工智能发展的第三次浪潮之中，站在历史的岔路口，谁都不知道下一步将走向何处。当前人工智能还主要处在弱AI的发展阶段，无论是经济生产还是社会生活，人工智能几乎在所有重要的专门领域都有着极高的应用价值，并且达到了人类难以企及的高度，这在高度分工的现代社会极大提高了生产和生活效率，成为第三次科技革命和产业革命的中坚阵地。短期看来，通过技术创新促进人工智能的长足发展将成为当下的最佳策略，谷歌、微软、IBM以及国内的BAT等互联网巨头纷纷将大量资金和精力投入到人工智能的研究上。人工智能的热潮暂且不会退去，甚至已经成为整个人类命运的决定力量。就目前社会的表象和总的趋势而言，人工智能在语音、图像识别、自然语言处理等各方面取得了突破性进展，与社会传统行业的融合也取得了惊人的成就，看起来作为人类器官延伸的工具，人工智能与人类的良好关系将进一步持续，但是实际上，人工智能的发展如何突破发展瓶颈，实现基础研究到技术应用的转变还有太多值得讨论的问题。而人工智能的道德伦理困境以及由此引起的隐忧和恐惧，在人类各种文艺创作中已经得到异乎寻常、极其超前的表现。许多带有“赛博朋克”（cyberpunk）元素的作品越来越受到市场的欢迎，从《银翼杀手》到《黑客帝国》，从《疑犯追踪》到《西部世界》，还有著名的阿西莫夫的“机器人三定律”（机器人不得伤害人类个体，或者目睹人类个体将遭受危险而袖手不管；机器人必须服从人给予它的命令，当该命令与第一定律冲突时例外；机器人在不违反第一、第二定律的情况下要尽可能保护自己的生存），等等。人工智能与人类的未来始终是悬在人们头顶的达摩克利斯之剑。

不过，中国古代孟子有句话：生于忧患，死于安乐。问题一经发现，其实解决之道就已开启，虽然暂时没有确切的答案，但只要我们艰辛而真诚地付出，答案就不会迟迟不来，即便是在处于绝望的边缘。关于这一点，经历无数惊险的人类历史可以告诉未来。对于人工智能的未来发展，也许卡斯帕罗夫是乐观的，但他也是少数有资格使自己关于智能技术的话具有独特的可信性的人。他说："20年后，我对这一领域有了更充分的了解，深信我们一定不要再把智能机器看成是敌人。尽管具有颠覆性，它们对人类仍然不是威胁而是巨大利好，能够给我们无限的机会，让我们拓展能力，改善生活。"

（尹立蒙）

填满恐慌和焦虑的成长

——课外班成了必修课

教育是随生命的开始而开始的，孩子在生下来的时候就已经是一个学生，不过他不是老师的学生，而是大自然的学生罢了，老师只是在大自然的安排之下进行研究，防止别人阻碍它对孩子的关心。他照料着孩子，他观察他，追随他。

——卢梭《爱弥儿》

但是，学校啊，当我把我的孩子交给你，你保证给他怎样的教育？今天清晨，我交给你一个欢欣诚实又颖悟的小男孩，多年以后，你将还我一个怎样的青年？

—— 张晓风《我交给你们一个孩子》

公元2017年，丁酉鸡年。这一年，“鸡爸”“鸡妈”风靡一时，成为家长论坛的热词，大有取代“虎妈”“羊爸”之势。该称谓指那些为孩子教育疯狂投入，不计成本，如打了鸡血般狂报各类课外学习班的家长。

这年8月，一篇《月薪三万，却撑不起孩子的暑假》的文章刷屏网络，作者是一位在企业任高管的广州妈妈。她在文中写道：“女儿去一趟美国游学，10天20000元；女儿平时在家需要请阿姨照顾，5000元；7月份钢琴考级，每周要上两节钢琴课，200元一节，一共2000元；游泳班2000元；英语、奥数、作文3科培训班6000元。”天价暑假引发热议。

几乎同时，山东泰安9岁小学生李星泽走红网络。据媒体报道，由于母亲望子成龙心切，希望其成为“童星”，李星泽暑假每天的行程就是游走在9个培训班之间。李星泽每天早上8点半开始上游泳课，之后马不停蹄地接着上武术课、模特培训班、作文课、主持课、数学课、英语课、声乐课和相声课，被称为“最拼小学生”。

一般认为，中小学生是课外培训的主力军。但近年来，课外培训的对象逐渐包含了学龄前儿童，呈现低龄化特点。

“英语，词汇量4000左右，可与外教用正常语速交流，能写300字左右的英语作文；数学，心算1万以内加减法、心算两位数与一位数乘除法，学过数独，知道小数、分数、负数并进行加减；语文，会背千字文和50首左右的唐诗，学完拼音，认识1000多汉字……”这是媒体报道天津市一位家长列出的自家孩子学习清单。你猜孩子多大？刚刚6岁。

教育行政部门明确规定，禁止幼儿园“小学化”。在北京市东城区一家公立幼儿园，中班的孩子半数以上报了一家民办教育机构的学前班。这意味着，大班生源将流失过半。这并不是孤例。幼儿园不远处，便是该民办教育机构所在地。家长们每天接送孩子，都会被这家民办教育机构的招生人员热情招呼而后不遗余力地洗脑：“名额有限，现在孩子们都上，小学教学进度也很快，不提前学会跟不上的。”另一家教育培训机构则更加深谋远虑，其旗下拥有一个受众甚广的家长论坛，家长们在此互通有无，互相激励，也互相传染焦虑。该机构幼小衔接的核心课程号称有“七大能力”：“小学入学时学校对知识的考察体现了对孩子能力的要求，主要包含七大方面：观察能力、推理能力、运算能力、动手操作能力、记忆能力、空间想象能力、表达能力。”而针对这七大能力的测评和培训，已经扩展到幼儿园小班。

不知从何时起，为了不输在起跑线上，在许多城市从0～3岁婴幼儿早教，到少儿英语、围棋、乐高、舞蹈、乐器、主持、足球、冰球、马术、击剑等“十八般武艺”，再到幼小衔接、小升初、中高考辅导，形形色色、形态各异的教育培训如雨后春笋，遍地开花。几乎是从出生开始，每个孩子在每个阶段的成长都伴随着父母报班与不报班的纠结。

纠结中，参加课外辅导的学生人数越来越多。“以2014年为例，我国参加课外辅导的学生约占全体在校学生总数的36.7%，在北京、上海、广州、深圳等大城市更是高达70%。”中国教育学会常务副会长兼秘书长杨念鲁如此分析。2016年，北京市教育科学院的《北京市中小学生教育补习状况的调查研究》报告显示，在北京，60%左右五年级、八年级学生参加教育补习，且学生更倾向于参加语、数、英学科的补习。

2016年年底，中国教育学会发布《中国辅导教育行业及辅导机构教师现状调查报告》。报告显示，2016年我国仅中小学辅导机构的市场规模已超8000亿元，参加的学生超过1.37亿。调查显示，58.2%的中国家长对中小学课外辅导的支出意愿“强烈”，“只要能提高成绩，报辅导班不管花多少钱我都愿意”的家长占31.6%。

与此同时，一批教育培训机构也得以飞速发展壮大。以行业巨头“学而思”为例，10多年前初创团队中只有几名兼职教奥数的在校生，而根据该公司财报，2016年11月30日之前当年累计入学的有259万余人。这比2015年时的统计数字增长超过100万人，增长率70.8%。学费增长一倍，2016年净收入7.268亿美元，较上一财年增长了63.4%。目前，该公司市值接近99亿美元，两年时间翻了4倍。支撑其迅速扩张的，有追逐利润的资本注入，更有数以万计“起跑线恐慌”的家长。他们的焦虑在商业营销的蛮力下，被最大限度地发现、制造、利用、放大和变现，最终为各类机构提供了繁育的沃土。2017年，仅上海市梳理出教育培训机构就近7000 家。

放学后、假期里，越来越多的孩子要面对学校外的奔波、学校外的上课，以及学校外布置的更多作业。有家长戏称：“学生们放学后要么在补习班，要么在去补习班的路上。”校内减负校外补，不再是少数“鸡”娃的生活，事实上已经成为教育的“新常态”。

2017年9月，中共中央办公厅、国务院办公厅印发《关于深化教育体制机制改革的意见》。该意见强调，“要切实减轻学生过重的课外负担。提高课堂教学质量，严格按照课程标准开展教学，合理设计学生作业内容与时间，提高作业的有效性。改善家庭教育，加强家庭教育指导服务，帮助家长树立正确的教育观念，合理安排孩子的学习、锻炼和休息时间。规范校外教育培训机构，严格办学资质审查，规范培训范围和内容。营造健康的教育生态，大力宣传普及适合的教育才是最好的教育、全面发展、人人皆可成才、终身学习等科学教育理念”。

【培训机构：鱼龙混杂，乱象丛生】

2017年8月，《法制晚报》一则报道掀起轩然大波。在新东方泡泡英语学校中，毫无任教经验的暗访记者拥有了一张赫然标注“教学经验丰富”的名师卡。此外，该校“教培师”鼓励新教师对自己的教育背景进行包装，夸大授课经验，并传授所谓说服家长的“技巧”，让新教师在向家长介绍自己时“没证书也说有，反正家长们也不懂”。就这样，教培行业心照不宣的“虚假包装”问题暴露在了阳光下。紧接着，多款学习类App被曝光内含“黄段子”，“学霸君”“作业帮”等热门学习软件均牵涉其中。随后，“百度作业帮”被指发色情信息嫁祸“小猿搜题”。与此同时，民办教育机构因经营不善等问题停业及卷款潜逃的事件屡有发生。2016年5月，知名中小学生教育培训机构“聚智堂”被曝董事长卷款跑路，北京26个校区全部停课，其“感恩课堂”模式涉嫌非法集资十几亿；2016年6月，少儿武术培训机构“功夫宝贝”因经营不善，多个门店单方面宣布停止授课，涉及三四百名家长，每人平均学费在1万元左右；2017年3月，留学语言培训公司“小马过河”破产清算；9月2日，知名钢琴培训机构

“星空琴行”称“由于管理上的问题而导致严重后果”，突然关闭全国近60家门店。

【多地政府：规范办学，大力整顿】

2017年5月，根据群众举报，成都市教育局责成锦江区、青羊区、金牛区、武侯区、成华区对所在区域“学而思”培训机构违规办学行为进行整治，被责令整改的“学而思”教学点共有9个。“学而思”母公司“好未来”股价下挫5%。6月，上海市开始重拳整治培训机构，查处取缔无照经营的1300多家教育机构，对有执照但无教育培训资质的3200多家机构下发行政指导书，限期整改。北京市的整治重点在中小学教师有偿补课，对公众畅通举报渠道，对举报线索逐一排查。2017年被处分的教师中，不乏所谓名师。

【西方教育：向东看齐，中国教材进入英国课堂】

2017年3月，根据新华网报道，英国哈珀柯林斯出版集团下属的柯林斯学习出版社与上海世纪出版集团签署协议，把涉及36个品类的上海全套基础教育数学教材引进英国。据称，到2018年1月，中国的数学教材将正式进入英国小学课堂。而早在2015年，中国的《一课一练》数学分册被翻译成英文，迄今已被400

余所英国学校采用。英国学校使用中国教材，其实是英国近年来系统引进中国数学教育“上海模式”的一部分。这背后是中式课堂教学、教师培训、教育理念“三位一体”的全方位输出。事实上，中国基础教育的辐射力早已不止于英伦三岛。美国、芬兰和南非等许多国家，还有联合国教科文组织、联合国儿童基金会等国际组织也都来过中国“取经”。西方教育向东看，这一转向起源于2009年。这一年，上海中学生首次参加国际学生评估项目考试（PISA）就击败了来自包括英国在内的数十个国家的竞争对手，且数学平均分和优秀率远高于英国，这样的成绩令全球教育工作者震惊。在此之后，以英国为代表的一些西方国家开始向中国“取经”，学习中国的数学教育方式。中国教材“走红”英伦，中国教育理念走向世界，正在成为全球基础教育领域的新动向。

【全球视角：亚洲人民爱补课】

在西方国家，补习班也是普遍存在的。当然，要论起辅导教育市场火爆程度，亚洲占有绝对优势。20世纪70年代起，韩国的课外辅导班大量涌现。如今，家长们对课外教育的关注甚至超过学校的常规教育，韩国孩子的课余时间几乎都被补习班占满了。有调查显示，接受课外补习的韩国学生达90%，有些知名学院尽管价格不菲，但想要报名甚至得排队。韩国很多学院专门针对高考的内容设计课程、方法和答题技巧，有极强针对性，99%的名校学生都受益于学院教育。在日本，一个孩子从小学到大学所需的总教育费用约为1000万日元，其中大部分是课外学习费用。日本的各类补习班遍布各个住宅区，补习班几乎每天都有课，上课时间多为下午四五点开始，而日本中小学放学时间一般是下午3点，学生走出校门就进补习班的门。

上物理补习班我宁愿选择死亡。选择死亡的我还是走上了物理补习班的漫漫人生路。

——百度吧贴 妄拥欢

我们的公立教育，一直在两者中摇摆。一方面要大谈给学生减负，要快乐教育、素质教育；一方面又用学业成绩和升学率、高考成绩来评估教学成果。这变成了不可能完成的任务。

——三川玲《公立学校正悄悄地被架空》

营利性通向“应试”的课外辅导机构和以“素质”为导向追求普惠的学校教育目标，构成了中国特色的为焦虑买单的热潮。

——《三联生活周刊》

人们眼中的天才之所以卓越非凡，并非天资超人一等，而是付出了持续不断的努力。一万小时的锤炼是任何人从平凡变成世界级大师的必要条件。

——格拉德威尔《异类》

从我所带的学生中，可以感受到他们实际是处于一种表面健康而内里虚弱的状态，每天似乎都积极向上——上学、完成作业、课外辅导、兴趣班，但这种繁荣的背后实际是一种“钝化”，他们已经不再抗争。

——知乎用户

从应试教育堂而皇之地在教育领域风驰电掣般出现的那天，课外辅导也如雷雨紧随其后。这是个必然的结果。

——课外辅导百科 高穹

课外辅导班的兴起，是教师的无能，还是大型教育体制的没落？

——新浪微博 King莫惹尘

“中年精英的头发是怎么掉光的？一半是因为房价，另一半是因为奥数。”这句在很多朋友圈出现过的话，读来竟颇有喜感。正如我们所看到和正在经历着的，家长们一边抱怨着辅导班剥夺了孩子们本该无忧的童年，另一边又“不甘落后”，争先报着形形色色的课外班。“报班热”与学区房一道成为教育热词，折射出一种集体焦虑的教育生态，也成为当下时代的独特标志。

深入骨髓的文化基因：“万般皆下品”

宋人汪洙，9岁赋诗，素有“神童”之称。他所作《神童诗》广为流传：“天子重英豪，文章教尔曹。万般皆下品，惟有读书高。”千百年来，世世代代蒙童深受鼓舞，“少小须勤学，文章可立身”的文化基因一代又一代传承至今。

君不见，古有孟母三迁，今有几代人同努力，“砸锅卖铁”置换学区房。不同的时空，相同的都是父母望子成龙的焦灼心。可以说，自古以来，子女读书都是中国老百姓除身家性命以外最重要的事。读书好坏，事关安身立命，事关家族荣耀，事关阶层跃迁，怎能不重视？

“少壮不努力，老大徒伤悲。”从小立志，从小践行。从凿壁借光到囊萤映雪，勤学苦读的典故数不胜数。想来今日孩子们满满当当的课外班，不过是“头悬梁，锥刺股”的现代版本，本质上并无新意；笨鸟先飞、揠苗助长、超前学习、过度教育乃至“伤仲永”的故事，也远远没有终结。不久前，一篇题为“牛蛙之殇”的长文，将当代家长“起跑焦虑”展现得淋漓尽致，也将上海市“幼升小”之怪现状暴露无遗。一时，对当前教育政策的问责声不绝于耳。

事实上，对教育的责难并非集中于某一方面，相反，质疑和反对的声音几乎是全方位的，在世界范围内，人们都在讨论教育的公平与效率，讨论传统教育模式与现代社会发展之间存在的鸿沟。毕竟，随着全球化进程的不断深入，教育的基本模式在各国走向趋同，而基于相同模式下的共同问题则引发了对教育本质功能的全球性关注。

并不从容的教改进程：为了“人民满意”

教育从来都是最大的民生。毋庸置疑，改革开放近40年来，我国教育发展水平实现了整体大幅度提升。无论从人均受教育年限的既定成果，还是从保障教育优先发展的宏观政策，乃至覆盖城乡的基本公共教育服务体系、不断深化的体制机制改革，均是如此。教育发展的“中国模式”令世界震惊，尤其是秒杀欧美的基础教育质量令“全世界看东方”。

然而，正如狄更斯所言，“这是一个最好的时代，这也是一个最坏的时代”。普通百姓能够享受到的受教育机会有了历史性的飞跃，而教育却从来没有像今天这样成为一个话题如此集中、利益冲突如此集中的领域。不同的人群对教育有着不同的期待，有着不同的利益追求，也试图通过教育实现不同的目的。

减轻中小学生过重的课业负担，便是一个处在争议漩涡的话题。

1981—2013年，国家颁布的关于切实减轻学生学业负担的政策文件达85项，平均每年颁布政策文件2.58项。

1988年，原国家教委（教育部前身）就在群众来信、广泛调研的基础上发布《关于减轻小学生课业负担过重问题的若干规定》，指出“学生课业负担太重，是当前许多小学存在的一个突出问题”。“解决的关键在于引导广大教育工作者端正教育思想，坚持全面育人，在提高教育质量上下功夫”，并强调遵照国家教学大纲进行课程设置、安排教学内容，对教辅材料使用、教育活动安排都提出了引导性要求，甚至区分了不同年级的作业量。

时至今日，学生“学业负担状况”仍然是综合评价中小学教育质量的主要内容之一；减负情况一直都是教育督导和检查的重点工作，并逐步由小学扩展到整个教育链条。从“严禁幼儿园小学化”、小升初取消考试，到中学的文理分科、新课标实施，再到精简课程内容、降低课程要求、改革考试内容和方式等，可以说，教育部门一直在努力。如今，在许多学校，小学低年级是不布置书面作业的，形式多样的“乐考”取代了传统的纸面考试，排名次也被有意淡化。

听起来很美。但我国作为人口大国，学业竞争的激烈程度并没有因为减负而降低，中考、高考成为减负的最大瓶颈。毕竟，考试不仅是选拔手段，更担负着维护社会公平正义的道义。更重要的是，重视名校的社会氛围没有变，学生们竞争升入名校的“暗战”也始终存在并愈演愈烈。近些年，启动试行的中考、高考改革意在扭转“一考定终身”，但只要有“考试指挥棒”，就有应试如影随形。在改革先行区的浙江省，物理学科的遇冷便是明证。曾经千军万马闯过的独木桥，依然在乎“狭路相逢勇者胜”。

于是买学区房，报课外班，几乎每位家长都希望自己的孩子在竞争的起点上能够抢跑一步，先够到名校的门槛。于是家长不满减负：不减负，还可以在学校里多练。如今，早早放学，要另起炉灶，要家长操心！

一部分“人民”，特别是享受了教育红利、拥有了更多话语权，因而似乎更懂得教育重要性的“人民”，对当前面向大众化、普适性的教育尤其不满意。他们有着更高的期待：根据不同的资质和兴趣，采取不同的教育形式、课程设置和教学方式，实现不同的培养目标。教育行政部门据此推出诸多改革举措，一

填满恐慌和焦虑的成长

些顶级公立学校如北京十一学校，正在通过“走班”“去行政化”、加大课程供给力度等方式努力实现转向，而更多学校则动作稍缓。这种差异无疑也进一步加剧了竞争，为了能够进入顶级学校，首先你得“笨鸟先飞”。

高歌猛进的跨界联姻：当教育成为生意

当公共教育资源没能够及时满足不同人群的不同需求，市场便蠢蠢欲动。忽如一夜春风来，资本的注入有力地助推了教育和市场的联姻。随着经济社会的不断发展，分众化的教育形态越来越倾向于以一种企业或者商业实体的形象出现，知识本身被解构为一种批量化和规模化生产的产品，并且以某种市场化的方式提供给社会。受教育对象被作为“消费者”来研究，教育需求被转化为市场战略，课程演变为产品。教学活动成为一种交换过程，并逐步植根于消费文化之中，教育越来越多地转移到个人消费。

搭乘此顺风车，萌芽于20世纪80年代的课外辅导行业终于从幕后走到台前，并一路高歌猛进。如今，看体量，看普及程度，课外班俨然成为公立学校教育的重要补充。现在，有培训机构开出的薪水数倍于公立学校的绩效工资，吸引顶尖高校毕业生及行业内的名师前来任职；顾客（即学员）更像是上帝，教育似乎更多地回归到服务；班的规模更小，师生交流似乎更加民主和充分；新技术应用更加广泛和深刻，基于互联网技术的交互性应用层出不穷；教研系统更加开放，只要学员有需求，就全力满足。更重要的是，他们无孔不入，擅长组织高强度重复性训练，以保证培训对象在各种各样的考试或其他形式的竞争中胜出。

不得不说，课外班的风行是商业化营销入侵传统领域、资本驱动下更加灵敏和分众的市场行为；是在教育日益多样化、个性化需求来临之际，培训机构对学校教育伺机补位的明智之举。当然，也被很多家长看作是校内教育宽松化背景下的必然。甚至不少课后班是学生对家长提出的要求，认为学校讲得太简单，不如课后班讲得多、讲得好，学生更受尊重。

因此，尽管培训费动辄上万元，消费需求依然旺盛。新的教育消费观正在形成，教育和市场的结合显得愈加紧密，从而引发作为消费者的家长的更多焦虑。现在的问题不是该不该上课外班，而是上哪个机构的课外班、上多少课外班！

教育焦虑的本质：现代社会的认同危机

我们是谁？陪读家长！我们需要看哪些专业书籍？第一阶段，《亲密育儿百科》《孩子你慢慢来》《让孩子做主》；第二阶段，《莫生气》《佛经》《论持久战》；第三阶段，《心脏病的预防》《高血压降压宝典》《强迫症的自我恢复》；第四阶段：《活着》……

“这代父母太可怜了，从亲密陪伴到发展心理学，一路陪学到音乐、舞蹈、滑冰、奥数。而我们的父母只需要时不时给我们点吃的就能把我们养得很好了。”“80后”家长们这样抱怨。而仅仅两代人的时间，从物质资源的极度匮乏到极度丰富，科技、经济和社会已经发生了翻天覆地的变化。新生代家长普遍接受了完整的应试教育，知识和技能的重复性教学有多大意义，其实是心知肚明的。他们所抢的，并不是几道题目的正确率本身，而是好的学区、好的学位、好的教育资源，以及应对未来更多不确定的挑战，通往更高阶层的入场券。

学习琴棋书画“十八般特长”，是认同素质教育还是因为升学有用？提前抢跑，是因为资源匮乏还是源于内心深处的不确定和不满足？在社会的急剧变迁中，“上升的通道固然狭窄，但下滑的通道始终是敞开的”。身份认同的焦虑集中从教育的出口爆发，家长们认为自己努力在做的就是通过充分的、饱满的、好的教育，尽快地、提早地把这个下滑的通道锁死。与此同时，尽可能地进入更高一级的圈子。毕竟，随着社会的发展，高薪工作所需要的技能和知识壁垒在不断加高，技术的进步在加速阶层的洗牌和分化；进入名校似乎成为留在本阶层的必要条件，简直像我们所能抓住的为数不多的救命稻草。至于孩子们，多学点知识，多考些高分，就是多一层保险，被拉着猛跑也不可避免成了必然。

不知不觉间，成绩和分数之间画了等号，教育与知识之间画了等号。教育功利，家长焦虑，孩子“空心”。几乎全世界的青少年都在经历一场成长危机。正如泰勒在《现代性的隐忧》中所言，个人主义和工具理性成为价值坐标。至于教育本身，是否已被遗忘?

早在2000多年前，伟大的哲学先贤柏拉图就旗帜鲜明地提出：“教育的基本原理在于，使人们在孩提时代就建立起良好的思维体系。教育无须强迫，也不能强迫，更无法强迫。任何填鸭式的教育方式只会让人们头脑空空、一无所获。”

今天，家长可能跑得太快，以至于并没有来得及想为什么出发。

直面未来：让教育回归育人本身

在全世界2017年入学的新生中，有65％的人会在未来从事现在还不存在的职业，这是2014年杜克大学一名教授的预测。诚然，20世纪80年代的小学生无法预见20年后最热门的行业是与个人计算机有关的产业；彼时，互联网似乎只存在于遥远且神秘的美国国防部；即使是今天，人们看到快递分拣过程中狂奔的“小黄人”，也无一例外地被深深震撼。不仅是互联网，不仅是人工智能，人类在很多领域的重大进展都在不断证实一个真相：自我繁衍和加速变迁的效率已经远远超出我们自己的想象。可以肯定，10年后还会有更多惊喜等待着我们。改变是不可避免的，未来世界将怎样改变也充满了不确定性。我们无法预测现在的孩子在10年或者20年后将需要什么样的知识。

显然，比起现在塞给他们的知识内容，培养和保持他们学习的兴趣、教会他们学习的方法、培养他们的学习能力显得更为重要。

2017年上海市一项针对15万名小学生学习情况的调研结果表明：没上过辅导班的孩子后劲更足！数据显示，参加过辅导班的孩子在生活自理、主动性、专注和坚持、身体健康、情绪和睡眠适应性上弱于没有参加过辅导班的孩子；而没有参加过辅导班的孩子仅仅在知识适应性上（拼音、识字、算数等）弱于参加过辅导班的孩子，但是仅仅几个月后，这种差异就没有了。长期看来，健康的身心和良好的学习品质才是可持续发展的重要基础。在社会竞争中，真正的起跑线是对规则的敬畏和遵从，是保有对万事万物好奇进而主动探索的心性；真正的竞争力是基于以上形成的持久的动力和耐力。

教育不是孤立存在的，它是一个会呼吸的生命体。对于教育的种种问题，也许我们还不能够给出确切的答案，任何答案都是局部因而是局限的。但解决问题的所有路径都将通往育人本身。教育事业要靠一棵树撼动另一棵树，一颗心灵影响另一颗心灵。

稍有欣慰的是，作为基本公共服务的公立教育，正在不断生成新的改革路线图。2017年9月，中共中央办公厅、国务院办公厅印发《关于深化教育体制机制改革的意见》，其中特别强调要“规范校外教育培训机构，严格办学资质审查，规范培训范围和内容”。同时，越来越多的培训机构开始觉醒，在政府监管、社会第三方机构引导和行业自律下走向规范化。尽管，基于以往和现实的经验，我们不能期望得太多、太快，但包括家长在内的全社会意识到了这就是一种改变，而这不过是一场真正伟大的改变的引子！

（胥策）

技术究竟能决定多少

——马云、刘强东等大佬的时代豪言

对现存制度来说，技术成了社会控制和社会团结的新的、更有效的、更令人愉快的形式。

——马尔库塞《单向度的人》

共产主义对我们来说不是应当确立的状况，不是现实应当与之相适应的理想，我们所称为共产主义的，是那种消灭现存状况的现实的运动。这个运动的条件是由现有的前提产生的。

——马克思、恩格斯《德意志意识形态》

2017年5月26日，马云在贵阳数博会上发表了《数据创造价值　创新驱动未来》的主题演讲。涉及计划经济和市场经济之

辩，马云认为：大数据时代的出现让人类进入了万物互联的时代，取得对数据进行重新处理的能力也远远超过过去，对世界的认识将会提升到一个新的高度，大数据让预判和计划都成为了可能。因此，我们需要对计划经济和市场经济进行重新定义，市场经济不一定会比计划经济更好。“计划经济和市场经济最大的差异是，市场经济有一只无形的手，我想问大家，如果这只无形的手你愿意摸到，你愿意做计划吗？”

其实，这并不是马云第一次“唱好计划经济”，早在2015年9月，在接受台湾《中央日报》专访时，马云就曾表示“2030年计划经济将成为更优越的系统”。2016年11月19日，马云在上海市浙江商会成立30周年大会上的演讲中说了这么一句话：“未来30年会发生很大的变化，计划经济将会越来越大。”

马云频频为“计划经济”点赞，使网上炸开了锅。绝大多数报道用的标题都是“马云：在未来，计划经济会越来越大”。

无独有偶，互联网经济的另一个大佬刘强东在2016年11月做客“改变世界：中国杰出企业家管理思想访谈录”节目，与知名媒体人秦朔对话，谈论了“人工智能会给人类生活和商业带来哪些颠覆性改变”“京东又将怎样推开这个新时代的大门”等问题。这部片子2017年年初在《第一财经》播出后，有关“共产主义将在我们这一代实现”的片段变成了一个热点，此言语出惊人，在各大网络平台、朋友圈中也炸开了锅：人工智能将助推共产主义在我们这一代实现？

刘强东说：“咱们中国提出共产主义，过去很多人都觉得共产主义遥不可及，但是通过这两三年我们的技术布局，我突然发现其实共产主义真的在我们这一代就可以实现。因为机器人把你所有的工作做了，已经创造了巨大的财富，政府可以分配给所有人，没有穷人和富人，所有公司全部国有化了，中国只需要一家电商公司、销售公司就可以实现了。没人再为物质去工作，大部分为精神、为感情去奋斗。人类可以享受，或者可以做点艺术性的、哲学上的东西。”

鉴于舆论沸沸扬扬，2017年8月20日刘强东在微博上回应了此事，称这段访谈的语境和背景是在讨论人工智能时代的各种技术进步能够为人们生活和社会创造的价值，脱离了这个语境的演绎和臆断已经背离了他的初衷，恳请大家不要再过分解读并以讹传讹。

秦朔表示，他理解刘强东所说的“实现共产主义”是指随着人工智能、云计算、物联网、无人车、机器人、AR/VR等新技术的成熟和普及，技术可以解放人的劳动，并按照每个人的不同需求进行精准而便捷的产品分配。秦朔称，“共产主义社会的实现还非常遥远，但是作为一种美好丰饶的理想和人道主义的气质，它的光芒又会在我们身边闪闪亮亮”。

提出类似观点的还有另一位大佬——百度的李彦宏。他也曾提出“共享经济就是在建设共产主义”，“共享经济理念类似共产主义，企业不需要探讨自己能提供什么、消费者需要什么，都是按需分配，每个人都能进行能力的分享、资本的共享、价值的共享”。2016年3月26—27日，李彦宏在“IT创新与共享经济”峰会的高端对话中还谈到，共享经济的定义和共产主义社会的定义是差不多的，理想很美好，还是需要实干，还是要靠技术进步推动产业发展，包括人工智能技术等。

【比尔·盖茨对未来的7个预言】

2017年5月，61岁的盖茨描述了7个可能在未来令世界变得不同的重要改变：

1. 自动装置和机器人将在未来20年内令工厂和商场的工作岗位大范围消失；

2. 大约到2030年，可再生能源将能在最大限度上满足人类对能源的需求；

3. 在大约15年内，非洲将因为农业的改善而实现自给自足；

4. 穷国将从网上银行业务中获益，2030年将再有20亿人加入到“虚拟”金钱的使用者大军当中；

5. 到2035年时可能就没有什么穷国了；

6. 2019年小儿麻痹症将在全球范围内杜绝；

7. 生物恐怖主义可以在不到一年的时间里令3300万人死亡。

【扎克伯格谈互联网的三大趋势】

2015年曾有人向扎克伯格提问，未来10年内Facebook将会是什么样。而扎克伯格借此机会描述了更大范围内社交网络的未来：1. 将会有更多人使用互联网。2. 我们将更多地通过照片或短信向人们传达消息，而不是传统的网络界面。3. 计算技术的未来在于现实增强：不会带来干扰的、简单的通信方式。此外，他还谈到，“人们进行分享的方式、希望进行沟通的时刻，以及用于保持互联的工具多种多样，并且正在持续发展”。“在未来10～15年内，你可以想象，将出现一个新平台，比手机能够以更自然、集成度更高的方式融入你的生活。”“未来我们可以有一些可穿戴工具，这看起来像是普通的眼镜（因此看起来不会像今天的智能眼镜一样古怪）。你将可以知道周围世界的情况，并与他人通信，同时不必低下头来查看而干扰你正在进行的对话。”

【尤瓦尔：未来还属于人类吗】

以色列历史学家、作家尤瓦尔·赫拉利因《人类简史》和《未来简史》两本畅销书而红遍世界。2017年他在接受采访时谈到人类的未来，他说：

“到2050年，你和你的手机将不是分离的，它被植入你的身体，通过生物识别技术24小时地监测着你的心率、血压、大脑活跃状态。

“无论是在选举投票、购买商品还是选择配偶上，算法算得更精、更准。人类无力处理大量数据，只能将手中的权力交给人工智能。

“全球最富有的前60人的财富比底层35亿人的财富总和还要多。人工智能的兴起还会加剧这种局面，就在几十年内人工智能会使大部分人无用。

“算法越来越独立于人类。算法开始从它们的经验中学习，连发明它的工程师也不一定能懂它做出的某些决定。

“没人知道2040年的就业市场是怎样的。很有可能现在孩子们在学校里学的大部分知识与他们40岁的世界毫不相关。”

马云的说法原则上可能是对的，但是现实离这一目标还有十万八千里。

——财新网托马斯·萨金特（诺贝尔奖得主）

有人说用现在的大数据和计算机来收集这个信息，建立全国网络，这个罗马尼亚做过，苏联也做过，70年代网络就建成了，都没有成功。所以说有了大数据就能搞计划经济，这个说法是非常可笑的。

——BWCHINESE中文网 吴敬琏

东哥，挺你，从此不在京东买任何东西。

——新浪微博 焚琴煮鹤到明天

刘强东把共产主义的希望寄托在科技上是非常蠢的。机器人科技革命就算真的发生了，世界上也只会分成两类人——买得起机器人的和买不起机器人的。

——知乎 纸糊

企业家精神是超越数据的。有人认为大数据的出现可能会使计划经济重新变得可行，这完全是错误的。

——《经济观察报》张维迎

强哥这是时刻准备着，当共产主义接班人呢。呵呵。很好，七八十年代出生的这代人成长在社会主义中国最理想化、最浪漫化的年代，心中理想未死，革命火种尚未熄灭。星星之火可以燎原，我们要忍耐，要等待，要奋斗。

——知乎 臧大为

“互联网+”：通往共产主义的诺亚方舟？

技术如同魔术，既更新人类生活，也催生巨大能量，既创造不朽贪欲，也威胁大千世界。“技术”似乎是人类处于危难时的救命稻草，也犹如历史长河中的滚滚波浪，不断推动人类生产、生活向前发展。古往今来，人们对技术的追求从未间断。可以说，人类创造了技术，技术也创造了人类。在今天的时代，互联网技术神话般地催生巨大的能量，直接影响人们的生活，彻底改变了人类的实践形式、生活方式。

近年来，随着大数据、云计算、人工智能等新技术的广泛应用，人类进入了万物互联的智能世界。信息技术促使经济形态发生巨大变化，催生了互联网电商、共享经济。正是互联网经济的发展已成大势，一些大佬因时因势地在现代商业模式上重新激活了或许被不少人遗忘的“计划经济”等词汇。刘强东从机器人和人工智能中看到了共产主义的可行性，马云从大数据中看到了计划经济的可行性，李彦宏认为发展共享经济就是通向共产主义。也许，他们在互联网经济的发展中瞥见了世界发展的大势。

为什么这些站在信息产业发展前沿的一流企业家们会认为共产主义将在我们这一代实现呢？难道计划经济真的会在未来30年内重新复活？共享经济真的通向共产主义？这似乎令那些笃信共产主义的人们感到猝不及防，也令那些一度信仰“看不见的手”的人们难以适从。实际上，这些AI企业的“独角兽”之所以得出这样的判断，根本原因在于他们以远超常人的敏锐直觉，感受到了大数据和人工智能技术给人类生活方式带来的革命性变革，把握到了一种时代的脉搏或是时代精神，表达了一种基于技术进步逻辑的乐观信念。他们认为互联网、大数据、云计算的突飞猛进带来了机器人、人工智能技术的重大突破，这些技术是智能革命的重要内容，已经渗透到人们生活的方方面面并重新塑造各行各业，将把我们的世界塑造成一个全新的模样：随着人工智能、云计算、物联网、无人车、机器人、AR/VR等新技术的成熟和普及，技术可以解放人的劳动，并按照每个人的不同需求进行精准而便捷的产品分配。

实际上，作为一流的企业家，他们对互联网技术和智能革命深信不疑，认为信息技术革命不仅促使计划经济技术条件的成熟，而且为生产关系的变革提供技术和物质基础。当人工智能技术嫁接到商业和技术上之后，未来人们的生活将会实现供给和需求的完美对接，高新技术的运用所创造出的生产力将促进社会分配关系发生重大改变，“所有公司全部国有化了”。然而，高新技术的运用能否促进共产主义在我们这一代实现呢？答案当然是否定的。即使技术的革新能够促进物质产品极大丰富，使得供给和需求精准对接，但是产品的极大丰富就一定是共产主义吗？并且，正如《未来简史》的作者赫拉利所言：“人工智能只能被很小的一部分人利用，又或许能够造福千千万万的人，这也许是当今世界的最大问题。”

计划的“市场”或是市场的“计划”

在以往的时代，人们一度给计划经济和市场经济贴上社会主义和资本主义的政治标签，认为社会主义理应实行纯而又纯的计划经济，资本主义理应实行纯而又纯的市场经济。这两种模式都曾给不同的国家带去了不同程度的危机，以至于一提到计划经济和市场经济，人们就联想到苏联模式的崩溃和资本主义的经济危机。

20世纪全球经济实践表明，用计划经济替代市场经济，结果只能是生产、生活资料长期处于短缺状态，社会经济处于崩溃的边缘。所幸的是，改革开放以后，中国及时向市场经济转轨，进行了以市场化为导向的改革，促使我国经济蓬勃发展，经济总量连上新台阶，经济保持快速增长，综合国力大幅提升，成功实现了从低收入国家向上、中等收入国家的跨越。与此同时，中国经济的迅猛发展，既引发了社会的深刻变革，也创造出像马云领导的阿里巴巴这样的巨型企业，这些成就既是技术的推动，也是市场经济孕育的结果，这在计划经济时代是无法想象的。

那么，问题是在大数据时代，由于信息技术的普遍运用，人们基于数据所做的判断更加有效，因此，采用市场计划经济模式是否更有利于资源配置？实际上，美国学者安迪·波拉克已经指出：计算机网络的飞速发展和广泛应用为未来实行计划经济提供了技术上的可能，遍布全球的成千上万的社会基层组织通过互联网相互联络，分享它们的庞大数据库和经济模型工具，能够向民主的、高效的计划经济过渡。英国学者斯蒂芬·博丁顿也认为，计算机的出现将促使计划经济的发展，在高度发达的信息化社会可以采用市场计划经济模式。马云的观点与他们不谋而合，马云相信，大数据时代让人类取得对数据进行重新处理的能力远远超过了过去，“大数据让预判和计划都成为了可能”。马云对计划经济的期待引发了一部分市场原教旨主义经济学家的集体攻讦。

马云为何重新缅怀计划经济的好处？难道是他基于对数据化管理的信念？计划经济又何以复苏？事实上，马云所讲的计划经济已经不同于传统的计划经济模式。如果说今天中国的经济是“看不见的手”和“看得见的手”相结合，突出基于市场的“计划”，让市场起决定性作用，那么，马云的计划经济或许是突出基于计划的“市场”，让市场在数据化的计划管理中起作用。不论是计划的“市场经济”，还是市场的“计划经济”，最核心的就是不能丢掉市场。简单地说，传统的计划经济是自上而下的计划经济，而互联网大数据时代可能的计划经济本质上是自下而上的计划经济。随着大数据、云计算、人工智能的发展，人们会下意识地重提计划经济。不过，用数据进行计算，企图让市场这只“看不见的手”现形，这在时序上需要无限大的运算能力。正如哈耶克所言：“这种计算是不可能的；否则，真若可能的话，社会就不需要企业家了，就不需要企业家的想象力和创造力了，超级计算机就可以搞定。”同时，大数据也无法有效解决知识分工的问题，机器也不会代替人，无论技术如何发达，对人的激励问题也无法解决。

因此，大数据是伟大的，但不是全能的，我们需要利用大数据，而不是迷信大数据。大数据为企业家分析商机和配置资源提供了更丰富的工具和能力，但这不足以让我们对“计划经济”顶礼膜拜，而要让政府和市场各司其职、各负其责，让“两只手”形成合力、优势互补。

走出“技术决定论”的迷雾

技术可以把自然力量的“魔杖”转交到人的手中；技术可以减轻人类生存的艰辛；技术可以使人类的精神摆脱万物的奴役；技术可以让庞大人口的诞生成为可能；技术可以使人类成为命运共同体；技术在本质上是一种强有力的工具。但技术也可以使机器成为人类的刽子手，也可以使生灵涂炭、国破家亡。恰如亚瑟·C.克拉克所言：“任何足够先进的技术都等同于魔术。”又如同西德尼·哈里斯所述：“真正危险的不是计算机开始像人那样去思考，而是人类开始像计算机一样思考。”技术是把双刃剑，既对人类生活产生巨大的影响，也可以使人类命运毁于一旦。技术不是万能的神，但没有技术，人类发展似乎又成神话。

正因为当代中国最知名的企业家对互联网技术的激情和笃诚，以至于他们认为共产主义将在我们这一代实现。这也激起了人们对早已夭折的“技术决定论”再做思索。长期以来，众多的思想家都对技术持乐观的态度，以至于技术统治论、技术万能论、媒介决定论、技术至上主义等思潮独霸天下。回望过去，当技术被封为“救世主”的时候，人类之间照样也发生了攻击和杀戮，尤其在两次技术革命的冲击下，人类爆发了两次世界大战。

可以说，技术绝不是时代的号角，而仅仅是人们手中改造世界的工具。在这个互联网技术飞速发展的时代，我们应该走出“技术决定论”的迷雾。正如著名主持人杨澜所说：“机器取代的只是过去简单的套路。对于那些真正带有真情实感的东西，人始终具有不可比拟的创造能力。”实际上，仅仅以大数据的飞速发展去评判共产主义能否实现本身就是神话。推动社会进步的因素不是单一的，而是多层次、多方面的，除了技术推动以外，还应该有资本、权力、文化等因素。

第一，资本逻辑。所谓资本逻辑，是指资本追逐利润和价值增值最大化的规则。在市场经济条件下，作为经济手段的资本逻辑会在很大程度上加速发展社会生产力，进而推动生产关系的更新，促进人类文明的进步。可以说，只要在市场范围内，资本逻辑就会对社会进步产生强大的积极意义。一旦离开市场的限度，进入权力领域，资本逻辑就会起到反面作用。在大数据时代，没有资本逻辑的驱动，社会进步同样是泡影。在中国，全面深化改革的重点就是使市场在资源配置中起决定性作用。也就是说，中国的资本逻辑不是太充分了，而是还很不充分。几位大佬之所以有这样的话语权，说出的话有人重视，首先是以他们的资本作为后盾。

第二，权力因素。在互联网技术中，经济、政治和文化都并入了社会制度之中，这一制度吞没或拒斥所有历史替代性选择。这一制度的生产效率和增长潜力稳定了社会，并把技术进步包容在统治的框架内。技术的合理性已经变成政治的合理性。任何一个社会发展，都离不开政治权力的驱动和影响。在市场经济条件下，资本不可能凌驾于一切之上，而要受到权力的监督和制约。权力如果转化成为社会造福的价值导向，也会促使技术、资本转化成为社会造福的天使，促进社会进入和谐共存的状态。同时，正如孟德斯鸠所言："一切有权力的人都容易滥用权力，它是万古不易的一条经验。有权力的人们使用权力一直到遇到界限的地方才休止。"因此，当这种权力和技术、资本结合时，那就可能是社会乃至整个人类的灾难。

第三，文化因素。文化作为一种精神力量，能够在人们认识和改造世界的过程中转化为物质力量，对社会发展产生深刻的影响。文化的力量是社会的非物质力量，作为经济、政治的反映，文化反作用于一定的经济、政治，给予社会以重大影响。任何一个国家和地区要把全社会的意志和力量凝聚起来，都必须借助文化教化、培育塑造之功能，建立一套与经济基础、政治制度相适应的核心价值体系。正如亨廷顿所言："一个不属于任何文明的、缺少一个文化核心的国家，不可能作为一个具有凝聚力的社会而长期存在。"所以说，一个民族的觉醒，首先是文化的觉醒；一个民族的力量，首先是彰显文化自信的力量。"文化自信是更基础、更广泛、更深厚的自信。"在社会进步的大潮中，文化的力量是潜移默化的，甚至是最根本的因素。

可见，技术决定论的观点仍然是不合时宜的，尤其是这样一种观点被一些在技术运用上处于既得利益状态的大佬们说出的时候，我们应该保持一定的警惕。

自共产主义学说诞生以来，各种论调如影随形、挥之不去。有人对其冷嘲热讽，有人对其不屑一顾，更有人认为共产主义是虚无缥缈的幻景。人们不仅持续发问：究竟什么是共产主义？共产主义是乌托邦吗？共产主义离我们到底有多远？共产主义会在何时实现？共产主义到底给人带来什么样的生存方式？有人甚至认为共产主义"穿越了"，早已不知今夕何夕。

今天的时代，"共产主义"作为高远理想，仍在社会的前方向人类招手。如果人类因苏东剧变而放弃对共产主义的追求，并相信资本主义就是历史的终结，那将是莫大的悲哀。如果人类因大数据和人工智能催生了共享经济，就相信共产主义会在我们这一代实现，这实属一厢情愿，更不符合共产主义的本真意义。

其实，共产主义的实现既不像互联网“大咖”们想象的那样简单，也不像某些人宣称的那样虚无缥缈。共产主义在本质上是一种理想信念、现实运动和社会制度的统一体。纵观人类由低级向高级跨越的历程，每一次社会变革都促进了社会的极大进步。资本主义的内在矛盾决定了这种社会形态不可能是历史的终结，恰恰相反，共产主义的愿景代表了人类的未来。

共产主义是马克思、恩格斯着眼于历史唯物主义对人类社会高级形态的一种勾勒，至于具体是什么模样，并没有定论，但具有以下基本特征：社会生产力高度发展，物质财富极大丰富；社会成员共同占有全部生产资料；实行各尽所能、按需分配的原则；城乡之间、工农之间、脑力劳动与体力劳动之间的差别消失；全体社会成员具有高度的觉悟和道德品质，劳动不再是谋生的手段，而是人们生活的第一需要，个人获得自由而全面的发展；国家消亡。

需要指出的是，在马克思设想的共产主义中，“每一成员不仅有可能参加社会财富的生产，而且有可能参加社会财富的分配与管理，并通过有计划地组织全部生产，使社会生产力及其成果不断增长，足以保证每个人的一切合理的需要在越来越大的程度上得到满足”。在这个社会里，没有剥削、压迫、奴役，没有腐败、私欲、堕落，没有饥饿、苦难、歧视，没有奢靡、盗窃、弱肉强食，人人平等，人人尊贵，人人具有奉献精神，人与自然和谐共生。

所以，物质产品极大丰富和按需分配只是实现共产主义的主要特征，是必要条件，而不是充分条件，不是共产主义的本真样态。共产主义不等于刘强东所认为的物质产品极大丰富和按需分配。从技术角度看，互联网使人类实现物质财富的极大丰富成为可能，问题是人类如何能够形成新的生产关系，如何公正地把财富分配给所有的人，达到“没有穷人和富人之分”。这种关系的重构，不会因大数据的发展而到来，技术只是为新的生产关系提供可能性，但并不是充分条件。何况，就目前来看，大数据根本无法达到“没有穷人和富人之分”，想绕过这个问题，达到“没有穷人和富人之分”或许是梦幻。

众所周知，共产主义的社会形态，按其成熟程度可分为低级阶段和高级阶段。共产主义是高于社会主义的社会形态，而我们目前所处的社会主义尚且处于初级阶段。正如邓小平所言：“我们搞社会主义才几十年，还处在初级阶段。巩固和发展社会主义制度，还需要一个很长的历史阶段，需要我们几代人、十几代人，甚至几十代人坚持不懈地努力奋斗，决不能掉以轻心。”在新时代，习近平总书记也强调：“共产主义绝不是‘土豆烧牛肉’那么简单，不可能唾手可得、一蹴而就。”

“历史通常是循着曲折的道路发展的”，迈向共产主义的征程不是“走红毯”。只要这个世界上还存在剥削、压迫、不平等，共产主义这面旗帜就会永远飘扬。我们要认识到，实现共产主义理想是一个漫长的过程，它不是虚无缥缈的海市蜃楼。共产主义犹如一张100分的答卷，或许我们达不到满分，但不能因此否认这张试卷的意义。共产主义既是理想，更是现实，是永不满足、批判当下、追求理想的美好生活的现实运动。邓小平曾经说，不干，半点马克思主义也没有。其实，马克思主义指导下的共产主义运动也一样，不干，共产主义半点希望都没有，行动起来，我们就会越来越靠近它。

（巩永丹）